Die Geschichte der Christen

Arnulf Zitelmann, geboren 1929, trat nach seinem Studium der Philosophie und Theologie in den Dienst der Evangelischen Landeskirche Hessen. Von 1977 bis 1992 war er als Religionslehrer an einem Gymnasium in Darmstadt tätig. Heute lebt und arbeitet er als freier Schriftsteller in der Nähe von Darmstadt. Er ist Autor zahlreicher Jugendbücher, Romane und Biografien, unter anderem über Martin Luther und Martin Luther King. Seine Bücher wurden vielfach ausgezeichnet, unter anderem erhielt er den Gustav-Heinemann-Friedenspreis und den Großen Preis der Deutschen Akademie für Kinder- und Jugendliteratur. Bei Campus erschien *Die Weltreligionen* (2002).

Arnulf Zitelmann
erzählt

Die Geschichte der Christen

Illustration von Silke Reimers

Campus Verlag
Frankfurt/New York

Bibliografische Information der Deutschen Bibliothek
Die Deutsche Bibliothek verzeichnet diese Publikation in der
Deutschen Nationalbibliografie. Detaillierte bibliografische Daten sind
im Internet über http://dnb.ddb.de abrufbar.
ISBN 3-593-37413-7

Umschlaggestaltung: Silke Reimers, Mainz
Satz: Fotosatz L. Huhn, Maintal-Bischofsheim
Druck und Bindung: Druckhaus Beltz, Hemsbach
Gedruckt auf säurefreiem und chlorfrei gebleichtem Papier.
Printed in Germany

Inhalt

Erstes Jahrhundert

Jesus und die Jesusbewegung

In Nazaret, in einem palästinensischen Dörfchen, beginnt die Geschichte des Christentums. »Was kann aus Nazaret Gutes kommen?«, fragte ein Zeitgenosse vor 2 000 Jahren und erwartete keine Antwort.

Jesus, mit jüdischem Namen Jeschua, kam aus Nazaret. Nie hätte er es sich träumen lassen, dass sein Gedächtnis nach Jahrtausenden noch lebendig ist. Rechnete Jesus doch schon zu seiner Zeit mit dem baldigen Ende dieser Weltzeit und setzte alle Hoffnung auf ein beginnendes Gottesreich.

Ein Prediger mit Zimmermannshänden

Alles begann sehr klein, sehr bescheiden. In einem Dorf, wie es tausend andere in Palästina gab. Dort wächst Jesus als Ältester in einer großen Geschwisterschar auf. Jakobus, Josef, Simon und Judas sind seine Brüder. Dazu kommen mehrere Schwestern, deren Namen nicht überliefert sind. In den vier ältesten Jesus-Biografien, den so genannten Evangelien, werden viele Frauen namentlich aufgeführt, doch seine Schwestern bleiben ohne Gesicht. Sind es zwei, drei, vier oder gar noch mehr Töchter, die aus der Ehe von Maria und Josef hervorgehen? Darüber wissen wir nichts. Im Gegensatz zu den Jesusbrüdern, die später in der Geschichte der ersten Christen eine wichtige Rolle spielen.

Eine große Kinderschar lebt unter Josefs Dach. Mindestens sieben Geschwister müssen es gewesen sein, nicht untypisch in jüdischen Familien. Und dass so viele Kinder von Maria und Josef das Erwachsenenalter erreichen, spricht für einen gewissen Wohlstand. Zimmermann sei Jesus von Hause aus gewesen, erfahren wir von Markus, dem ältesten der Jesus-Biografen. Er wird diesen Beruf vom Vater übernommen haben.

Im Zimmermannsberuf ist damals alles noch Handarbeit. Einen Baumstamm in Bretter zu zerlegen, gerät zur schweißtreibenden Schufterei: Der Stamm wird über einem offenen Bodenschacht der Länge nach aufgebockt, ein Mann steht oben, der andere unten in der Grube. So ziehen sie das Sägeblatt durchs Holz, Stunde um Stunde. Josef und sein Sohn. Ich stelle mir die Statur von Jesus darum auch nicht so engelhaft zart vergeistigt vor, wie er in den Kinderbibeln erscheint. Der spätere Wanderprediger wird eine athletische Figur gehabt haben, vielleicht so wie ihn Michelangelo in der Sixtinischen Kapelle in Rom malte.

Jahre vor Maria stirbt vermutlich Vater Josef. Jetzt ist Jesus Familienoberhaupt und Ernährer. Er kümmert sich um die Versorgung und die Ausbildung der Geschwister, bis sie mündig sind. Darüber hinaus ist er zuständig für die religiöse Unterweisung der Familie, die Einhaltung der Gottesgesetze, die in den ersten fünf Büchern der Bibel, der Tora, niedergelegt sind. Eine verantwortungsvolle Aufgabe. Wahrscheinlich hat Jesus allein schon deshalb keinen eigenen Hausstand gegründet.

Gewiss befindet sich in Nazaret ein Lehrhaus, eine Synagoge. Dort hat Jesus wie alle jüdischen Jungen jahraus, jahrein bis zu seiner Volljährigkeit mit vierzehn die Tora-Schule besucht. Dort hat er lesen, vielleicht auch ein wenig schreiben gelernt. Die Abschnitte der Tora, die im Lehrhaus vorgetragen werden, kennt er in- und auswendig. Und in dem Dörfchen wird er mindestens einmal jedes Jahr am Sabbat aus den Schriftrollen öffentlich vorgetragen haben. Er kennt sich also aus »in dem Gesetz und in den Propheten«.

Was ist den Jesus-Biografen entgangen?

Als er mit dreißig seiner Familienpflichten ledig ist, seine Geschwister alt genug sind, für sich selbst zu sorgen, verlässt Jesus das Vaterhaus und Nazaret. Ihn zieht es zu dem neuen Propheten, zu Johannes, der am Jordanufer Buße predigt und tauft. Johannes ist Asket. Er kleidet sich in grobes Kamelhaar, und »er aß Heuschrecken und wilden Honig«, Beduinennahrung, Wüstenspeise. Jesus lässt sich von dem Asketen zur Taufe ins Wasser des Jordan untertauchen. Dabei, erzählen die Evangelien, erfährt er seine Berufung zum Wanderprediger.

Sein Wirkungskreis ist das nördliche Israel, die Provinz Galiläa, eine Region weitab von Jerusalem mit seinem Tempel. Jesus durchreist das Land, findet Anhänger und Schüler, wie sie jeder Lehrer in der Antike bei sich führt. Es sind Handwerker, Fischer, Zollbedienstete, lauter kleine Leute. Nicht bettelarm, aber doch keine Tora-Spezialisten oder Religionsexperten.

Im nächsten Jahrhundert wird Celsus, ein nichtchristlicher Philosoph, die Gläubigen damit verspotten: Jesus habe gerade mal eine Hand voll Menschen an sich binden können, verrufene Leute samt und sonders, Unwissende, die bis dahin ein kümmerliches Leben führten, ihn am Schluss überdies noch verraten hätten. Und Friedrich Nietzsche, der Philosoph des 19. Jahrhunderts, bedauert, dass sich unter den Begleitern von Jesus kein Literat befand, der uns ein getreueres Bild hätte zeichnen können.

Ja, schade. Auch ich frage mich, ob seine ersten Begleiter dem Mann aus Nazaret überhaupt gewachsen waren. Im Großen und Ganzen mögen sie ein zutreffendes Bild von ihrem Lehrer überliefert haben. Aber was ist ihnen entgangen? Was seinen ersten Biografen? Wir werden es nie erfahren.

Wie Sokrates, der Star unter den Philosophen im antiken Griechenland, wie Buddha, der indische Lehrer, wie Konfuzius in China hat Jesus keine schriftliche Botschaft hinterlassen. Sie alle, Buddha, Sokrates, Konfuzius und Jesus, misstrauten den Schriftgelehrten. So haben wir Schwierigkeiten herauszufinden, wie die ursprüngliche Lehre dieser Weltbeweger tatsächlich ausgesehen haben mag.

Damit ist klar, keine Schriftgelehrsamkeit kann diesen Genies gerecht werden. Was Buddha, was Sokrates und Jesus antrieb, was sie zu Umstürzlern machte, entzieht sich der Wissenschaft. Das Herz hat seine eigene Logik. Und dennoch: Will die Geschichtswissenschaft das Feld nicht den Fantasten überlassen, muss sie wenigstens versuchen, sich in die Nähe dieser geistigen Revolutionen zu versetzen, die sie angestoßen haben.

Athen verurteilte Sokrates, den Giftbecher zu trinken, er starb mit einem Lächeln. Buddha, der Erleuchtete, wurde unentwegt angefeindet, war mehrmals das Ziel von Mordanschlägen, er starb hoch betagt, auch mit einem Lächeln im Gesicht. Beide hatten jahrzehntelang gelehrt. Bei Jesus reichten ein paar Monate, allenfalls zwei, drei Jahre, um ihn derart verhasst zu machen, dass er sterben musste. Nicht mit einem Lächeln.

Der Tod am Kreuz ist eine der gemeinsten Hinrichtungsarten. Jahrhunderte vor ihm, sogar Jahrtausende nach ihm hat man sie weiter praktiziert. Und ein friedvolles Ende durften die ans Kreuz Gebundenen oder Geschlagenen nicht erwarten.

Dennoch legt Lukas, einer der spätesten Jesus-Biografen, dem Sterbenden die versöhnlichen Worte in den Mund: »Vater vergib ihnen, denn sie wissen nicht, was sie tun.« Den Schriftsteller Lukas bewundere ich. In einem einzigen Satz bringt er die Jesus-Botschaft auf den Punkt.

Mit seinen letzten Atemzügen durchbricht Jesus die teuflische Spirale von Vergeltung und Wiedervergeltung, das will Lukas den Lesern sagen. Statt seine Peiniger zu verfluchen, bittet er für sie. Die alte Tora-Regel: »Auge um Auge, Zahn um Zahn« gilt nicht mehr. Der verzeihende Jesus beweist damit im Sterben seine göttliche Herkunft. »Dieser Mensch war unschuldig, er war wirklich ein Gottesmann!«, lässt Lukas den römischen Hauptmann ausrufen, der das Hinrichtungskommando anführte.

Römische Besatzer in Judäa

Wodurch hatte sich Jesus so bald, so schnell einen derartigen Hass zugezogen, dass seine Gegner ihn schleunigst loswerden wollten? Ja, wer, was für Leute waren das überhaupt, die er sich zu Feinden machte?

Nun, seine Gegner waren einfach alle, die in Palästina politische Verantwortung trugen. Im Land herrschte permanente Krisenstimmung. Römische Legionen hielten als Schutzmacht Palästina besetzt: Ausländer, und die hatten nach Meinung frommer Juden auf der heiligen Erde Israels nichts zu suchen.

Dabei hatten die römischen Ausländer Palästina nicht brutal überfallen. Mit Julius Cäsar (100–44 vor unserer Zeit) fühlten sich die politisch-religiösen Führer des jüdischen Mini-Staates freundschaftlich verbunden. Als Cäsar ermordet wurde, trauerten die Juden Roms tagelang um ihren Gönner. Ungezählte Synagogen zierten sich mit den Namen römischer Imperatoren. Denn Rom hatte den Juden einzigartige Privilegien eingeräumt. Unter anderem hatten die Imperatoren Israel die religiöse Selbstbestimmung zugestanden. Die Juden waren von der Pflicht befreit, auf den Altären des Reichs dem Kaiser Opfer darzubringen.

Die Radikalen jedoch sahen in der Anwesenheit heidnischer Legionäre auf dem Boden Israels eine Beleidigung ihres Gottes. Antirömische Aktionen waren an der Tagesordnung. Sikkarier, Messerstecher, überfielen römische Patrouillen aus dem Hinterhalt, jeder Volksauflauf drohte in einem Blutbad zu enden. Die für Religion und Politik verantwortlichen Führer versuchten darum alles, die Ruhe im Land zu bewahren. Keine einfache Aufgabe für die Priester und die Mitglieder des Hohen Rates der Gottesstadt. Den Volksmassen waren sie fast ebenso verhasst wie die Ausländer. Man beschuldigte sie, die Priester- und Führerschaft, des Verrats, der Kollaboration mit den Römern. Das war kein wirklich berechtigter Vorwurf. Die religiös-politische Elite Israels versuchte, beiden entgegenzuwirken, den Eiferern wie den Besatzern, damit Israel nicht in einem Blutbad erstickte.

In jedem, der die Unruhe im Land weiter schürte, in jedem Massenauflauf, sahen die römischen und jüdischen Verwaltungsleute ein Sicherheitsrisiko. Und die Botschaft Jesu setzte Massen in Bewegung. »Denn es folgten ihm eine große Menschenmenge aus Galiläa und aus dem Gebiet der Zehn Städte und aus Jerusalem und Judäa und von jenseits des Jordanflusses«, schreibt Matthäus. Man erzählte sich sogar, dass Jesus als wundersamer Brotvermehrer auftrat, der an Tausende von hungrigen Mündern Nahrung verteilte. Damit brachte sich der Zimmermann um Kopf und Kragen. Egal, was die Führer Israels von seiner Botschaft hielten, die sie vermutlich nicht einmal kannten.

Jesus hofft auf die »geistlich Armen«

Die Kernthesen der Jesusverkündigung hat Matthäus in seiner so genannten »Bergpredigt« zusammengefasst: »Selig sind die geistlich Armen, der Himmel auf Erden gehört ihnen. Selig sind die Leidtragenden, sie sollen getröstet werden. Selig sind die Sanftmütigen, sie werden das Erdreich besitzen. Selig sind, die es hungert und dürstet nach Gerechtigkeit, sie sollen satt werden. Selig sind die Barmherzigen, sie werden Barmherzigkeit erlangen. Selig sind die Friedfertigen, sie sollen Gottes Kinder heißen.« Mit diesen programmatischen Worten beginnt die Bergpredigt.

Wer waren die »geistlich Armen«, denen Jesus den Himmel auf Erden versprach? Es waren eben jene einfachen Leute, die ihm folgten: die Außenseiter, die sozial Benachteiligten und religiös Ungebildeten, Menschen, die in ihrem Kopf keinen Platz für die vielhundert Gebote der Tora hatten, welche die religiösen Experten für verbindlich erklärten. Darunter allein Dutzende von Regeln, wie der Sabbat zu heiligen sei, was man an diesem Ehrentag Israels zu tun und zu lassen habe oder wie man sich auf eine besonders fromme Art die Schuhe binden müsse. Eine überregulierte Frömmigkeit, bei der die kleinen Leute nicht mithalten konnten. Und die waren, wie überall in der Antike, auch in Israel in der Mehrheit. Die breite Masse hatte in den Zeiten von Jesus nicht die geringste Chance, durch das Dickicht von religiösen Gesetzen hindurchzufinden.

Die Religionsspezialisten nannten diese einfachen Leute verächtlich die »leeren« Köpfe. Gerade ihnen aber, den so genannten Hohlköpfen, die bei Jesus die »geistlich Armen« heißen, versprach er provokativ den Himmel auf Erden.

Jesus spielte also die religiös Diskriminierten, das religiöse Proletariat gegen die religiösen Kapitalisten aus, die den Tora-Regeln entsprechend gute Werke anhäuften. Dazu passt die Geschichte vom »Pharisäer und Zöllner«, die Jesus erzählt. Der Pharisäer präsentiert sich dem Gott Israels mit den Worten: »Gott, ich danke dir, dass ich nicht wie die anderen Leute bin, Räuber, Ungerechte, Ehebrecher oder so einer, wie jener dahinten in der Ecke, der Steuereintreiber. Ich faste zwei Mal in der Woche und gebe ein Zehntel von meinem Einkommen als Opfer und Spende.« Der Steuereintreiber, fährt Jesus fort, traute sich nicht einmal, seine Augen aufzuheben, und sprach: »Gott habe Mitleid mit mir!« Und Jesus schloss: »Glaubt mir, der Zöllner fand Erbarmen, der Pharisäer aber nicht.« Damit gewann Jesus die Herzen, kein Wunder, dass ihm die Menschen zuliefen. So hatte noch nie jemand zu ihnen, den kleinen Leuten, gesprochen wie jener Zimmermann aus Galiläa. Doch wie konnte das auf die Dauer gut gehen?

Ihren Helden schrieb die Antike Wunderkräfte zu. Nicht um die Natur religiös zu überhöhen. Die Wundererzählungen waren ein literarisches Mittel. Sie dienten dazu, die überwältigende Ausstrahlung solcher Menschen anschaulich zu machen.

Auch von Jesus erzählte man sich Wunderdinge. Er solle durchs Auflegen seiner Hände geheilt haben, Tote hätte er zurück ins Leben gerufen, er sei sogar übers Wasser gewandelt. Manche dieser Geschichten kursierten wahrscheinlich schon zu Lebzeiten von Jesus unter seinen Leuten. Wie gesagt, für mich sind es die hilflosen Versuche, ein Genie mit Worten dingfest zu machen.

Mit Wundergeschichten können wir heute nichts mehr anfangen. Ich würde zum Beispiel Jesus lieber einen Bruder des *Kleinen Prinzen* nennen. Den Boten einer Sehnsuchtswelt, in der noch niemand war, und dem Saint-Exupéry die Worte in den Mund legt: »Man sieht nur mit dem Herzen recht.«

Jesus wirkte elektrisierend auf seine Umgebung, so viel ist sicher. Faszinierend und provokativ zugleich. So, wenn sich der Wanderprediger von Levi ins Haus einladen ließ, einem Zöllner, der im Dienst der verhassten Besatzer stand. »Als Jesus dann in dessen Haus am Tisch saß, waren auch viele andere Zolleintreiber mit von der Partie und auch sonst noch Leute, die einen ebenso üblen Ruf wie Levi hatten. Das sahen die Lehrer unter den Pharisäern, und sie sagten zu seinen Jüngern: ›Wie kann der Mann sich mit den Zöllnern und solchem gemeinen Volk an einen Tisch setzen?‹ Das hörte Jesus und antwortete: ›Nicht die Gesunden brauchen den Arzt, sondern die Kranken!‹« Auch die Pharisäer faszinierte dieser Jesus, sie folgten ihm sogar bis direkt vors Haus des verrufenen Levi. Das Verhalten von Jesus aber schockierte sie.

Ähnliche Vorfälle berichten die Evangelien im Dutzend. Sie alle schien er zu fesseln: Kinder, Frauen und gestandene Männer, Krüppel, Bettelarme und Geisteskranke, ebenso aber auch die Schriftgelehrten, Lehrer und Priester. Berühmt ist jene Szene, in der Jesus eine Frau vorgeführt wird, die wegen Ehebruch gesteinigt werden soll. »Und sie stellten die Frau vor Jesus und sagten zu ihm: ›Rabbi, diese Frau wurde beim Ehebruch ertappt. Moses schreibt uns vor, dass so eine Frau gesteinigt werden muss. Was sagst du dazu?‹ Jesus aber bückte sich und malte mit dem Finger im Sand. Und als sie nicht aufhörten, ihn zu bedrängen, antwortete er: ›Wer von euch ohne Sünde ist, der werfe den ersten Stein auf sie!‹ Dann bückte er sich wieder und malte weiter im Sand. Da zog sich einer nach dem anderen zurück, die Ältesten zuerst.« Die Szene mag erfunden sein, doch nach allem, was wir von Jesus wissen, ist ihm eine derartige Reaktion durchaus zuzutrauen.

Auf die Dauer konnte das nicht gut gehen. Ein Genie unter Normalen, das ist eine tragische Paarung. Seine Popularität, sein schockierendes Verhalten, seine Reden brachten Jesus erbitterte Feindschaft ein. Auch eben bei den »Pharisäern und Schriftgelehrten«, den Religionsspezialisten, die es besser hätten wissen müssen. Gerade deren Unterstützung jedoch hätte der Wanderprediger gebraucht, als er mit Pilgern aus Galiläa nach Süden in die Landeshauptstadt, nach Jerusalem, aufbrach.

Ein messianischer Traum

Moses glaubte an seine Erwählung, im indischen Benares offenbarte sich Buddha als Pfadfinder der Erlösung, das erzählen die alten Schriften. Hat ähnlich wie Moses und Buddha auch Jesus gedacht, dass er der von Gott erwählte Erlöser oder Messias ist?

Auf den Messias, den »Gesalbten« und Boten Gottes, der die Menschheit am Ende der Tage erlöste, wartete damals ganz Israel. Denn man sah das Ende der Welt herannahen. Dutzende von jüdischen Charismatikern vor und nach Jesus erhoben den Anspruch, dieser Messias zu sein. Alle sind grausam gescheitert. Sie haben Hunderte, Tausende mit sich in den Tod gezogen. Doch nirgends in den Berichten der Jesusbewegung finden wir einen glaubhaften Hinweis, dass Jesus sich selbst in die Reihe jener vermeintlichen Heilsbringer stellte und sich zum Messias erklärte. Also glaube ich nicht daran. Einen Bittsteller, der ihn als »guter Meister« anredete, fertigte Jesus mit den Worten ab: »Was nennst du mich gut? Gut ist nur Gott alleine!« Das passt nicht recht zu jemandem, der sich für den Gesandten Gottes hält.

Zum Messias haben ihn die Christen erst nachträglich gemacht. Aber Jesus teilte selbstverständlich die Hoffnungen seiner Zeitgenossen auf ein Ende der herrschenden Verhältnisse. Sich selbst verstand er als Wortführer einer neuen religiösen Bewegung. Seine Hoffnung stützte er dabei auf die »geistlich Armen«, sein Ziel war ein Ende der religiösen Zweiklassengesellschaft. Durch sie, die kleinen Leute, sollte Israel reformiert, erneuert werden. Durch eine »Graswurzel-Bewegung« sollte das Gottesvolk zurück zu seinen Wurzeln finden.

Darum musste Jesus seine Anhänger bis in die heilige Gottesstadt führen, bis in Israels Heiligtum: Mit der Pilgerreise der »geistlich Armen« kam das »Reich der Himmel« nach Jerusalem. So sah es der Zimmermann aus Nazaret. Eine weitere Provokation für die religiös-politische Elite Israels.

Jesus aber hoffte auf Wunder: Während seine »geistlich Armen« in den Tempel einzogen, würden Gottes Engel herabfahren an die heilige Stätte. Damit Jerusalem zum »Bethaus für alle Völker« werde, wie es die Propheten ehedem versprochen hatten: »Mein Haus wird ein Bethaus heißen für alle Völker: Solches verheißt Gott, der Ewige, der die Versprengten Israels sammelt.« Die »Versprengten«, das waren für Jesus jene Leute, die er die »geistlich Armen« nannte, also die Diskriminierten der religiösen Zweiklassengesellschaft. Sie hatte Jesus in seiner messianischen Bewegung gesammelt, heraufgeführt, damit sich ihnen und ganz Israel in Jerusalem der Himmel auftue.

Doch es kam anders. Nicht der Himmel tat sich auf. Der Einzug der galiläischen Pilger löste bei den politisch Verantwortlichen Alarm aus. Die Evangelien berichten bis ins Detail über die letzten Tage von Jesus und den Gläubigen, die ihm gefolgt waren. Über seine Todesahnungen, seine letzte Mahlzeit im engsten Kreis seiner Vertrauten, und schließlich, wie sich Jesus widerstandslos festnehmen ließ, um ein Blutbad unter seinen Leuten zu vermeiden.

Der Traum seiner Graswurzel-Bewegung, die Israel von unten her erneuern sollte, war gescheitert. In einem für uns heute undurchsichtigen Prozessverfahren wurde Jesus zum Tode verurteilt, ans Kreuz geschlagen, worauf sich die Reste seiner Bewegung in alle Winde zerstreuten.

Das hätte das Ende sein können. Ein Ende, wie es schon so viele Messias-Anwärter erlitten hatten, deren Namen heute nur noch Historiker kennen. Aber nein, es kam ganz anders. Es grenzt schon an ein Wunder, dass die Geschichte von Jesus weiterging. Nachdem er Karfreitag ans Kreuz geschlagen worden war, feierte der Gekreuzigte Wiederauferstehung, Ostern, in den Herzen seiner Jünger, der Christen.

»In der Frühe des ersten Wochentages kamen sie zu dem Felsengrab. Und als sie hinsahen, bemerkten sie, dass der Verschlussstein fortgewälzt war. Und sie gingen in die Grabkammer hinein und sahen drinnen einen jungen Mann sitzen, bekleidet mit einem weißen Gewand. Und sie erschraken. Er aber sagte zu ihnen: ›Habt keine Angst! Ihr sucht Jesus von Nazaret, den man ans Kreuz genagelt hat. Er ist nicht hier, Gott hat ihn auferweckt vom Tod!‹ Sie aber flohen von dem Grab, denn sie zitterten vor Entsetzen«, mit diesen Worten erzählt Markus die Ostergeschichte.

Erst das Auferstehungswunder befestigte den Glauben der Jesusanhänger: Gott hatte am Ostermorgen das gegen ihren Führer verhängte Todesurteil für null und nichtig erklärt. So sahen es seine Leute. Indem er Jesus zu sich in den Himmel nahm, hatte Gott dessen Unschuld wunderbar bestätigt. Damit fand sich nun auch die Jesusbewegung rehabilitiert. Aus den eingeschüchterten Jüngern wurden die enthusiastischen Kuriere des himmlischen Messias und seiner Frohbotschaft. Und die waren bereit, ihrem Meister bis in den Tod zu folgen.

Die ältesten Dokumente des christlichen Osterglaubens stammen aus Briefen, die Paulus nach dem Jahr 50 an verschiedene Gemeinden des römischen Reiches schrieb. Ein leeres Christusgrab erwähnt Paulus in seinen Briefen nicht. Er beruft sich darauf, dass der auferstandene Jesus »gesehen worden« sei, von Petrus ebenso wie von vielen weiteren Zeugen, und zuletzt »auch von mir«, heißt es weiter in seinem Text. Ein leeres Grab als Auferstehungsbeweis benötigt Paulus auch nicht. Ganz im Gegenteil: »Fleisch und Blut können Gottes Reich nicht erben«, betont er. Aber kann man sich Ostern ohne leeres Christusgrab denken? Ohne die vielen anrührenden Ostererzählungen vom offenen Grab, die in späteren Jahrzehnten unter den Jesusanhängern die Runde machten?

Mir hilft ein Seitenblick auf die buddhistische Überlieferung. Als er hochbetagt starb, wurden die sterblichen Überreste des Buddha eingeäschert. Die Knochen, Zähne und seine Asche teilten sich mehrere Kleinkönige Nordindiens. Über den Reliquien des Erleuchteten errichteten sie Hügelgräber, und die wurden im Lauf der Zeit immer aufwändiger kultisch ausgestaltet. Denn die Volksfrömmigkeit verehrte die sterblichen Überbleibsel. Seinen Körper hatte Buddha »beiseite gelegt«, sein Geist aber blieb den Seinen als machtvoller Helfer präsent. Nach seinem Tod war er ihnen sogar noch gegenwärtiger als in seinen irdischen Tagen: für jeden erreichbar, der bei dem Vollendeten Zuflucht suchte. In seinem »Verwandlungsleib«, wie man den himmlischen Buddha in seiner neuen Existenzform nannte.

In einer Art Verwandlungsleib war auch Jesus dem Paulus erschienen. Und in einer Art von Verwandlungsleib hoffte Paulus, gleichfalls zum himmlischen Herrn entrückt zu werden: »Wir werden nicht alle entschlafen, wir werden aber alle verwandelt werden«, schreibt er seinen Gemeinden. Zur himmlischen Überformung bedurfte es keiner Auferstehung aus Moder und Verwesung. Eben deswegen beruft sich Paulus in seiner Osterverkündigung auch auf kein leeres Christusgrab. Erst nachfolgende Zeiten haben die Auferstehungserzählungen der christlichen Überlieferung so plastisch und farbig gezeichnet, wie sie später ins *Neue Testament* eingegangen sind.

Sind Christen die besseren Juden?

Tatsache ist, dass sich die Jesusleute schon bald nach dem Desaster des Karfreitags wieder in Jerusalem zusammenfanden. Der verehrte Meister hatte bei den Seinen einen unauslöschlichen Eindruck hinterlassen, er konnte nicht vom Tod verschlungen sein. Er sei auferweckt von den Toten, ihnen wieder erschienen, das beteuerten sie, bezeugten es in aller Öffentlichkeit. Und Jesus, sagten sie, habe versprochen, wo zwei oder drei in seinem Namen zusammenkommen würden, da werde er mitten unter ihnen sein. Ja, er wolle bei ihnen bleiben »bis an der Weltzeit Ende«. So sammelten sich die Versprengten und Verstreuten, so blieben sie zusammen.

Petrus und Andreas, die Fischer, kehrten nicht zurück an den See, Levi nahm seine Tätigkeit im Zollhaus nicht wieder auf. Vermutlich zogen jetzt auch die Frauen der Jünger aus Galiläa nach Jerusalem. Dort lebten sie in Gütergemeinschaft, »hatten alle Dinge gemeinsam«. Und sie trafen sich im Tempel, »brachen das Brot hin und her in den Häusern«, wie Lukas es in seiner *Geschichte der Apostel* erzählt.

Ich wüsste gern mehr, viel mehr über diese Christengemeinde. Zum Beispiel, ob die ersten Christen weiterhin blutige Opfer im Tempel darbrachten, ob sie noch die Synagogen, die jüdischen Lehrhäuser Jerusalems, besuchten und ob es Ärger mit den »Schriftgelehrten und Pharisäern« gab, mit denen sich der Meister so oft angelegt hatte. Mich interessiert die Gemeindeorganisation, deren Ämter. Aber vor allen Dingen frage ich mich, wer die Gemeindeleitung übernahm.

Lukas verliert darüber nur ein paar Worte. Wieder sind wir auf Mutmaßungen angewiesen. Ich kann mir aber keinesfalls vorstellen, dass die Christen nach der Katastrophe vom Karfreitag einfach weitermachten wie bisher. Zur religiösen Tagesordnung ihrer jüdischen Umwelt zurückkehrten.

Doch genau so hat es sich offenbar zugetragen. Die ersten Christen brauchten eine geraume Zeit, bis sie sich in ihrer Eigenart als Abweichler vom Judentum verstanden. Das lässt sich gut nachvollziehen. Ohne Not trennt sich keiner von vertrauten Bindungen und Ritualen. Und die junge Christengemeinde besaß ja auch noch keine eigene Bibel, die ihnen weitergeholfen hätte. Worte und Taten von Jesus wurden mündlich bewahrt und weitergegeben, und als Orientierung diente der Gemeinde die hebräische Bibel. Die aber lernte man allmählich gegen den Strich zu lesen, nämlich als Prophezeiung und verborgenen Hinweis auf Jesus.

Religiöse Vetternwirtschaft unter den Christen

Sehr bald allerdings müssen Fragen der Gemeindeleitung auf der Tagesordnung gestanden haben. Und da verwundert es mich, plötzlich Leibesbrüder von Jesus an der Spitze der Gemeinde zu finden. Allen voran Jakobus. Wie kam der Zweitälteste aus der Familie von Maria und Josef zu jener einflussreichen Führungsposition? Als Jesus predigend durch Galiläa wanderte, versuchten seine Brüder, den Ausreißer fast gewaltsam ins Elternhaus zurückzuholen. Sie erklärten Jesus öffentlich für geisteskrank, »er ist von Sinnen«, sagten sie. Das berichtet, vertrauenswürdig genug, Markus, der erste Jesus-Biograf. Und Johannes notiert in seinem Evangelium kurz und bündig: »Seine Brüder glaubten nicht an ihn.« Wie also kam Jakobus, der »Herrenbruder«, in sein Amt?

Ein Blick auf den späteren Islam hilft vielleicht weiter. Nach dem unerwarteten Tod Muhammads im Jahr 632 kam es zu einem erbitterten Streit um die Nachfolge des Propheten. Zwei Parteien standen sich gegenüber. Die einen bestanden darauf, nur der Fähigste solle zum Nachfolger ernannt werden, die Gegenpartei verlangte, die Blutsverwandtschaft müsse den Ausschlag geben. Diese Streitfrage trennt bis heute Sunniten und Schiiten.

Ob und wie viel Streit es um die Gemeindeleitung der Jerusalemer Christen gab, wissen wir nicht. Offenbar haben sich die Jesusbrüder schon bald gegen seinen Jüngerkreis durchsetzen können. Religiöse Vetternwirtschaft? Hier schon und jetzt schon?

Seinen Jüngern hatte Jesus die Ehrenplätze im Reich Gottes zugesagt, von seiner Familie war dabei nie die Rede gewesen. Doch nun, nachdem die leiblichen »Brüder des Herrn« die Gemeindeleitung an sich gezogen hatten, standen die Apostel plötzlich im zweiten Glied.

Wenn das nur alles gewesen wäre! Denn Jakobus ist für mich das genaue Gegenteil seines Bruders, ein religiöser Hardliner. Die Überlieferung weiß von ihm, dass er sich im Tempel Schwielen an die Knie betete, »hart wie die von einem Kamel«, und es wird gesagt, Jakobus habe ein streng asketisch ausgerichtetes Leben geführt. Kein Wunder, dass er damit in den konservativen Kreisen der Oberschicht und gewiss auch bei der Tempelverwaltung hoch angesehen war. Aber die hatten doch Jeschua, seinen Bruder gekreuzigt!

Petrus, der Apostelfürst

Petrus, der frühere Fischer, war laut Lukas der Einzige unter den Jüngern, der Jakobus Paroli bieten konnte. Als das Christentum an die Grenzen von Groß-Israel, das damals Syrien mit umfasste, stieß, auch Nichtjuden sich dem Christentum zuwandten, da hatte Jakobus gefordert: Ein nichtjüdischer neu Bekehrter muss vor der Taufe erst zum Judentum übertreten! Das bedeutete Beschneidung, die Beachtung der jüdischen Speisetabus und überhaupt kompletten Tora-Gehorsam. Petrus hielt dagegen und obsiegte. Die Beschneidung für die neu gewonnenen Christen entfiel, und die Frage der Tora-Verbindlichkeit hielt man offen.

Die Überlieferung dankte es Petrus, indem sie dem »Menschenfischer« in den Evangelien eine führende Position einräumte. Um die Autorität von Petrus gegenüber der Jakobus-Gemeinde zu unterstreichen, legte man Jesus nachträglich die Worte in den Mund: »Du bist Petrus, und auf diesen Felsen will ich meine Kirche gründen.« Nun mag Jesus tatsächlich den Petrus besonders lieb gewonnen haben, und das gilt auch wohl umgekehrt. Immer wieder ist es Petrus, dessen Glaubenseifer den der übrigen Jünger überbietet. Hoch und heilig schwor er, er wolle seinem Meister bis in den Tod folgen. Und verleugnete Jesus bei der erstbesten Gelegenheit. Dass er danach in Tränen ausbrach, nimmt mich für ihn ein. Mit Tränen der Reue geht die Jesusüberlieferung nämlich sonst sehr sparsam um.

Sonst wissen wir allerdings wenig Verlässliches von dem Leben des Mannes, den man später den »Apostelfürsten« nannte. Verbürgt ist allein, dass Petrus in

Begleitung seiner Frau Missionsreisen unternahm. Nur die Legende weiß dagegen, dass der Apostelfürst unter Kaiser Nero im Jahr 64 den Märtyrertod erlitt. Man zeigte noch lange in Rom die Grabstätte von Petrus. Seine Lage haben Archäologen jedoch nie einwandfrei identifizieren können.

Wahre Heldengeschichten ranken sich um das Martyrium des Petrus. Die bekannteste erzählt, wie Petrus dem römischen Inquisitionstribunal entkommen wollte. Auf der Via Appia begegnete er Jesus auf dem Weg in die Stadt. »*Quo vadis, Domine*?«, fragte Petrus entsetzt: »Wohin, Herr?« Jesus antwortete: »Ich sah dich fliehen, Petrus, und gehe in die Stadt, um mich an deiner Stelle kreuzigen zu lassen.« Da kehrte Petrus um und stellte sich den Behörden, um sich hinrichten zu lassen.

Mit Paulus beginnt das Christentum im Mittelmeerraum

Auch Paulus, erst durch den auferstandenen Jesus zum Apostel berufen, soll bei der Christenverfolgung durch Nero ums Leben gekommen sein. Mehrere seiner Briefe sind uns erhalten geblieben, auch Lukas berichtet ausführlich über ihn. Darum sind wir über den Missionsapostel Paulus besser unterrichtet als über die meisten anderen seiner nichtchristlichen oder christlichen Zeitgenossen, seien es Literaten, Imperatoren oder Philosophen.

Etwa zwei Jahrzehnte jünger als Jesus wurde Paulus außerhalb von Palästina in Tarsus geboren, einer Stadt an der südöstlichen Küste der heutigen Türkei. Sein jüdischer Name ist Scha'ul, Saul, benannt nach dem ersten König Israels. Der junge Paulus studierte an der Hochschule in Jerusalem die Tora-Wissenschaften und schloss sich den Pharisäern an.

Wie Jesus ging es den Pharisäern um die geistige Wiedergeburt Israels. Anders als Jesus verachteten diese jedoch die einfachen, »leeren« Leute. Sie drangen darauf, die Gebote der Tora peinlich genau einzuhalten. Lieber zehn zu viel als ein Gebot zu wenig, an diesen Leitsatz hielten sich die Schriftgelehrten. Durch die Gebote »umgab uns Moses mit undurchdringlichen Wällen und eisernen Mauern, damit wir uns mit keinem anderen Volk vermischen«, erklärte bereits in vorchristlicher Zeit ein jüdischer Schriftsteller.

Auch Paulus war solch ein nationaler Eiferer. Der junge Mann glänzte durch seine Tora-Kenntnisse. Und so betraute man ihn mit einer heiklen Angelegenheit, er sollte die Aktivitäten der Christen in der syrischen Region von Damaskus untersuchen.

Während seines Studiums muss Paulus mit der Jakobus-Gemeinde von Jerusalem in Berührung gekommen sein. Doch das waren harmlose Leute. Sie unterschieden sich von ihren jüdischen Glaubensgenossen nur dadurch, dass sie noch immer ihren ehemaligen Führer, der unter Pontius Pilatus gekreuzigt wurde, in Ehren hielten, ja, seine Wiederkunft erwarteten. Sie beunruhigten die Behörden nicht. Wohl aber die jüngsten Aktivitäten der Jesus-Leute in Syrien. Denn auf die Loyalität der auswärtigen, der Diaspora-Juden, war Jerusalem angewiesen. Schließlich finanzierten diese über die jährliche Tempelsteuer den riesigen Religionsapparat der Hauptstadt.

Auf dem Weg nach Syrien jedoch hatte Paulus eine Vision: »Vor Damaskus umleuchtete ihn ein plötzliches Licht vom Himmel. Er stürzte zu Boden und hörte eine Stimme: ›Saul, Saul, was verfolgst du mich?‹ Und Paulus fragte: ›Wer bist du Herr?‹ Und die Stimme sagte: ›Ich bin Jesus, den du verfolgst!‹ Und als Paulus sich von der Erde aufrichtete, sah er nichts.« So wurde der junge Pharisäer bekehrt, der Christenverfolger wechselte das Lager, er wurde Christ. Und mit dem gleichen Eifer, den er als Pharisäer an den Tag gelegt hatte, betrieb Paulus fortan die christliche Mission. Zunächst in Groß-Israel, dann in Kleinasien, Griechenland und schließlich in der Welthauptstadt Rom. Er gedachte sogar, seine Werbung für den Christenglauben bis an die Grenze des Römischen Reiches, bis nach Spanien im äußersten Westen zu tragen.

Jesus statt Moses

Paulus war den Pharisäern an Eifer ebenbürtig, und er war ein intellektuell umtriebiger Mann. So wurde er zum Schöpfer der christlichen Theologie. Gegenüber der jüdischen Religionsphilosophie, wie sie die Pharisäer vertraten, entwarf er ein alternatives Programm, das radikaler nicht ausfallen konnte. Jesus statt Moses heißt es bei ihm. Mit anderen Worten: Judentum ja, aber gesetzesfrei.

Jesus bedeutet für ihn, den Spätberufenen: »Glaube, Hoffnung, Liebe, aber die Liebe ist die größte unter ihnen.« In Christus, so Paulus, zeigt Gott sein wahres Gesicht. Bis zum Kreuzestod. Und weil in Jesus Gott offenbar ist, nennt er Jesus »Gottes Sohn«.

Die Worte, die Lehre von Jesus, interessieren Paulus eigentlich nicht. Er zitiert ihn nicht, erzählt keins seiner großen Gleichnisse. Er, der Intellektuelle, macht seine ganze Philosophie an einem einzigen Fakt fest, am Kreuzestod des Messias. Hier liegt für ihn der Beweis: Gott glaubt so fest an den Menschen, dass er sich für ihn opfert. Dennoch, trotz allem, was gegen ihn spricht. Und wer sich auf diesen Glauben einlässt, der ist gerettet und frei. Mit dieser Botschaft bereiste Paulus das Römische Reich.

Die praktischen Konsequenzen dieser neuen Sichtweise stellten das gesamte Religionswesen der Antike auf den Kopf, in dem der Mensch nur »ein verächtliches Wesen« war. Nach Gottes Selbstopfer machte der ganze antike Religionsapparat keinen Sinn mehr. Millionen von Tieren wurden an den Altären in Rom, Jerusalem, Griechenland und Ägypten jährlich abgeschlachtet, um die Gottheit, die Götter, zu loben, zu preisen, zu versöhnen. Tausende von Gladiatoren verloren bei religiösen Festspielen ihr Leben. Plötzlich war das alles Spuk und Horror von gestern. Auch wenn es noch Jahrhunderte brauchte, bis die Altäre verwaisten, angelegt war das alles schon bei Paulus in diesem 1. Jahrhundert. In letzter Konsequenz war Jesus also auch für die Tiere gestorben, Paulus ist darum für mich ein Albert Einstein der Theologie, weil er den Glauben seiner Zeit revolutionierte wie der Physiker seine Wissenschaft am Beginn des 20. Jahrhunderts.

Paulus fühlte sich zeitlebens nicht als Christ. Er war Jude. Deswegen trug er seine christliche Interpretation der Tora auch in die jüdischen Lehrhäuser hinein. Synagogen gab es rund ums Mittelmeer, drei oder vier in jeder größeren Stadt. Stellten doch die Juden ein Zehntel der Gesamtbevölkerung des Römischen Reiches mit seinen fünf bis sieben Millionen Bürgern. So zahlenstark war das Judentum, ganz abgesehen von den Millionen Juden außerhalb des Reichs in Mesopotamien, im Zweistromland.

Ein fernöstliches Christentum?

Was wäre aus der Jesusbotschaft geworden, wenn Paulus auch im damaligen Zweistromland, im heutigen Irak und Iran missioniert hätte? Das Christentum wäre danach vielleicht weiter in den Osten bis nach Indien und China gewandert, wer weiß. Und wir hätten heute kein weißes, sondern ein braunes, ein gelbes, ein asiatisches Christentum. Jedenfalls einen anderen Glauben als den, dem die Kirchen Europas und Amerikas heute verpflichtet sind.

Paulus mag sogar seine Fühler bis in den Irak ausgestreckt haben. Nach seiner Bekehrung lebte er, so ist seinen Briefen zu entnehmen, ein paar Jahre in »Arabien«. Das meinte damals nicht die arabische Halbinsel, wohl aber den syrischen Raum bis in den heutigen Irak.

Dass Paulus sich schließlich für die westliche Alternative entschied, ist einfach der Tatsache zuzuschreiben, dass die Juden ihre Bibel damals bereits ins Griechische übersetzt hatten. In die Verkehrssprache des Mittelmeers. Und weil Paulus auf die Bibel der Juden nicht verzichten wollte, fühlte er sich im Westen mehr zu Hause als in »Arabien«.

Wie aber hätten sich die Juden des Mittelmeers mit Paulus befreunden können? Was Paulus da predigte, war einfach zu viel: Beschneidung ja, doch des Herzens, nicht am Geschlecht; Reinheit ja, doch rein durch den Glauben, nicht durch reine Speisen; Tora ja, doch bloß als Urkunde, nicht als Gesetz. Der Prediger verkündete also ein Judentum ohne Esstabus und Opferritual, die Religion Abrahams befreit von Gesetzesdienst und verdienstlicher Moral. Wie im Leben sollte das funktionieren, musste sich die Synagoge fragen.

Es funktionierte eigentlich nur bei den Nichtjuden, in den winzigen Hausgemeinden der Getauften, der ersten Christen, die sich privat versammelten, um Jesus mit Gebet, Brot und Wein und unter Hymnen zu danken.

Wie und wo Paulus sein unruhiges Leben beschloss, ist nicht mit Sicherheit zu sagen. Bis nach Rom ist er gewiss gekommen, wir besitzen nämlich noch Briefe, die er von der Hauptstadt aus verschickte. Und Lukas erzählt in aller Breite, wie Paulus als Gefangener per Schiff nach Rom reiste. Vermutlich starb er dort also auch im Jahr 64 als Märtyrer, doch es fehlen dafür die Beweise.

Rom verbrennt die Christen

In die Regierungszeit Neros (54–68), des vierten Imperators nach dem »vergöttlichten« Augustus, fällt die erste dokumentierte Verfolgung der Christen. Ein Großbrand hatte die Millionenstadt Rom in Asche gelegt. Man munkelte, der Kaiser selbst habe die Brandstiftung befohlen, um für neue Bauvorhaben Platz zu gewinnen. Nero wollte das Gerücht ersticken und fand andere, die er zum Sündenbock machen konnte: die Christen. Nur gerade 30 Jahre nach der Kreuzigung von Jesus waren sie schon in der Hauptstadt zahlreich vertreten. Tacitus, der geniale römische Historiker, berichtet über die grausame Tat: »Um das Gerede aus der Welt zu schaffen, schob Nero die Schuld auf andere und bestrafte sie mit ausgesuchten Martern. Es handelte sich um die wegen ihrer Untaten verhassten Leute, die man das Volk der Christen zu nennen pflegte. In Tierhäuten steckend wurden sie von Hunden zerrissen oder ans Kreuz geschlagen und angezündet, um als Fackeln für die nächtliche Beleuchtung zu dienen.« Gewiss, der Kaiser hätte sich auch an die Juden halten können. Doch deren Zahl ging in Rom an die Zehntausende. Und die Juden müssen glaubhaft gemacht haben, dass sie mit den jüdischen Freireligiösen, den Christen, nichts zu schaffen hatten. Das Judentum grenzte sich damit zum ersten Mal offiziell vom Christentum ab.

Jerusalem ohne Christen

Die Verfolgung durch Nero war eine lokale, auf Rom begrenzte Aktion. Weiteres Ungemach stand den Christen von anderer Seite ins Haus.

In Palästina hatte der Hass gegen die heidnische Besatzungsmacht inzwischen solche Ausmaße erreicht, dass er sich in einer Explosion entlud. Zwei Jahre nach Neros Tod kam es zu Revolten in den Städten, die Besatzer wurden vertrieben, jüdische Extremisten übernahmen die Gewalt. Sie entmachteten die Priesterführung und den Stadtrat von Jerusalem, verkündeten den Anbruch der Gottesherrschaft. Das Schuldarchiv wurde gestürmt, ging in Flammen auf, anschließend tanzte man durch die Straßen – Frauen bekleidet wie Männer und umgekehrt, eine verkehrte Welt, zum Zeichen der messianischen Zeitenwende. Hatten die Zeloten, wie man die Extremisten nannte, der Tora den Gehorsam aufgekündigt? Wie Paulus? Fast scheint es so. Denn das Gesetz des Moses schrieb eine strikt getrennte Kleiderordnung vor, »ein Gräuel für den Ewigen« nennt es die Tora, wenn Frauen sich in Männerkleidung präsentierten.

In dieser Zeit verließen die Christen fluchtartig Jerusalem. Sie ließen sich jenseits des Jordans nieder. Auch die Pharisäer und Schriftgelehrten wollten mit den Aufständischen nichts zu schaffen haben. Die Römer gaben ihnen freies Geleit aus der belagerten Stadt.

Jahrelang tobte der Krieg um die von römischen Elitetruppen umzingelte Stadt. Dann ertrank sie in Blut. Der Tempel ging in Flammen auf, was von ihm noch geblieben war, machten Rammböcke dem Erdboden gleich. Der römische Feldherr Titus war entschlossen, den »verderblichen Glauben der Juden« auszurotten. Die zweite oder dritte Schoah in der Geschichte Israels verlangte ihre Opfer. Wer die Eroberung überlebte, wurde auf den Märkten des Reiches als Sklave verkauft. Mädchen, junge Frauen und Knaben wanderten ins Bordell, der Rest verkam in den Bergwerken und Steinbrüchen rund ums Mittelmeer. Der eroberte Tempelschatz war so gewaltig, dass der Goldpreis in den Handelszentren des Imperiums in den Keller ging. Man vermutet sogar, dass das Beutegold des Krieges half, das gigantische Kolosseum in Rom zu finanzieren.

Doch Titus irrte, wenn er glaubte, er könne den »jüdischen Aberglauben« ausrotten. Als er die ausgebrannte Tempelruine betrat, fand sich kein Gottesbild darin – für Titus der Beweis, dass die Juden Atheisten waren. Doch der Ewige war ausgewandert. Er wohnte fortan unter den Seinen im Exil, in der Diaspora. Und dort war er präsent in jeder Synagoge, tröstend gegenwärtig in den Schriftrollen der Tora.

Nur eine Minderzahl von Juden hatte sich an dem Aufstand beteiligt, gerade mal ein paar Hunderttausend. Die Millionen Juden Kleinasiens und Mesopotamiens waren ihren Glaubensgeschwistern nicht zu Hilfe geeilt. Auch in Ägypten und Rom hielten sich die Juden bedeckt. Gegen einen Aufstand aller Juden im Reich hätte Rom sicher keine Chance gehabt. Dennoch, nach dem Krieg wurden reichsweit sämtliche Juden kollektiv mit einer Strafabgabe belegt, dem *Fiscus Judaicus*, der nie wieder abgeschafft wurde. Spülte doch die jüdische Sondersteuer ständig neues Geld in die Kassen der Zivil- und Heeresverwaltung. Eine sichere Einnahmequelle. Denn die Steuereintreiber mussten bei den Juden nicht von Haus zu Haus gehen, um die Gelder einzutreiben. Diese Arbeit nahmen ihnen die autonom verwalteten Diaspora-Gemeinden ab. Wie viele Schiffe, Straßen und Brücken, wie viele Paläste, Arenen und Kunstwerke der römischen Spätantike, die wir heute bewundern, werden mit dem *Fiscus Judaicus* abgezahlt worden sein!

Jesus in Buchform

Der jüdische Krieg hatte Auswirkungen auf die Christengemeinden. An der Apostelgemeinde von Jerusalem hatten sich die Christen bis dahin orientiert, hatten dort ihre Glaubensgeschwister finanziell unterstützt, und bei Kriegsausbruch war die von den Aposteln selbst gegründete Gemeinde im östlichen Jordanland untergetaucht. Woran sollten sich die Christen nun halten?

In dieser Situation, also aus der Not geboren, entstanden die ersten Jesus-Biografien, die vier Evangelien von Markus, Lukas, Matthäus und Johannes. Jahrzehnte erst nach dem Tod von Petrus und den übrigen Aposteln. Lukas stellt seiner Jesus-Erzählung, die er um das Jahr 80 niederschrieb, folgende Widmung voran: »Mittlerweile haben sich schon manche daran versucht, schriftlich festzuhalten, was sich unter uns Christen zugetragen hat. Und nachdem auch ich diese Dinge eingehend untersucht habe, möchte ich Ihnen, sehr geehrter Theophilus, dieses alles der Reihe nach aufschreiben.« Die Schriften wurden gesammelt, ständig neu abgeschrieben und bildeten zusammen mit den Gemeindebriefen der Apostel die christliche Bibel neben der hebräischen Tora. Man nannte sie das *Neue Testament*, das heißt: die Stiftungsurkunde des neuen Glaubens.

Die Juden hatten den Tempel, die Christen hatten ihren Jerusalemer »Vatikan« verloren, und beide kompensierten den Verlust mit ihren heiligen Schriften. Das bestärkte zwar die Identität der jüdischen Lehrhäuser und der christlichen Hauskirchen, förderte jedoch zugleich deren wechselseitige Entfremdung.

Vollends zum Bruch kam es, als die Christen sich weigerten, die jüdische Strafsteuer zu entrichten. Wieso sollten sie sich den staatlichen Zwangsmaßnahmen, die gegen die Juden gerichtet waren, unterwerfen? Die Gemeinden rekrutierten sich überdies zu einem erheblichen Teil aus den ärmeren Unterschichten, die gar keine Steuern zahlen konnten. Also mussten die Christen vor den römischen Behörden darauf pochen, dass sie keine Juden waren.

Ein riskanter Schritt. Denn das Judentum war eine staatlich anerkannte Religion. Indem sich die Christen von der Synagoge trennten, begaben sie sich in die Illegalität, betraten Märtyrerland. Noch zwei Jahrhunderte mussten verstreichen, bis der römische Staat auch seinen christlichen Bürgern die Legalität einräumte.

Man bezeichnet diese Jahrhunderte gern als die Zeit der Märtyrer-Kirche. Richtig daran ist, dass jeder, der sich in der Frühzeit des Christentums taufen ließ, ein Risiko einging, das tödlich enden konnte. Juden lebten, verglichen mit ihren christlichen Glaubensgeschwistern, dagegen in großer Rechtssicherheit. Titus war die Ausnahme geblieben. Jüdisches Märtyrerblut floss im Reich der Cäsaren nicht. Die Toleranzpolitik des Imperiums gegenüber dem jüdischen Glauben war geradezu beispielhaft. Zumindest wenn man sie mit den Übergriffen auf die Juden während der spanischen Inquisition im Spätmittelalter vergleicht, als man diese von Staats wegen bei lebendigem Leib verbrannte.

Zweites Jahrhundert

Bischöfe, Päpste und Gurus

Das 2. Jahrhundert weiß noch nichts von einer organisierten »heiligen katholischen Kirche«. Wildwuchs herrscht vor, tausend Blumen blühen. Christengemeinden finden sich in diesem Jahrhundert bereits im ganzen Mittelmeerraum. Geradezu explosionsartig weitet sich der neue Glaube aus, treibt immer neue Ableger.

Was macht das Christentum attraktiv? Warum verlassen Menschen ihre alten Religionen? Und lassen sich auf den neuen Glauben taufen? In der Frage liegt schon die Antwort. Alle Religionen, die man bis dahin kannte, waren gewachsen. Seit undenklichen Zeiten praktiziert und weitergegeben. Und darauf berufen sich die Alt-Religionen, auf ihre Tradition. In der Antike sind alle Menschen religiös gestimmt, eine Religion haben bedeutet für sie, ein geordnetes Leben im Rahmen der althergebrachten Ordnung zu führen.

Der neue junge Jesus-Gott

In der westlichen Welt ist es erstmals das Christentum, das sich als Neu-Religion inmitten der gewachsenen Alt-Religionen positioniert. Mit einem neuen, jünglingshaften Gott, mit Jesus, der kein Aristokrat, kein sagenumwobenes Menschtier ist wie die traditionellen Götter, sondern ein einfacher Zimmermannssohn, der den harten Beruf vom Vater übernommen hat. Jesus ist ein Gott von Du auf Du. Und gerade sein niedriger Tod empfiehlt ihn als vertrauliches Gegenüber, macht ihn mit den Menschen solidarisch.

Jesus kann man ins Herz schließen. Wörtlich. »Christus lebt in mir«, schreibt Paulus. »Darum werden wir nicht müde. Ob auch der äußere Mensch verdirbt, wird der innere Mensch doch Tag für Tag erneuert.« Eine Tür nach innen wird aufgestoßen. Paulus preist den neuen Glauben als Religion der Innerlichkeit.

Das sind neue Töne in der Antike. In ihr bedeutet Religion zunächst etwas Äußeres, den korrekten Umgang mit den Göttern.

Mehr als hundert Jahre nach Paulus wird Marc Aurel, der römische Kaiser und Philosoph, schreiben: »Im Inneren ist eine Quelle, die nie versiegt. Wenn du nur zu graben verstehst.« Paulus sagt dasselbe, nur nicht elitär: Mit der Christentaufe gibt es den inneren, den neuen Menschen gratis und umsonst. Für jeden: Ohne Spatenarbeit, man kriegt ihn geschenkt.

Was also macht den neuen Glauben so attraktiv? Epiktet, wieder ein prominenter Philosoph jenes Jahrhunderts, sagt: »Zeige mir einen, der krank und doch glücklich ist; der in Gefahr schwebt und doch glücklich ist; der im Sterben liegt und doch glücklich ist; der in der Verbannung lebt und doch glücklich ist; dem es übel geht und der doch glücklich ist – zeigt ihn mir! Doch ihr könnt mir keinen zeigen, der so vollkommen wäre. Dann zeigt mir wenigstens einen, der sich entsprechend zu bilden bemüht, der danach strebt. Erweist mir die Wohltat, bringt mich, einen alten Mann, nicht um ein solches Wunder, das ich bisher noch nicht sehen durfte.« Danach sehnen sich die Menschen, doch das haben die unnahbar aristokratischen Götter der Antike nicht zu bieten.

Das Christentum ist die Antwort auf diese Sehnsucht. Seine Botschaft von dem inneren Menschen, der sich von Tag zu Tag erneuert, wenngleich der äußere Mensch verdirbt und sterblich ist. Das macht die Attraktivität der neuen Religion aus. Sie lässt innerhalb kürzester Zeit an allen Ecken und Enden des Reiches neue Gemeinden heranwachsen.

»Die Gründe für den schließlich erreichten Sieg der christlichen Verkündigung sind vielfältig«, schreibt Mircea Eliade, der rumänische Religionshistoriker: »Zunächst der unerschütterliche Glaube und die moralische Kraft der Christen, ihr Mut vor der Folter und dem Tod, der selbst von ihren größten Gegnern ... bewundert wurde. Andererseits war die Solidarität der Christen beispiellos; die Gemeinde sorgte für die Witwen, Waisen und Greise und kaufte Gefangene von Piraten frei. Bei Epidemien und Belagerung von Städten waren die Christen die Einzigen, die Verwundete versorgten und Tote begruben. Für alle Entwurzelten des Reiches, für die Massen, die an Einsamkeit litten, für die Opfer kultureller und sozialer Entfremdung war die Kirche die einzige Hoffnung, Identität zu erlangen und einen Sinn in der Existenz zu finden oder wiederzufinden. Da keine Schranken sozialer, rassischer und intellektueller Art existierten, konnte jedermann Mitglied dieser optimistischen, paradoxen Gemeinschaft werden, wo ein mächtiger Bürger, Kammerherr des Kaisers, sich vor einem Bischof, einem ehemaligen Sklaven niederwarf. Sehr wahrscheinlich hat keine Gesellschaft der Geschichte, weder vorher noch nachher eine gleich große Egalität, Caritas und Bruderliebe gekannt, wie sie in den christlichen Gemeinden der vier ersten Jahrhunderte gelebt wurde.«

Das Jahrhundert der ersten Christen kennt noch keinen Zwang zu einheitlichen Glaubensgrundsätzen, kein normiertes Glaubensbekenntnis. Der neue Christengott ist faszinierend, und mehr braucht es nicht, als ihn ins Herz zu schließen. Noch hat jede Hausgemeinde ihr eigenes Tauf- und Glaubensbekenntnis.

Doch diese religiöse Vielfalt weckt irgendwann ein Unbehagen, erzeugt mit der Zeit ein Bedürfnis nach mehr Orientierung und Führung. Ämter entstehen. Zum Beispiel das Amt der *Episkopoi*, der Gemeindeaufseher, aus dem später das Bischofsamt hervorgeht. Diakone, »Presbyter«, Älteste, werden gewählt.

Immerzu wird gewählt und abgestimmt, ganz nach dem Vorbild der nichtchristlichen Vereine im Umfeld der Christengemeinden. Das Wahlrecht ist aus der Geschichte des Christentums nicht wegzudenken. Mal ist es schwächer, mal ist es stärker ausgeprägt, verschwunden aber ist es nie. Wie auch in den buddhistischen Klöstern. Im Islam dagegen fehlt es ganz. Dort werden Amtsinhaber berufen, im Westen werden sie ins Amt gewählt. Eben das macht es den islamischen Ländern heute so schwer, den Übergang zur Demokratie zu finden.

Römische Bischöfe erfinden den Papst

Unter demokratischen Verhältnissen geht es manchmal chaotisch zu. So war es damals zum Beispiel in der griechischen Christengemeinde von Korinth. Über die Frage der Ämterbesetzung hatte man sich heillos zerstritten, da wandte man sich an die Christen von Rom und holte deren Rat ein. Ein literarisch gebildeter Christ namens Clemens antwortete mit einem langen Brief. Ich zitiere daraus die folgenden Sätze: »Wir müssen alles ordnungsgemäß tun, was der Herr für die verordneten Zeiten geboten hat. Das gilt besonders für den Vollzug der Gottes- und Opferdienste. Der Herr hat ja nicht verordnet, das alles solle spontan und ohne Ordnung stattfinden. Sondern alles muss zu festgelegten Zeiten und Stunden geschehen, wo und durch welche Person der Herr es vollzogen sehen möchte. Denn er hat durch seinen allerhöchsten Ratschlag festgelegt, dass alles in der Gemeinde würdig vonstatten gehe.« Ich lese die Zeilen ein zweites Mal und werde den Eindruck nicht los – das könnte jeder x-beliebige Papst zu jeder x-beliebigen Zeit genauso gesagt haben. Die Passage könnte auch der Schreibstift eines kaiserlichen Kurators zu Papier gebracht haben. Gesetz und Ordnung werden in Rom in großen Buchstaben geschrieben. Egal ob in der Christengemeinde oder in der damals noch nichtchristlichen Verwaltung.

Clemens begründete seine Ordnungsliebe mit astronomischen Argumenten: »Die Himmelskörper kreisen, wie es der Himmelsherr befiehlt. Gutwillig sind sie ihm untertan. Bei Tag und bei Nacht folgen sie dem Lauf, den er ihnen verordnet hat, und sie stören sich nicht dabei gegenseitig. Die Sonne, der Mond mit den sie begleitenden Sternen ziehen harmonisch ihre Kreise, stets in ihren verordneten Grenzen, ohne jemals von ihren Wegen abzuweichen«, und so geht das weiter im Text. Was soll daran christlich sein? Mit solchen Belehrungen konnte damals jeder Straßenkehrer aufwarten. Neu, also christlich ist nichts daran. Doch die Korinther hatten sich an Rom gewandt, und da hatten sie ihre Antwort.

Man erzählte sich, Petrus, der Apostelfürst, habe Clemens noch eigenhändig getauft und in sein Amt eingeführt. Und die Korinther erinnerten sich an das Jesus zugeschriebene Wort: »Du bist Petrus, und auf diesen Felsen will ich meine Kirche gründen.« Aber wo befand sich der Bauplatz der Christus-Kirche? Natürlich in der Reichshauptstadt, also in Rom. Denn Jerusalem gab es nicht mehr. Am Anfang des 2. Jahrhunderts hatte die Petrus-Überlieferung bereits so viel Gewicht, dass sich die Gemeinden rund ums Mittelmeer fast automatisch an Rom orientierten.

So weit zurück, bis in die Zeit von Clemens, reicht die Geschichte der Päpste. Ihr Titel leitet sich von dem griechischen Wort »pappas« ab, und das bedeutet »Vater«. Die offizielle Papst-Titulatur lautet: Bischof von Rom, Stellvertreter von Jesus Christus, Amtsnachfolger des Apostelfürsten, Hoherpriester aller Christen, Patriarch des Westens, Vorsitzender der Bischöfe Italiens, Erzbischof von Rom, Souverän des vatikanischen Staates. Mit anderen Worten: Dem jeweiligen Papst untersteht die Rechtsprechung der Kirche insgesamt, sowohl in Glaubenssachen wie hinsichtlich der Moral, und er ist für die Ordnung wie für die Leitung der christlichen Kirche unumschränkt zuständig.

Was ohne Papsttum aus dem Christentum geworden wäre, wage ich mir nicht auszumalen. Wie viele Päpste hat es im Lauf dieser 2 000 Christenjahre gegeben? 260? 264? 269? Das lässt sich nicht genau sagen. Denn es gab Unterbrechungen in der Nachfolge, Gegenpäpste, abgesetzte Päpste. Und natürlich gab es in dieser endlos langen Geschichte auch jede Art von Verbrechen und mafiosen Machenschaften rund um den Heiligen Stuhl, keine Untat wurde ausgelassen, zu der Menschen fähig sind. Dennoch, der Stuhl des Petrus scheint unverrückbar festzustehen. Wie für die Ewigkeit. Es findet sich keine Institution der Weltgeschichte, die sich an Alter und Würde mit dem römischen Papsttum messen könnte.

Gnosis, der große Durchblick

In Rom lehrte um die Mitte des 2. Jahrhunderts Valentian. Ein hochgebildeter, feinsinniger, von hinreißendem Pathos erfüllter Mann. Valentian war 138 nach Rom gekommen, dem Todesjahr des Kaisers Hadrian.

Hadrians Grabstein ziert ein lateinischer Fünfzeiler, der wie alle Gedichte nicht in einer anderen Sprache wiederzugeben ist. Ich versuche es trotzdem: »Seelchen, liebes Flatterding, Gefährtin und mein Körpergast, wohin gehst du fort von hier, bist so blass und starr und nackt, ach, und hast jetzt ausgespaßt.« Hadrian soll die Verse angesichts seines Todes verfasst haben. Ganz sicher kannten die Frauen und Männer aus den Kreisen des Valentian das kleine Poem. Die heutige Engelsbrücke in Rom führt direkt auf das Mausoleum des Kaisers zu.

Ja, und wie ist das mit dem »Flatterding«, dem Seelchen? Wie war es in die Welt gekommen? Und wohin ging das Seelchen »fort von hier«? Genau diese Fragen diskutierte man in dem *Diskalaion*, dem Studienkreis des Valentian: »Wer waren wir? Was sind wir geworden? Wohinein sind wir geworfen? Wohin eilen wir? Wovon sind wir befreit? Was ist Geburt? Was ist Wiedergeburt?« Beinah drei Jahrzehnte lehrte Valentian in Rom. Er bekleidete mehrere Gemeindeämter und soll sogar ein Evangelium verfasst haben, das *Evangelium der Wahrheit*. Verständlich, dass Valentian sich Hoffnungen auf das Amt des Bischofs machte. Und wäre er in das Amt gewählt worden, würde man ihn heute als zehnten oder elften Bischof in der Papstliste führen.

Oder auch nicht. Denn mit Valentian als Papst hätte die Geschichte des Christentums einen völlig anderen Verlauf genommen, einen eher indisch eingefärbten. Leute wie Valentian hatten das Gefühl, auf einem verkehrten Planeten gelandet zu sein. Er und seinesgleichen waren heimwehkranke Seelen, für sie war die Schöpfung ein schrecklicher Irrtum. Der ferne Gott, aus dessen Heimat die Seelen stammten, der Gott des Lichts, durfte nicht für diese Welt der Finsternis verantwortlich gemacht werden. Im Gegenteil. Der ferne auswärtige Gott hatte Jesus als Boten des Lichts in die dunkle Welt gesandt. Er würde die Seelen, die im Exil lebten, in die Heimat des Lichts zurückgeleiten. Nur der innere Mensch, nur die Seele konnte erlöst werden. Der Körper, ihr Gefängnis, blieb als Abfall zurück.

Valentian und die Seinen nannten sich »Gnostiker«, Leute, die den Durchblick hatten, was mit der Seele geschah, die sich im Labyrinth der Welt verirrt hatte: Die Gnosis ist die westliche Form des indischen Buddhismus.

Die Gnostiker bildeten im 2. und 3. Jahrhundert eine mächtige Strömung innerhalb und außerhalb der jungen Hauskirchengemeinden. Dabei empfahlen sie sich als die wahren Nachfolger und Erben des Jesus von Nazaret. Um ihren Legitimitätsanspruch zu untermauern, verfassten sie zahllose christliche Lehrschriften, Traktate und immer neue Jesus-Biografien. Wie auch Valentian, der zum Bischof von Rom gewählt werden wollte.

Er wurde es nicht. Die meisten Christen ließen sich die Welt, ließen sich ihren Körper nicht verteufeln. Gewiss, sie trugen schwer an ihrer zerbrechlichen Körperlichkeit. Die Schöpfung aber und der Schöpfergott waren gut. Dass sie unter der Last ihrer Kreatürlichkeit stöhnten, war eine Folge der Sünde, von missbrauchter Freiheit. An der Erlösung musste darum auch die materielle Welt teilhaben. Nicht nur der innere Mensch, Hadrians Flatterding. »Ich glaube an die Auferstehung des Fleisches«, schrieben die Christen in ihr Glaubensbekenntnis, trotz allem. Ein Bekenntnis zur Welt, die sie nicht verleumdet sehen wollten. Ebenso wenig wie den Leib, und die Ehe, die Zeugung von Nachkommenschaft, wie alles, was die Gnostiker als Teufelswerk diffamierten.

Was Valentian unter Berufung auf Jesus lehrte, konnte Jesus, der jüdische Jeschua, nie gelehrt haben. Jesus war seiner Herkunft nach Jude. Und zu der Besonderheit des jüdischen Glaubens gehört, dass er der Erde die Treue hält. Trotz allem. Die Gnostiker hätten nach Indien gepasst. Zu den Jainas zum Beispiel, die sich zu Tode fasteten, oder zu Buddha, der lehrte, die Welt sei ein langer Irrtum, der Mensch passe nicht in sie hinein, niemals und nirgends. Jeder christliche Gnostiker hätte sich Buddhas Lehre anschließen können.

Christen werben literarisch

Es war kein Kampf auf Hauen und Stechen zwischen den »rechtgläubigen« Christen, wie sie sich nun bald nannten, und ihren gnostischen Glaubensgeschwistern. Aber es war eine Auseinandersetzung auf Biegen und Brechen. Die rechtgläubigen Christen trugen den Sieg davon, ohne den bewaffneten Arm des Staates zu bemühen – in späteren Jahrhunderten verfuhr die Kirche mit ihren Abweichlern sehr viel ungnädiger.

Leute wie Valentian waren getrieben von der Faszination, die das Hauschristentum auf die Intellektuellen ausübte. Auch manche Literaten traten jetzt der Gemeinde bei, ließen sich taufen und machten mit ihrer Feder Reklame für den neuen Glauben. Viele ihrer Schriften sind noch erhalten. Darunter ein langer Brief, den ein unbekannter Autor an einen sonst ebenfalls unbekannten Mann namens Diognet richtete: »Ich sehe, hochverehrter Diognet, dass du mit großem Eifer mehr über die Religion der Christen in Erfahrung bringen willst. Und zwar, warum dieses neue Geschlecht und diese neue Lebensweise jetzt erst ins Leben traten«, beginnt der Autor sein Schreiben. Und führt weiter aus: »Die Christen unterscheiden sich weder durch das Land, noch durch die Sprache, noch durch die Sitten von den übrigen Menschen. Denn sie leben nicht in eigenen Städten, und doch bewohnen sie ihre Heimatländer nur als Durchreisende. Sie nehmen an allem als Bürger teil, und ertragen doch alles als Fremde. Sie heiraten wie alle, aber setzen ihre Kinder nicht aus. Sie versammeln sich um einen gemeinsamen Tisch und essen doch keine schändliche Speise. Sie gehorchen den Gesetzen und stehen doch über ihnen. Sie lieben alle und werden doch von allen verfolgt. Sie sind arm und machen doch viele reich, werden verachtet und doch geehrt, verleumdet und doch als gerecht erklärt. Sie werden geschmäht und sie segnen. Von Juden werden sie als Abtrünnige bekämpft, und von den Griechen werden sie verfolgt – dabei vermögen ihre Hasser nicht einmal den Grund ihrer Feindschaft anzugeben.« Uns mag das heute zu literarisch klingen, doch es ist die Sprache der damaligen Zeit, die sich solcher Stilmittel bediente, der Diognet-Brief ist das Glaubenszeugnis eines glänzenden Literaten.

Ähnlich verteidigte Tertullian (155–223) in einer ausgefeilten Schutzschrift die Christen: »Wenn der Tiber die Mauern überflutet, wenn der Nil die Felder nicht tränkt, wenn der Himmel keinen Regen gibt, wenn die Erde bebt, wenn Hungersnöte und Seuchen wüten, dann schreit man sofort: Die Christen vor die Löwen! Aber nur zu, ihr prächtigen Reichsverwalter, macht euch nur bei dem Volk beliebt, indem ihr dem Pöbel die Christen opfert. Kreuzigt, martert, verurteilt, schindet uns. Eure Ungerechtigkeit ist der beste Beweis für unsere Unschuld. Nur noch zahlreicher werden wir, wenn ihr uns abschlachtet: *Semen est sanguis Christianorum* – das Blut der Christen ist ihr Samen.« Noch einmal, uns mag das heute zu pausbäckig klingen. Doch hinter der literarischen Attitüde stand blutiger Ernst. Und die Überzeugung Tertullians, dass die Frohbotschaft des Christentums genau das alles einlöste, wonach sich die Menschen bisher vergeblich gesehnt hatten – eine Identität, die sogar dem Tod überlegen war.

Drittes Jahrhundert

Der römische Staat duldet keine Christen

Das 3. Jahrhundert ist das Jahrhundert der Christenverfolgungen. Und es ist das Jahrhundert unsäglicher Bereitschaft zum Martyrium. Im Rückblick befremdet beides. Auf der einen Seite die unverständliche Brutalität des Staates, auf der anderen Seite die Entschlossenheit der Opfer, für ihren Glauben bis zum bitteren Ende einzustehen. Wie sollen wir uns das eine wie das andere erklären?

Rom prozessiert gegen Christen

Ich führe zunächst einen eher nüchternen, also glaubhaften Bericht aus dem heutigen Tunesien an, das damals zu den römischen Reichsprovinzen zählte. Ort der Handlung ist das Karthago im Jahr 180, die Personen der Handlung sind Saturnius, der Prokonsul, dem mehrere Frauen und Männer vorgeführt werden, die des Hochverrats beschuldigt werden. Das heißt, sie weigern sich, dem Imperator die schuldigen Gebets- und Opferriten zu erstatten.

Der Prokonsul: »Lasst ab von dieser Verrücktheit.« Cittinius erwidert: »Wir verehren niemand außer dem Herrn, der im Himmel ist.« Donata pflichtet ihm bei: »Wir ehren den Kaiser als Kaiser, doch Gott allein verehren wir.« Vestia: »Ich bin Christin.« Und Secunda: »Was ich bin, will ich auch weiter sein.« Der Prokonsul wendet sich an Speratus: »Bestehst auch du darauf, Christ zu sein?« Dieser antwortet: »Ich bin Christ.« Alle stimmen ihm zu. Der Prokonsul: »Wollt ihr vielleicht Bedenkzeit haben?« Speratus: »Bei einer so eindeutigen Sache gibt es nichts zu bedenken.« Der Prokonsul: »Was tragt ihr da in der Tasche bei euch?« Speratus: »Es sind die Bücher und Briefe des Paulus, eines rechtschaffenen Mannes.« Der Prokonsul besteht darauf: »Ihr sollt eine Frist von 30 Tagen haben, um euch die Sache noch mal zu überlegen.« Darauf Speratus: »Ich bin Christ.« Die anderen stimmen ihm zu. Der Prokonsul diktiert und verliest das

Urteil: »Speratus, Nartzalus, Cittinius, Donata, Vestitia, Secunda sollen mit dem Schwert hingerichtet werden. Es wurde ihnen Gelegenheit gegeben, zur römischen Lebensart zurückzukehren, doch sie sind hartnäckig geblieben.« Solche Szenen haben sich während der ersten zwei Jahrhunderte hundertfach im Römischen Reich an den verschiedensten Orten zugetragen.

Die Rechtslage war eindeutig. Das römische Recht verbot jede Vereinsbildung, die nicht behördlich erlaubt war. Im Unterschied zu ihren jüdischen Glaubensgeschwistern waren die Christen kein eingetragener Verein. Das den Juden von Julius Cäsar eingeräumte Privileg der Vereinsfreiheit befreite die Juden von der Pflicht, den Kaisern Opfer- und Gebetsehren zu erweisen. Dafür brachten die Priester, solange es noch den Tempel gab, für den Kaiser Opfer dar, und in den Synagogen wurde für die römische Obrigkeit gebetet. Damit hatten sich die Imperatoren ausreichend der Loyalität ihrer jüdischen Bürger versichert.

Und eben das, die immer neu beschworene Loyalität der Bürger, hielt das Römische Reich zusammen. Nichts fürchteten Roms Herrscher mehr als einen Staat im Staat, ein unkontrolliertes Vereinswesen. Und man hatte Grund, auf der Hut zu sein.

Im Jahr 186 vor unserer Zeit wurde in Rom bekannt, dass sich die Verehrer des Gottes Bacchus im Geheimen trafen, um ihren Gott mit absonderlichen Riten, darunter auch sexuellen Perversitäten aller Art, zu feiern. »Eine gewaltige Menge, fast schon ein zweites Volk, darunter auch Männer und Frauen aus angesehenen Familien« beteiligten sich, berichtet der Historiker Livius. Der Senat schritt ein. Die Beteiligten wurden vor ein Gericht gestellt und verurteilt, wobei »mehr hingerichtet als ins Gefängnis geworfen wurden«, so wieder Livius.

Ähnliche Gerichtsverfahren gab es in Israel, solange es noch ein staatliches Eigenleben hatte. Im 5. Buch Moses steht geschrieben: »Ihr müsst damit rechnen, dass in euren Städten, die der Ewige, euer Gott euch geben wird, nichtswürdige Leute auftreten werden. Leute, die ihre Mitbürger verleiten, fremde Götter zu verehren. Wenn ihr davon hört, müsst ihr der Sache nachgehen, ob es sich so verhält, und ihr müsst die Sache genau nachprüfen. Wenn sich das Gerücht bewahrheitet, und wirklich etwas so Abscheuliches unter euch geschehen ist, müsst ihr an der betreffenden Stadt den Bann vollstrecken: Mensch und Tier müsst ihr mit dem Schwert erschlagen.« Vereinzelt hat man auch im Islam zu solch drakonischen Maßnahmen gegriffen, um die Lehre des Korans rein zu erhalten.

Nichts aber überbietet die Konsequenz der Ketzerverfolgungen im christlichen Mittelalter. Bewaffnet mit dem »Wort Gottes«, mit dem Gesetz Moses, glaubte die Kirche vorsorgen zu müssen, dass nicht das heilige Volk der Christen dem Zorn des Höchsten anheim falle. Indem es Hexenunrat und Ketzergift duldete, und womöglich zu einer Gefahr für den Staat werden würde. Bis zur Toleranz der Aufklärung war es noch weit – so viel zu Roms Ehrenrettung.

Zehn große Christenverfolgungen

Den Leidensweg der christlichen Märtyrer mag ich nicht Station für Station nachgehen. Zehn Verfolgungen zählt rückblickend Augustinus: »Als erste rechnet man die unter Nero (81–96), als zweite die unter Domitian (81–96), die unter Trajan (98–117) als dritte, als vierte die unter Antoninus (138–161), die unter Severus (193–211) als fünfte, als sechste die unter Maximinus (235–238), die unter Decius (249–251) als siebente, als achte die unter Valerian (249–251), die unter Aurelian (253–260) als neunte, als zehnte die unter Diokletian und Maximian (284–305).« Man sieht, den Christen im Reich waren nur kurze Atempausen vergönnt.

Ich frage mich, wie sie diese Schreckenszeiten überstanden? Was befähigte die Frauen und Männer, ihr Leben als Pfand für den neuen Glauben einzusetzen? Drängten sie sich vielleicht sogar zum Märtyrertum? Diesen Eindruck vermitteln tatsächlich manche Berichte. Waren die Opfer der Christenverfolgungen also Opfer einer Leidenshysterie? Ich will darüber nicht leichtfertig urteilen.

Ich möchte einen Bericht aus der letzten Prozesswelle vorstellen, der das Martyrium von drei jungen Frauen im griechischen Saloniki dokumentiert. Die darin geschilderten Ereignisse fallen in das Jahr 304.

Agape, Chione und Irene stehen vor dem Richter, weil man in ihrem Besitz verbotene Schriften der Christen fand. Agape und Chione werden bei lebendigem Leib verbrannt, am folgenden Tag steht Irene allein vor dem Präfekten Dulcitius. Er fragt: »Wirst du dem Geheiß unserer Herrscher und Kaiser nun Folge leisten? Bist du bereit, vom Opferfleisch zu essen und selbst den göttlichen Majestäten zu opfern?« Irene: »Um Gottes, des Allmächtigen willen, der Himmel und Erde erschaffen hat – ich tue es nicht.« Der Präfekt: »Wer hat dich dazu angestiftet, diese verbotenen Schriften in deinem Besitz zu behalten?« Irene: »Es war der allmächtige Gott, der uns bittet, ihn bis in den Tod zu lieben. Ihn können wir nicht verraten.« Der Präfekt: »Hatte jemand in eurem Haus sonst noch Zugang zu diesen Schriften?« Irene: »Kein Mensch. Nicht einmal unsere eigenen Verwandten. Denn wir mussten fürchten, dass sie uns anzeigen würden.«

Der Präfekt: »Wo habt ihr euch versteckt, als unsere Herren, die Imperatoren und der Kaiser ihr Edikt erließen?« Irene: »Wir lebten draußen in den Bergen, unter offenem Himmel, Gott sei mein Zeuge.« Der Präfekt: »Wer hat euch mit Nahrungsmitteln versorgt?« Irene: »Gott, der alle Menschen versorgt.« Der Präfekt: »Und hat dein Vater denn nichts von dem allen gewusst?« Irene: »Ich schwöre bei Gott, er hatte keine Ahnung.« Sie sei ein besonders störrisches Ding, erklärt Dulcitius, am Ende mit seiner Geduld. Er lässt Irene in ein Bordell verfrachten, und am folgenden Tag besteigt sie »singend und betend« den Scheiterhaufen.

Märtyrer? Selbstmordattentäter?

Martyrein ist ein griechisches Wort. Ein Allerweltswort. Es bedeutet nach seinem Wortsinn: »Eine Zeugenaussage machen.« Zum Beispiel vor Gericht. Etwa einen Verkehrsunfall schildern. Also eigentlich eine ganz profane Sache. Für uns riecht das Wort Martyrium nach bitterem Blut. Wir denken an die drei Frauen von Saloniki, wir denken an Selbstmordattentäter, mich erinnert es außerdem an Hitler, der von den Märtyrern seiner Bewegung redete.

Seinen blutigen Beigeschmack bekam das Wort zuerst in einem jüdischen Befreiungskrieg im 2. Jahrhundert vor unserer Zeit. Die Makkabäer, Söhne aus einem priesterlichen Geschlecht, kämpften für die Unabhängigkeit Israels. Dabei erlitten sieben Brüder vor den Augen ihrer Mutter den Märtyrertod: Sie hatten sich geweigert, Schweinefleisch zu essen. An anderer Stelle der Makkabäer-Bücher wird dem Blut der Märtyrer die Kraft zugesprochen, die Sünden Israels zu sühnen. Damit sind wir schon bei einer kompletten Märtyrertheologie, wie sie im Christentum zum Tragen kommt. Ja, ich habe bei der Lektüre von manchen Märtyrerakten das Gefühl, dass einige Christen den Bekennertod, die »Bluttaufe«, geradezu suchten.

Die antiken Griechen wieder hatten eine ganz eigene, sozusagen philosophische Märtyrertheologie. Im Land des Sokrates bewunderte man den Philosophen, der lieber Unrecht erlitt als Unrecht zu tun, und der sich selbst heiter dem Tod hingab.

Und nachdem Alexander der Große in Indien die »Nacktphilosophen« kennen gelernt hatte, erzählte man sich von dem indischen Weisen Kalanos. Den hatte Alexander als Freund gewonnen, er begleitete den König, und als er seine Lebenskraft schwinden sah, bestieg Kalanos vor den Augen des Königs und des ganzen Heeres in stoischer Gelassenheit einen Holzstoß und ließ sich verbrennen.

Vor Alexanders Nacktphilosophen hatte schon Buddha seinen Mönchen ans Herz gelegt, sich eher lebendig in Stücke zersägen zu lassen als ihre *Metta*, die allumfassende Liebe, preiszugeben. Der griechische Philosoph Epikur sprach es ihm nach: »Selbst unter Folter ist der Weise glückselig.« Und während Rom seine christlichen Bürger vors Gericht zog, bestieg zur 236. Olympiade der Philosoph Proteus freiwillig den Scheiterhaufen, nachdem er sich zuvor selbst die Leichenrede gehalten hatte. Seine Jünger berichteten bald darauf von der Himmelfahrt ihres Meisters, den man mit Lorbeer bekränzt im weißen Gewand aus der Flamme habe aufsteigen sehen.

In diesen Kontext muss man die christlichen Märtyrerakten einordnen. Dass sie dabei von ihrer Leidensseligkeit verlieren, ist nur gut. Denn Märtyrerblut erzeugt neues Blut. Das beweisen die blutigen Verfolgungen Andersgläubiger in der späteren Kirchengeschichte. Kurzum, die Mischung aus Bekennermut und heidnischer Lebensverachtung muss einem eher zu denken geben. Das wäre weitaus heilsamer, als vor Andacht darüber zu »schmatzen«, um es mit Luther zu sagen.

Ich bewundere die Frauen von Saloniki, ich trauere um sie. Eine Märtyrerkrone brauchen sie nicht. Noch viel weniger geht es an, Selbstmordattentäter alter und neuer Geschichte mit einem Glorienschein zu umgeben. Denn wofür sterben sie? Für eine Gesellschaft, in der man die »Würde der Menschheit« weder in der eigenen Person noch in der Person anderer achtet? Davon haben wir bereits genug.

Und um Gottes willen soll man die unfreiwilligen Opfer terroristischer Anschläge nicht zu Märtyrern hochstilisieren. Denn damit wird ihr Andenken instrumentalisiert, ihr Tod pervertiert, den sie nicht gesucht haben.

Eine Hauskirche am Euphrat

Natürlich gab es auch in diesem blutigen 3. Jahrhundert Inseln der Ruhe. Vor mir liegt ein Bildband mit der farbigen Rekonstruktion einer christlichen Hauskirche. Archäologen haben sie in Dura-Europos, am Oberlauf des Euphrat, freigelegt. Ein kleiner Säulenhof, das Baptisterium mit dem Taufstein, der Versammlungsraum für rund 60 Personen im Obergeschoss, Wandmalereien, die Jesus als den guten Hirten darstellen. Und im Säulengang entdecke ich kleine Figuren, die durch das zur Kirche umfunktionierte Wohnhaus an der Stadtmauer spazieren.

In dem zentralen Versammlungsraum erfolgte auch der Unterricht für die Taufbewerber. Meist zog sich dieser über Jahre hin, bis die »Katechumenen« zur Taufe und zur Eucharistiefeier zugelassen wurden. Aus der Hand von Augustinus liegt uns ein solcher Lehrplan vor. Wir können uns darum eine gute Vorstellung davon machen, was für ein intellektuelles Pensum die Taufbewerber zu absolvieren hatten. Der Bischof oder ein anderer Gemeindebeamter ging mit den Bewerbern die biblischen Bücher durch. Es wurde diskutiert, gefragt, meditiert. Man las gemeinsam die Apostelbriefe, lernte das Glaubensbekenntnis auswendig. Und man sang. Im Chor oder im Wechselgesang. Der Gemeindegesang war schon immer eine starke Seite der Christengemeinde.

Wand an Wand mit der Hauskirche von Dura-Europos wohnte Zeus Kyrios in seinem Tempel, daneben befand sich ein Gotteshaus, das dem syrischen Gott Aphlad geweiht war. Noch ein paar Schritte weiter, und der virtuelle Besucher betritt das jüdische Lehrhaus der Stadt. Hier erwartet ihn eine kleine Sensation. Denn die Innenwände der Synagoge sind breitflächig mit Bildern der biblischen Geschichte ausgemalt. Der Besucher erkennt die ägyptische Prinzessin, die den Knaben Moses vor dem Ertrinken rettet, beide sind splitternackt dargestellt. Hatte nicht der Talmud, das Gesetzbuch der Rabbiner, alle figürlichen Darstellungen aus den Lehrhäusern verbannt? Allerdings. Doch der Talmud war im 3. Jahrhundert noch nicht abgeschlossen, und die Rabbiner genossen damals noch nicht jene fast absolute Autorität, die man ihnen später zusprach. Natürlich entdeckt der Besucher auch bald die kostbare, mit farbigem Mosaik verzierte, von Säulen eingefasste Nische, in der sich die kostbaren Tora-Rollen befanden. Das Mosaik darüber zeigt den verlorenen Tempel von Jerusalem, um dessen Wiedererrichtung die Gläubigen beteten.

Eine gezielte religiöse Unterweisung traf man in Dura-Europos ausschließlich bei Juden und Christen. Die übrigen Tempel der Stadt kamen ohne Bücher aus. Doch die Tempel prosperierten. Neben den genannten Heiligtümern fanden sich in der Stadt noch viele andere Tempelanlagen. Sie waren dem Mithras aus Persien oder Adonis und der jungfräulichen Artemis aus Griechenland geweiht, dem Baal aus Syrien. Eine bunte Fülle von Heiligtümern! Dabei befand man sich in Dura-Europos nicht einmal in einer besonders frommen Stadt. Im 3. Jahrhundert hatte Religion überall Hochkonjunktur. Nicht bloß im Römischen Reich, sondern auch im benachbarten Zweistromland, den Euphrat stromabwärts, wo Zarathustra Verehrung genoss.

Dort holte der Feuerpriester Katir im 3. Jahrhundert zu einem Rundumschlag gegen alle anderen Religionen aus. Er »säuberte« das Land von Juden, Buddhisten, Hindus und Christen. Das geschah im Auftrag des persischen Herrschers Schapur, der dekretierte: »Religions- und Staatsgewalt stammen aus ein und demselben Mutterleib, sie sind vereint und nie zu trennen.« Das hätten die Imperatoren im Westen gleichfalls unterschrieben. Und der »König der Könige« sagte das nicht nur so daher, er ließ es als Dekret in den Fels meißeln. Religion gibt dem Menschen Eigenleben, darum ist sie staatsgefährdend, wenn es der Staat nicht versteht, Religion unter seine Kontrolle zu bringen. Nichts fürchtet die Staatsgewalt aller Zeiten mehr als das eigene Denken.

Plotin, ein Esoteriker in Rom

Das bekam in Rom sogar der sanfte, götterfromme Plotin (205–270) zu spüren. Dessen Herzenswunsch war es, in der Nähe von Neapel ein philosophisches Kloster zu gründen. Plotin bat den Kaiser Gallienus, der dem Philosophen freundschaftlich verbunden war, ihm eine Ruinenstadt in Kampanien zu überlassen. Er wolle dort mit seinen Schülern ganz nach den Gesetzen Platons leben. Gallienus fertigte ihn schroff ab. Das fehlte auch noch: eine Philosophenstadt vor Roms Haustür! Wie leicht könnte sich jene Stadt Platonopolis zu einem subversiven Widerstandszentrum auswachsen!

Wieder stoßen wir auf die beinah krankhafte Angst der Kaiser vor einem Staat im Staat. Und es war reichlich naiv von Plotin zu glauben, Gallienus werde ihm Gehör schenken. Also blieb der Philosoph in Rom. Erst später ließ er sich privat in Kampanien nieder, und dort ist er auch gestorben. Plotins Philosophie hat ihn weit über tausend Jahre überlebt. Gewiss, in Europa verehrte man Platon und Aristoteles, die Doppelsonne an Griechenlands Philosophenhimmel. Doch ihre Schriften las man im Hochmittelalter mit den Augen Plotins, bis zur Renaissance.

Sein Biograf beschreibt ihn als »milden, sanften, liebenswerten und freundlichen Menschen«, ja, man hat bei Plotin das Gefühl, dass er eigentlich mit dem Kopf ständig in den Wolken schwebte. Doch so einfach ist das nicht. Zum Beispiel unterhielt Plotin jahrelang ein Internat für Aristokraten- und Waisenkinder. »Daher war sein Haus immer voll von jungen Leuten, Männern und Frauen.« Irgendwann heiratete er sogar. Aus Mitleid, nämlich die Frau eines verstorbenen Freundes, die er zu sexueller Enthaltsamkeit überredete. Mit der Vergeistigung seiner Lebensführung trieb er es am Ende so weit, dass er sich beinah »schämte, in einem Körper zu wohnen«. So wenigstens berichtet es sein Biograf.

Seine Vorlesungen aber waren keine entrückten Selbstgespräche. Nein, Plotin dozierte überhaupt nicht. Plotin diskutierte, entwickelte seine Gedanken im »Frage- und Antwortspiel« – was für ein Mann, der sich seines Körpers schämte und doch seine Schüler mit Kuss und Umarmung begrüßte. Was für ein Widerspruch.

Ganz darauf ist Plotins Philosophie abgestellt: Er zeigt die Entzweiung und Entfremdung, die allen Dingen anhaftet, sucht nach einer Auflösung des Widerspruchs und nach einer Versöhnung, indem er fragt: Wie kommt es überhaupt zu der Entfremdung in der Welt, zur Entzweiung zwischen den Dingen und unter den Menschen? Eine Frage, auf die wir laut Plotin nur im inneren Zwiegespräch mit Gott eine Antwort finden können: »Wie aus dem Einssein die Zweiheit und die Vielheit überhaupt hervorgegangen sind, in dieser Frage müssen wir Gott anrufen, nicht mit hörbarer Stimme, sondern indem wir uns betend bis zu ihm ausdehnen.« Der Ursprung, die Gottheit, das Eine wird zur Welt in all ihrer Vielfalt, die sich über uns ausgießt – und im Gebet wieder nach Einheit strebt. Die Seele, Hadrians »Flatterding«, sucht die Allseele, und die Allseele sucht die Einzelseele. So geht alles im Kreis. Ein organisches Fließen aus sich heraus und in sich hinein. »Geh zurück in dich selbst und lass alles andere los«, lehrte Plotin. Das ist seine Philosophie.

Wie aus der Eins die Zwei wird, das ist eine uralte Frage. Wir stellen sie heute noch immer. Nur, unsere Philosophie ist die Mathematik. Aber kann diese uns wirklich helfen, die Frage zu beantworten? Angenommen, die Mathematiker hätten eines Tages die Weltformel gefunden, dann bliebe doch immer noch die Frage, wieso sich der Kosmos dann noch der Mühe unterzog, zu existieren. Und überhaupt, sprechen wir mit uns selbst in Zahlen? Über solche Dinge hat Plotin nachgedacht.

Es kann einem dabei schwindelig werden. Doch genau das will Plotin mit seiner Alleinheitslehre auch erreichen. Aber so viel haben seine Schüler, und die späteren Philosophen des Mittelalters verstanden: Nur, wenn wir die Welt in Gott sehen, verstehen wir überhaupt, wieso es die Welt gibt.

Plotin interessierte keine griechische Mathematik, er suchte eine heile Welt, die Erlösung. Genau wie Buddha, der sagte: »Wie das Meer nur einen Geschmack hat, so haben meine Lehren nur ein Ziel, die Erlösung.« Da treffen sich Ost und West.

Viertes Jahrhundert

Die Erfindung des *Neuen Testaments*

In dem Schutt der Hauskirche von Dura-Europos tauchten ein paar beschriftete Papyrusfetzen auf. Bruchstücke eines Evangeliums, das nicht im heutigen *Neuen Testament* enthalten ist.

Die Märtyrer von Karthago trugen »Bücher und Briefe des Paulus« bei sich. Die Briefe des Paulus sind unter den 27 Schriften des *Neuen Testaments* zu finden – doch hat Paulus darüber hinaus noch ganze Bücher geschrieben? Besteht die Chance, dass eines Tages ein Buch des Apostels auftaucht, in dem er seine Lehre zusammenfassend darstellt?

Die syrische Kirche, eine der ältesten unter allen, rühmt sich, Briefe von Jesus zu besitzen, die der Wanderprediger mit Abgar, dem Fürsten von Edessa, gewechselt haben soll. Der Fürst hatte an Jesus geschrieben: »Komm, hochgeachteter Freund zu mir und bleibe in meiner Stadt! Du wirst hier von jedermann auf Händen getragen werden!« Und Jesus antwortet: »Ich werde im Judenland verfolgt, doch das ist nötig, damit alles geschieht, weswegen ich in die Welt gekommen bin.« Dutzende ähnlicher Schriften waren damals im Umlauf.

In ihnen wurde das Leben von Jesus immer weiter erzählend ausgestaltet: Maria, seine Mutter, dient als Jungfrau im Tempel, muss aber das Heiligtum verlassen, sobald sie zum ersten Mal ihre Tage bekommt; das Jesuskindchen knetet Vögel aus Lehm und lässt sie auf- und davonfliegen; wir lesen, wie Jesus seinen Jüngern die Füße küsst; und jetzt sind es Tausende von Juden, die Jesus vom Kreuz herab bekehrt – und so weiter, und so fort.

Wer erfand das *Neue Testament*?

Eine ganze Bibliothek solcher Schriften ist auf uns gekommen. Viele aus der Hand gnostischer Schriftsteller, die Jesus immer neue Worte in den Mund legen. Zum Beispiel: »Spalte das Holz, und ich bin da, hebe den Stein auf, und du wirst mich dort finden.« Das Bedürfnis, mehr von dem Erlöser zu wissen, war unersättlich. Auf ähnliche Bedürfnisse reagiert bei uns die Regenbogenpresse. Doch in unserem Zusammenhang stellt sich die Frage: Wie wurde aus dem Wildwuchs ein geordneter Garten? Wer trennte die Spreu vom Weizen? Wie wurde aus Hunderten von verstreuten Schriften unterschiedlichster Herkunft das heutige *Neue Testament*? Um es gleich zu sagen: Kein Mensch weiß es.

Ich schaue hinüber zum Islam, weil sich dort die Frage gar nicht erst stellt. Die Weisungen des Koran, die der Prophet weitergab, wurden von den Gläubigen auswendig gelernt und schriftlich auf Leder, den Schulterblättern von Kamelen und auf Palmblättern festgehalten. Als Muhammad dann überraschend 632 starb, existierten Tausende von Aufzeichnungen verstreut über die Arabische Halbinsel. Schließlich, zehn oder zwanzig Jahre nach dem Ableben des Propheten, befahl Kalif Utman, alle Texte zu sammeln und aus der chaotischen Loseblatt-Sammlung ein Buch zu machen. Die ganzen übrigen Unterlagen, Lederstreifen, Kamelknochen, ließ der Kalif verbrennen. Der Koran hatte seine endgültige, heute noch verbindliche Form erhalten.

Einen vergleichbaren Vorgang hat es im Christentum nie gegeben. Heute wüssten wir gern, wer aus dem Berg der christlichen Überlieferungen die vier Evangelien, die Apostelbriefe und die sonstigen Schriften des *Neuen Testaments* heraussortierte. Es existierte doch noch keine zentrale Kirchenverwaltung. Nur Tausende von Hauskirchengemeinden verteilt über den Mittelmeerraum. Und jede Gemeinde besaß einen ganzen Packen christlicher Schriften.

Noch einmal, wir haben keine Ahnung, wer diesen Textbestand sichtete und unter welchen Gesichtspunkten man bei der Auswahl verfuhr. Verbürgt ist allein, dass allerspätestens im 4. Jahrhundert der Sichtungsprozess abgeschlossen war. Das *Neue Testament* in seinem heutigen Umfang und seiner jetzigen Anordnung stand fest.

Rückblickend können wir den namenlosen Redakteuren nur Komplimente machen: Wer und wie viele es auch waren, die sich dieser Aufgabe stellten, die Leute haben ordentliche Arbeit geleistet. Wir würden heute in Kenntnis des ganzen Umfangs der frühchristlichen Literaturen nicht viel anders entscheiden. Ein kleines Wunder war geschehen: Das *Neue Testament* war auf die Welt gekommen, und niemand weiß, wer dabei Geburtshilfe leistete.

Die Bibel eine Bibliothek

Die Bibel ist eine ganze Bibliothek. Eine Zusammenstellung aus vielen sehr verschiedenartigen jüdisch-christlichen Schriften. Diese entstanden in den fünf Jahrhunderten vor unserer Zeit und in den ersten nachchristlichen Jahrzehnten. In dieser langen Zeit sind die meisten biblischen Texte mehrfach überarbeitet und aktualisiert worden, bis sie in den ersten Jahrhunderten unserer Zeit endgültig jene Gestalt fanden, in der sie uns heute in der Bibel begegnen.

Der ältere Teil der christlichen Bibel ist ursprünglich in hebräischer Sprache abgefasst. Ihr jüngerer Teil wurde zuerst in der griechischen Sprache geschrieben.

Der hebräische Teil hat den dreifachen Umfang des griechischen Textteils. Nach jüdischer Zählung besteht die Hebräische Bibel aus 24 größeren und kleineren Büchern. Der griechische Textteil der christlichen Bibel zählt 27, oft nur sehr kurze Schriften.

Die hebräische Sammlung heißt im kirchlichen Sprachgebrauch das »Alte Vermächtnis« oder das *Alte Testament*, den griechisch geschriebene Bibelteil nennen die Christen das »Neue Vermächtnis« oder kurz: das *Neue Testament*.

Juden bezeichnen allerdings ihre Hebräische Bibel nicht als *Altes Testament*. Gilt sie ist doch als Grundlage des jüdischen Glaubens. Alt, das heißt »veraltet«, ist nach jüdischem Glauben nichts an der Hebräischen Bibel. Sie garantiert zum Beispiel bis heute Israel den Besitz von Palästina als jüdisches Land. Umgekehrt reden rechtgläubige Juden ungern von einem *Neuen Testament*. In ihren Augen sind die christlichen Glaubensschriften ein ketzerisches, weil abweichlerisches Schrifttum. Das von den Christen so genannte *Neue Testament* ist darum in der Heiligen Schrift des Judentums nicht mitenthalten.

Die Hebräische Bibel beginnt mit der Tora, den fünf Büchern, denen man traditionell Moses als Autor zuschreibt. Den Moses-Büchern folgen die Bücher der Propheten, und die Hebräische Bibel schließt mit poetischen und geschichtlichen Schriften Alt-Israels.

Der christliche Bibelteil, das *Neue Testament*, umfasst vier Darstellungen des Lebens von Jesus, im Anschluss daran steht die *Apostelgeschichte*, und ihr folgen die gesammelten Briefe des Paulus und anderer Apostel. Das *Neue Testament* endet mit einem Ausblick auf »den neuen Himmel und die neue Erde«, der so genannten *Apokalypse* oder *Offenbarung*.

Beide Bibelteile bestehen aus Sammlungen unterschiedlicher Texte. Und diese sind nach Gattungen, nicht nach ihren Entstehungsdaten geordnet. Sonst stünden einzelne Teile der poetischen Dichtungen Israels am Anfang der Hebräischen Bibel und die *Bücher Moses*, die zu verschiedenen Zeiten abgefasst wurden, wären irgendwo verstreut zwischen den geschichtlichen und poetischen Buchtexten zu suchen.

Ähnlich ist es im *Neuen Testament*. Chronologisch geordnet würden die Paulusbriefe das *Neue Testament* eröffnen, Markus, Matthäus, Lukas (in dieser Reihenfolge) schlössen an, dann folgten andere Apostelbriefe, und irgendwo gegen Ende fände Johannes, der 4. Evangelist, seinen Platz.

Die zeitliche Entstehungsgeschichte der biblischen Schriften interessierte die jüdischen und christlichen Gelehrten früher nur am Rande. Erst in der Neuzeit untersuchte man biblische Texte mit den kritischen Mitteln der historischen Wissenschaft und konnte ihre Entstehungsdaten festmachen.

Das Weib schweige

Zurück zu den Herausgebern des *Neuen Testamentes*! Ob wir da gleich ganze Scharen von Männern als Redakteure der neutestamentlichen Schriften am Werk sehen müssen? Doch Vorsicht, so war es bestimmt nicht. Ich erinnere an Irene in Saloniki. Die hütete ihre heiligen Schriften als kostbarsten Besitz. Und denken wir an die Frauen in den Studienkreisen von Rom. Auch unter den Taufbewerbern, die sich in Dura-Europos auf die Taufe vorbereiteten, hörend, lesend, diskutierend und meditierend, waren mindestens ebenso viele Mädchen, junge und alte Frauen wie Männer.

Das Christentum war eine Buch-, also eine Bildungsreligion. Gerade das machte den neuen Glauben für Frauen anziehend. Im Römischen Reich übertraf die Zahl der lese- und schreibkundigen Frauen aus den Oberschichten die der Männer: Sie waren »den Umgang mit Gelehrten« gewohnt. Das belegen einschlägige Untersuchungen. Frauen begünstigte auch das römische Erbrecht, und so verfügten manche Frauen über ansehnliche Vermögen. Wurden sie Christinnen, kauften sie christliche Kriegsgefangene und Sklaven frei, sie stellten ihre Häuser der Gemeinde als Gottesdiensträume zur Verfügung, sie finanzierten Abschriften der heiligen Bücher in den Schreibwerkstätten, organisierten die Armenspeisung und sonstige diakonische Einrichtungen ihrer Gemeinden. Frauen legten Fürsprache bei Politikern ein, wenn es galt, Glaubensgeschwister aus Bergwerken und Steinbrüchen zu befreien. Kurzum, ohne Frauen ging rein gar nichts.

Schon bei Paulus begegnen wir ihnen als Mitarbeiterinnen. Lydia, der Purpurhändlerin, Junia, seiner Mitapostelin. Und in der Jesus-Bewegung Palästinas standen Frauen an der Spitze des messianischen Aufbruchs.

Dass den Männern das alles bald zu viel und irgendwie unheimlich war, steht auf einem anderen Blatt. Die hebräische Bibel gestand Frauen nur eine eingeschränkte Religionsmündigkeit zu, und daran orientierten sich die Männer mehr und mehr. »Das Weib schweige in der Gemeinde«, lesen wir in einem Paulusbrief – ursprünglich eine Randnotiz des Abschreibers, landete das Verdikt später mitten im Text.

Ja, und gewiss begegnen wir im Christentum der ganz und gar frauenfeindlichen Tradition der Antike. Und gewiss haben sich die Frauen von den Männern ständig zu viel gefallen lassen, aber eben doch nicht alles.

Waren die gewachsenen Religionen fast ausschließlich Männersache gewesen, und waren die Frauen auch in der Synagoge der Juden nicht mit vollen religiösen Rechten ausgestattet, so öffnete ihnen das Christentum alle Türen. »Es hat nichts mehr zu sagen, ob ein Mensch Jude ist oder Nichtjude, im Sklavenstand oder frei, ob Mann oder Frau – durch den christlichen Glauben seid ihr alle zu neuen Menschen geworden«, hatte Paulus den Gemeinden ins Stammbuch geschrieben. Und da stand es nun, das Gleichstellungsvotum, vom Apostel beglaubigt. Trotz allem. Keiner konnte es ausradieren oder wegdiskutieren.

Und wie der äußere Mensch sich von Brot und Wein ernährte, so lebte der innere von Buchstaben. Das Christentum kam als Frauenbewegung daher, für die Altgläubigen ein willkommener Anlass zu süffisanten Bemerkungen.

Die Eucharistie bedeutete das »mystische Mahl« oder wie zu früheren Zeiten das »Brotbrechen«, die »Tischgemeinschaft«, sie ist das »Gedächtnismahl des Herrn«. Die »geistliche Speise« der Christen versichert sie der Auferstehung, der Auferstandene sichert ihnen zu, beim Abendmahl anwesend zu sein.

Priester kannte die Hauskirchengemeinde noch nicht. Also keine ausgebildeten, geweihten männlichen Religionsspezialisten. Zu Priestern stiegen Männer erst auf, als sich die Christen auf die Moses-Bücher besannen. Und da waren die Frauen natürlich von Amts wegen ausgeschlossen. Aber warum sollten sie nicht in den ersten Hausgemeinden »das Brot hin und her in den Häusern gebrochen« haben? Es spricht nichts dagegen, allerdings auch nichts dafür, aber das allein ist schon viel, gemessen an der späteren engen Ausrichtung des Amtes, das je länger je mehr zur reinen Männerdomäne wurde.

So weit ist auch unser Jahrhundert noch längst nicht, dass es den Frauen ihr Recht einräumte. Wir halten immer noch am Zölibat fest, an der verordneten

Ehelosigkeit des Klerus. Es gibt in der katholischen Kirche noch immer keine Pfarrerinnen, und auch Ministrantinnen dürfen erst seit ein paar Jahren neben den Messdienern aktiv am Gottesdienst teilnehmen.

Die Christen werden legal

Das 4. Jahrhundert war eine Zeit des Umbruchs. Politisch wie auch kirchengeschichtlich. Unter den 50 bis 70 Millionen Bürgern des Reiches bekannten sich mittlerweile 10 Prozent zum Christenglauben. Millionen also. Und die konnte man schlecht alle umbringen. Christen dienten im römischen Heer, sie bekleideten hohe zivile Ämter als Konsularbeamte und Senatoren.

Die Bischöfe hatten inzwischen so viel Macht gewonnen, dass die Kaiser sich vor ihnen fürchteten. Nachdem Bischof Fabian 250 seinen Tod als Märtyrer gefunden hatte, erklärte der Imperator Decius: »Lieber will ich hören, dass mir ein Rivale den Thron streitig macht, als dass ich in Rom noch einmal einen Bischof sehen möchte!« Der nächste Bischof, Cornelius, folgte prompt im Amt: »Er wurde gewählt gemäß der Vorsehung von Gott und Christus, aufgrund der Zustimmung fast aller Kleriker, und es votierte für ihn das ganze Volk der Christen«, heißt es in einem zeitgenössischen Protokoll. Nach nur zwei Jahren endete auch Cornelius als Märtyrer. Aber die Christen ließen sich nicht einschüchtern.

Längst waren sie das geworden, was die Kaiser mit aller Gewalt hatten verhindern wollen: ein Staat im Staat. Ein Gemeinwesen ohne zentrale Verwaltung und doch reichsweit organisiert, wie die Entstehungsgeschichte des *Neuen Testaments* beweist.

Frustriert von eklatanten Misserfolgen, die »Sekte der Christen« auszurotten, erließ Galerius, einer der Mitregenten des Kaisers Diokletian, das »Edikt von Mailand« (311) – es befreite die Christen aus der Illegalität. Den Erlass begleitete eine gewundene Erklärung, in der sich Galerius bei den altgläubigen Bürgern für diesen Schritt gleichsam entschuldigte. Man habe alles versucht, die Christen »wieder zur Vernunft zu bringen«, nachdem sie mutwillig »den Gesetzen und öffentlichen Ordnungen der Römer« den Rücken gekehrt hätten. Doch vergeblich. Es hatte sie nämlich »ein solcher Eigenwille und eine solche Torheit befallen«, dass sie unbedingt »verschiedene Völker zu einer Gemeinschaft« vereinigen wollten. Unermüdlich habe man die Christen gedrängt, »zur Lebensweise der Vorfahren zurückzukehren«, doch ohne Erfolg. Darum habe er, Galerius, schließlich keine andere Wahl gehabt, als den Christen mit diesem Erlass entgegenzukommen: »Sie dürfen jetzt also Christen sein und ihre Versammlungsstätten wieder instand setzen, jedoch unter der Bedingung, dass sie keine Ordnungswidrigkeiten begehen.« So weit ein Auszug aus dem wortreichen Edikt.

Neben den jüdischen Glaubensgeschwistern waren nach 300 Jahren jetzt auch die Christen zu einer staatlich genehmigten Religionsgemeinschaft avanciert. Die öffentlich eingestandene Niederlage der Ordnungsmacht führte allen in spektakulärer Weise die Überlegenheit des Christentums vor Augen. Viele, die mit dem neuen Glauben schon sympathisiert hatten, wollten sich nun taufen lassen. Am Anfang des Jahrhunderts waren es noch 10 Prozent, um das Jahr 400 bekannten sich bereits 90 Prozent der Reichsbürger zum Christenglauben.

Das erzwang eine radikale Neuorganisation der Gemeindeverwaltungen. Wie sollte es möglich sein, so vielen Taufbewerbern soliden Taufunterricht zu erteilen? Und natürlich hatten jetzt auch die Hauskirchen endgültig ausgedient. Riesige Kirchengebäude entstanden rund ums Mittelmeer, die Tausenden von Gläubigen Platz boten. »Wir werden ohne Einwilligung geboren, aber willentlich in der Taufe wiedergeboren«, so hieß es bis dahin – wenn jetzt aber alle, sogar Kinder und Säuglinge getauft wurden, was bedeutete das »Bad der Wiedergeburt« dann noch? War es noch etwas Besonderes? Verkam das Christentum zur Schleuderware?

Als Reaktion auf die billig gewordene Gnade drohten radikal gesinnte Gruppen, aus der Großkirche auszuwandern. Durfte man sie gewähren lassen? Gewiss nicht. Also mussten die Kirchen strengere Richtlinien aufstellen, um sich der Abweichler zu erwehren.

Konstantin macht das Christentum groß

Schließlich, undenkbar noch vor wenigen Jahren, bekannte sich der römische Kaiser zum neuen Glauben. Konstantin, der sich als Sieger im Imperatoren-Quartett durchsetzte. Dreizehn Jahre regierte er als Alleinherrscher (324–337). Das bedeutete die endgültige Wende.

Den »Großen« nannte man Konstantin bereits zu Lebzeiten. Und er ist umstritten, wie alle Großen vor und nach ihm. Wie der große Augustus am Anfang des christlichen Zeitalters, wie Karl der Große im Mittelalter, der so genannte »Vater Europas«. Konstantin freilich ist von allen der undurchsichtigste. Weil es wohl niemals eindeutig zu klären sein wird, ob er sich des Christentums bediente oder ihm aus persönlicher Überzeugung diente.

Zur politischen Lage: Rom hatte seine Grenzen überdehnt. Während seiner größten Ausdehnung hatten seine Truppen eine Grenzlinie von 16 000 Kilometern zu verteidigen. Ich lege ein Lineal über den amerikanischen Doppelkontinent: von Feuerland im Süden bis nach Alaska im Norden, das sind 16 000 Kilometer. Von einem einzelnen Herrscher war das krisengeschüttelte Imperium nicht mehr zu regieren. Der weitsichtige Diokletian führte am Ende des 3. Jahrhunderts eine umfassende Reichsreform durch und versuchte, mit einer dezentralisierten Verfassung die Sicherheit der Grenzen zu gewährleisten. Er teilte sich die Herrschaft mit drei weiteren Herrschern, darunter Galerius und Konstantins Vater, von denen jeder für eine einzelne Region die Verantwortung trug.

Nacheinander schaltete Konstantin seine Mitregenten aus. Die wichtigste Schlacht führte er vor den Toren Roms gegen Maxentius. Am Vorabend der Entscheidung im Oktober des Jahres 312 sammelte Konstantin seine Soldaten an der Tiberbrücke und erbat sich von den Göttern ein Zeichen.

Dem Bischof Eusebios erzählte er später: Um die mittelgleiche Stunde der Sonne, als der Tag bereits auf die Neige zuging, da habe er mit eigenen Augen am Himmel über der Sonne ein aus Licht gebildetes Siegeszeichen des Kreuzes erblickt, und ferner sei diesem Zeichen eine Schrift beigefügt gewesen, welche sagte: In diesem Zeichen wirst du siegen! Ein Erschrecken aber habe ihn und das ganze Heer wegen dieser Vision ergriffen. Nachts, im Schlaf dann, sei ihm im Traum Christus erschienen und habe ihn aufgefordert, ein Abbild des Himmelszeichens herzustellen und dieses als Schutzmittel gegen die Angriffe der Feinde zu verwenden. Mit jenem Zeichen, dem Christusmonogramm ☧ auf den Schildern seiner Soldaten und auf der kaiserlichen Standarte, sei er dann in den Kampf gezogen und habe obsiegt. So weit der Bericht des Eusebios. Wir haben keinen Grund zu bezweifeln, dass Konstantin dem Bischof den Hergang mit diesen Worten schilderte.

Eusebios verdanken wir eine zehnbändige Geschichte des Christentums, auf die Historiker nicht verzichten können. Zahllose Dokumente aus der Frühgeschichte der Hauskirchengemeinden sind uns durch den Bischof erhalten geblieben, und im Allgemeinen ging Eusebios durchaus sorgsam mit seinen Quellen um. Freilich, er schrieb als Parteigänger der Christen. Für die Altgläubigen hatte er nicht viel Verständnis.

Der Wendekaiser Konstantin war für Eusebios ein Werkzeug der göttlichen Vorsehung. Sie meinte es gut mit den Christen und gab ihnen ein letztes Mal Luft zum Durchatmen, ehe die furchtbare Zeit des Antichristen anhob: »Denn dann wird große Drangsal sein, wie vom Anfang der Welt bis heute keine gewe-

JORDAN

sen ist. Und wenn jene Tage nicht verkürzt würden, könnte kein Mensch gerettet werden.« Auch Konstantin erwartete jene Zeit der Drangsal. Vielleicht wollte er seine Taufe bis dahin aufschieben, um sich dann, so erklärte er gelegentlich, wie Jesus im Jordan untertauchen zu lassen. Dazu fand er keine Gelegenheit mehr. Im Frühjahr 337 spürte der Imperator den Tod nahe. Er legte den Purpur ab, ließ sich in weißes Leinen kleiden und bat um die Taufe.

Im benachbarten Armenien war das Christentum bereits zur Staatsreligion erhoben worden, doch Konstantin zögerte, dem Beispiel der Armenier zu folgen. Die neue Allianz zwischen Staat und Kirche förderte er trotzdem nach Kräften. Nur wenige Daten der Weltgeschichte markieren so eindrucksvoll einen Epochenwechsel wie jener 28. Oktober 312, als Konstantin westlich von Rom das Christusmonogramm in den Wolken sah. Mit der Entscheidung Konstantins, dem Zeichen zu folgen, war das Christentum auf dem Weg, die Leitkultur des Abendlandes zu werden.

Konstantinopel, das neue Rom

Genauso bedeutsam war der Entschluss Konstantins, das »ewige Rom« am Tiber aufzugeben. Er verlegte seine Regierungszentrale an den Bosporus, nach Kleinasien. Der Stadt, die er dort an der Stelle des alten Byzanz aus dem Boden stampfen ließ, gab er seinen eigenen Namen: Konstantinopel, Stadt des Konstantin. Die heutige türkische Stadt am Bosporus, Istanbul, bewahrt in ihrem Namen *Eis ten polin* (die »Großstadt«) noch die Erinnerung an ihre christliche Vorgängerin.

Es kam einem Sakrileg gleich, dass der Imperator der Welt eine neue Mitte geben wollte. Gewiss, er hatte auch seine persönlichen Gründe, die ihn zum Bruch mit Rom drängten. Ganz bestimmt hat Konstantin sich mit Konstantinopel ein Denkmal setzen wollen. Auf einer 50 Meter hohen, roten Porphyrsäule ließ er im goldenen Standbild des »unbesiegbaren Sonnengottes« sich selbst verehren. Seine gottgleiche Person. Doch strategische Gründe sprachen ebenfalls dafür, das Machtzentrum des Reiches nach Osten zu verlegen. Byzanz bot, anders als Rom, sichere Häfen, und, auf einer Landzunge gelegen, ließ es sich besser befestigen. Gegen die Gefahr aus dem Osten.

Im Osten nämlich drohte der Erbfeind Roms, das persische Reich. Es umfasste den heutigen Iran und Irak, drängte ans Mittelmeer, und Rom war es bisher nicht gelungen, den persischen Expansionsgelüsten dauerhaft Einhalt zu gebieten.

Und im entferntesten Osten lauerten apokalyptische Gefahren. Die sagenum-

Jesus: »Selig sind die geistlich Armen, denn ihnen gehört der Himmel auf Erden.«

wobenen 22 Könige von »Gog und Magog«, Völkerhorden, die Menschenfleisch aßen, Blut wie Wasser tranken. Alexander, erzählte ein gefälschter Brief des Makedonen, soll jenen Horden mit einem »eisernen Tor« den Zugang zur zivilisierten Welt versperrt haben. Sogar der Koran warnt in seiner 18. Sure vor den apokalyptischen Reitern des Ostens. Ahnte man damals schon die Mongoleneinfälle, die später Europa und dann auch die Länder des Islam überrennen würden? Der gefälschte Alexanderbrief verbreitete bis tief ins Mittelalter Panik. In den 22 Königen sah man die Heerscharen des Antichristen. Manche identifizierte sie mit den verschollenen »Zehn Stämmen Israels«, oder mit jenen so genannten »roten Juden«, die am Ende der Zeiten über die Christen herfallen würden.

Konstantinopel lässt sich in der Tat mit dem »eisernen Tor Alexanders« vergleichen. Die Stadt am Bosporus verteidigte ein Jahrtausend lang Europa gegen die Gefahr aus dem Osten. Unter dem Schutz von Byzanz konnte das junge Europa heranwachsen und sich formieren – ohne Byzanz hätte es kein Europa gegeben.

Eine neue Machtaufteilung bahnte sich durch Konstantin an. Das römische Imperium glich nun einer Ellipse mit zwei Brennpunkten. Mit Alt-Rom im Westen als geistliches, und mit Neu-Rom im Osten als politisches Zentrum. Diese Trennung kündigte einen Konflikt zwischen Staat und Kirche an, der das ganze Mittelalter beherrschte.

Eusebios, der Historiker, pries Konstantin als »Botschafter des göttlichen Wortes, der die ganze Menschheit zur Erkenntnis des Guten aufruft und der allen Menschen dieser Erde mit lauter Stimme die Gesetze der wahren Frömmigkeit zu Gehör bringt«. Es ist der euphorische Stil dieser Zeit. Immerhin, Konstantin untersagte, das Gesicht von Strafgefangenen, wie bisher üblich, mit dem Brenneisen zu entstellen: »Denn das nach dem Gleichnis der himmlischen Schönheit gebildete Antlitz soll nicht geschändet werden.« Und der Christenkaiser führte reichsweit das Gebot der Sonntagsruhe ein. Es ist seitdem in den Verfassungen der westlichen Staaten bis heute verankert.

Darüber hinaus stattete Konstantin die Kirchen mit zahlreichen Privilegien aus. Er gestand den Klerikern Immunität vor der weltlichen Gerichtsbarkeit zu, stärkte die weltlichen Machtbefugnisse der Bischöfe und förderte den Bau von Kirchen.

Jahrzehnte nach seinem Tod tauchte in Rom ein weiteres, scheinbar konstantinisches Dokument auf, das zur Bildung des päpstlichen »Kirchenstaates« in Italien führte. In diesem Schreiben bestätigte Konstantin den Vorrang Roms vor allen anderen Kirchen. Er räumte den Päpsten sogar die weltliche Gewalt über die gesamte Westhälfte des Reiches ein. Zum Zeichen ihrer imperialen Stellung sollten die Päpste die kaiserliche Krone, den Purpur, das Zepter und andere Zeichen der Macht tragen dürfen. Konstantin, so steht in dem Schreiben zu lesen, habe dem Papst die Dienste eines Stallknechts geleistet. Indem er das Pferd der päpstlichen Hoheit am Zügel führte. – Was für Perspektiven taten sich da auf!

Doch die so genannte *Konstantinische Schenkung* war eine Fälschung. Von Anfang bis Ende. Nicht einmal der Vatikan bestreitet das heute. Auf dem Höhepunkt der mittelalterlichen Machtkämpfe zwischen Papst und Kaiser musste jedoch die Fälschung dazu herhalten, im »Heiligen Römischen Reich« einen Kaiser nach dem anderen in die Knie zu zwingen.

Christenglaube wird Pflichtreligion

Konstantin hatte das Christentum noch nicht zur Pflichtreligion erklärt. Unter seinem Nachfolger ging es Schlag auf Schlag. 341 ließ dieser die Tempel der Altgläubigen schließen: »Der Wahnsinn der Opfer werde abgetan«, hieß es in dem Dekret. 346 wurde das Verbot, Tieropfer darzubringen, erneuert: »Sollte jemand ein derartiges Verbrechen begehen, werde er durch das Schwert niedergemacht.« Und im Jahr 388 wurden jüdisch-christliche Ehen bei Todesstrafe untersagt.

Theodosius erhob dann offiziell das Christentum zur staatlichen Religion. Vor ihm hatte der junge Kaiser Julian noch einmal versucht, das Steuer der byzantinischen Religionspolitik herumzureißen. Julian erließ 361 ein Toleranzedikt, das Alt- und Neugläubige gleichstellte. Dann aber befahl er die Schließung der Kirchen, und schließlich plante er, den jüdischen Tempel von Jerusalem in seiner alten Pracht wiedererstehen zu lassen. Seine Pläne fanden ein jähes Ende. Nach zweijähriger Regierungszeit fiel Julian im Kampf gegen die Perser. »Du hast gesiegt, Galiläer«, sollen des Kaisers letzte Worte gewesen sein.

Origenes erfindet eine östliche Theologie

Die griechische Philosophie war längst zu einem unentbehrlichen Arsenal der christlichen Theologen geworden. Von den Juden übernahmen sie den Ein-Gott-Glauben, den Römern schauten sie das Rechts- und Verwaltungssystem ab, Griechenland lieferte dem neuen Glauben das geistige Rüstzeug. Von den Juden

den Gott, von den Römern das Gesetz, von den Griechen den Geist – darin erblicke ich das Erfolgsrezept der Kirche: drei verschiedene Kulturen zu einer Einheit zu verschmelzen.

Griechische Philosophie begegnete den Christen damals freilich selten in ihrer ursprünglichen Form, wie sie Sokrates, Platon, Aristoteles und die Stoiker einst gelehrt hatten. Es war Plotin, bei dem die christlichen Theologen in die Schule gingen. Mit Plotin zusammen hatte Origenes (185–254), der christliche Religionsphilosoph Alexandriens, studiert, und Origenes war es, der dem griechischen Gedankengut im Christentum die Türen öffnete.

Origenes sah in die Sonne. Er glaubte, dass deren gewaltige Seele unaufhörlich gegen ihre glänzende Scheibe drängte. Vor Sehnsucht, sich zu einer Supernova auszudehnen, um dann in sich zusammenzufallen, als reine Energie in das Superuniversum der göttlichen Wirklichkeit zurückzuströmen: ein Bild für den ganzen Kosmos, der sich sehnte zu verglühen, um mit Christus vereint zu sein.

Kein Erdenrest würde zurückbleiben, Origenes glaubte an die Verschmelzung von allem mit allem. Selbst Satan werde schließlich die Hölle aufgeben und sich Gott zuwenden. Christus war in die Welt gekommen, diesen Prozess der Kernschmelze anzustoßen. Als ekstatische Gottesliebe konnten die Christen jetzt schon jene kosmische »Allversöhung« in sich spüren, schmecken und erfahren.

Diese Überzeugung steht hinter dem ganzen gewaltigen Schriftwerk, das Origenes hinterließ. Er beschreibt darin die Weltgeschichte als Erziehung des Menschengeschlechts, das unendlich fortschreitend sich selbst überschreitet. »Die Welt ist eine Brücke, geh hinüber und lass dich nicht darauf nieder«, heißt ein altes Evangelien-Wort. Es spricht aus, was Origenes fühlte und als christlicher Theologe lehrte.

Sein Vater war in der Regierungszeit des Severus gestorben. Auch der Sohn erlag den Folgen einer Folter, die seinen Geist nicht brechen konnte, aber seinen Leib in Stücke riss. Er starb während der Christenverfolgung unter dem Kaiser Decius.

Spätere Theologen haben Origenes als Ketzer bezeichnet: »Er lehrt, dass am Ende der Zeit Engel und Teufel, Paulus und Pilatus versöhnt sein werden und die Hure der Jungfrau gleichgestellt werde.« Eine leere Hölle, das war zu viel für die Rechtgläubigen. Und doch haben sie alle von Origenes gelernt.

Arius möchte keinen Jesus-Gott

Die reichsweite Selbstverwaltung der Christen hatte Konstantin für die neue Lehre eingenommen. Denn eine so breite Uniformität ging den altgläubigen Kulten ab. Ebenso hatte Konstantin eine einheitliche Lehrmeinung aller Christen erwartet. Doch gerade zu seiner Zeit entzweiten mörderische Lehrstreitigkeiten die Kirche.

Arius, ein Lehrer aus Byzanz, behauptete, Christus stünde eine Stufe unter Gott. Seine Gegner wandten ein: Gott ist Mensch geworden, damit wir Götter werden – wie aber soll Erlösung funktionieren, wenn Christus nur so etwas wie ein Engelwesen ist?

Die Gegner des Arius waren nicht gerade bescheiden in ihren Erlösungsansprüchen. Erlösung musste die Vergöttlichung des Menschen sein, nichts weniger. Arius aber kam aus Plotins Schule. Gott ist unsagbar, rief er seinen Gegnern zu. Das göttliche Wort, der Sohn, musste darum weniger sein als der unsagbare Eine. Anders gesagt, Arius war ein stolzer Mann. Er wollte nur einen Gott denken, der größer war als alle Worte. Gott ist größer selbst als die Bibel, darauf lief alles bei Arius hinaus.

Konstantin ärgerte der Theologenstreit. Er beschäftigte sich gerade mit der Bauplanung für Byzanz, da kamen ihm die Theologen mit ihrem unsäglichen Gezänk dazwischen. »Ihr streitet nur um kleine und allzu geringe Dinge«, tadelte er die Kleriker. Um den Theologenstreit zu beenden, ließ er ein reichsweites Konzil, ein Kirchenparlament zusammentreten. Das Konzil tagte 325 in Nicäa, nah bei der Hauptstadt. Es einigte sich, gedrängt durch Konstantin, auf eine Richtlinie des Glaubens, welche für die ganze Reichskirche verbindlich sein sollte. Ihr zugrunde legte man das so genannte *Apostolische Glaubensbekenntnis*, das man um eine Hand voll Sätze erweiterte, um sich von Arius abzugrenzen. Darin hieß es, der Sohn sei im Wesentlichen eins mit dem Vater und dem Heiligen Geist. Alle 200 bis 300 Teilnehmer unterschrieben. Arius, der seine Meinung persönlich verteidigt hatte, verweigerte mit zwei Gleichgesinnten die Unterschrift. Er wurde aus der Kirche ausgestoßen, und Konstantin schickte ihn in die Wüste.

Der Streit war aber nicht beigelegt. Das Problem der Identität von Gott-Vater und Gott-Sohn beschäftigte noch die nächsten Generationen. Die Glaubensrichtlinien wurden immer wortreicher, immer philosophischer – so gesehen hatte Arius auf der ganzen Linie gesiegt. Doch um welchen Preis? Ich habe nachgezählt, das Apostolische Glaubensbekenntnis enthält 75 Worte, das Nicäische 162 und das so genannte Bekenntnis des Athanasius braucht 493 Worte, um festzuschreiben, was der Christ glauben soll. Auswendig bei der Taufe hersagen konnte dieses Wortungetüm keiner mehr.

Ich kenne keine andere Religion, die jemals versucht hätte, lebendigen Glauben in eine lehrbuchhafte Buchstabenformel zu pressen. Das jüdische Glaubensbekenntnis besteht aus einem einzigen Satz: »Höre Israel, der Ewige ist unser Gott, der Ewige allein!« Ebenso kurz und bündig sagt es der Islam: »Es ist kein Gott außer Allah, und Muhammad ist sein Prophet!« Seit dem Konzil von Nicäa schlägt das Christentum einen Sonderweg unter den Religionen ein – die Philosophie wird zur beständigen Begleiterin der Theologie.

Fünftes Jahrhundert

Augustinus, der Lehrer des Westens

Wortakrobatische Glaubensbekenntnisse, Kirchen im Goldglitzerschmuck, einstudierter Hymnengesang: Die Gebete einer vieltausendköpfigen Menge stillten nicht mehr den spirituellen Hunger aller Christen. Manche wollten es anders. Ganz anders. Ernster, entschiedener.

Sie wandern aus, lassen den brausenden Lärm der Kirchen hinter sich zurück. Sie suchen Einsamkeit. Die Einsamkeit der Berge, der Wüsten und Steppen. Abgeschieden von allen Menschen graben Männer und Frauen Höhlen in den Fels. Oder sie verbringen in Ruinen und Grotten betend, Psalmen singend, auf den Knien den Rest ihres Lebens.

Das Volk nennt sie *Monachoi*, Einzelgänger. Das sind sie, Einzelgänger, Aussteiger, das sind die ersten Mönche. Andere, *Styliten* oder Säulenheilige genannt, leben in der Luft, oben auf einem Säulenknauf. Tag und Nacht, sommers wie winters, jahrelang, schweigend, bewegungslos. Wenn ein Windstoß sie herabfegt, sind sie ausgedörrt, vergießen kaum ein Tässchen Blut.

Die Überreste jener Säulenheiligen verehrt das Volk als Reliquien. Die schützen vor Krankheitsdämonen, vor dem bösen Blick. Vor dem ganzen Teufelswerk, das unablässig lauert, die Menschen anzufallen.

Andere Aussteiger ziehen in kleinen Gruppen durch Städte und Orte, auf dem Rücken den Brotsack, auf der Brust das Psalmenbuch, die Lippen bewegt vom unablässigen leisen Murmeln des Jesus-Namens. 6 000 Male gesprochen an jedem Tag, 12 000 Male und noch mehr. Oft sind es gemischte Gruppen und Grüppchen, Männer und Frauen, doch ihre Sexualität haben sie verloren. Der Gebetshunger lässt sie jeden anderen Hunger vergessen.

Nicht nur Hunderte, es sind Tausende, Abertausende, die im östlichen Mittelmeerraum psalmodierend, vagabundierend unterwegs sind. Exilanten der überdimensionierten Reichskirche Konstantins.

Eine ägyptische Maria

Ihr Leben dokumentieren zeitgenössische Berichte. Aus einem, dem *Leben der ägyptischen Maria*, will ich zitieren. Die Heilige wird in der Ost- wie in der Westkirche verehrt, ihr Grab in den Jordanbergen wurde lange Zeit von Pilgern besucht.

Maria, die im 5. Jahrhundert gelebt haben mag, lief als Zwölfjährige ihren Eltern davon. 17 Jahre lebte Maria als Prostituierte in der reichen Hafenstadt Alexandria. Dann treffen wir sie auf einem Schiff, das Pilger ins Heilige Land bringt. Die Passage verdient sie sich mit Liebesdiensten. In der Grabeskirche des Erlösers, vor der Ikone der Gottesmutter, überwältigt sie eine mystische Erfahrung. Sie wirft sich vor dem Gnadenbild nieder und verspricht: »Ich will nicht länger dieses Fleisch beleidigen, ich werde der Welt entsagen.« Augenblicklich bricht sie auf in die Wildnis. Unter einem Felsüberhang findet sie Schutz. »Ach und ich hatte mit schrecklichen Begierden zu kämpfen, wie Raubtiere waren sie, so stark. Ich sehnte mich nach Fisch und Fleisch, wie ich es in Ägypten hatte, ich lechzte nach Wein, den ich so gern getrunken hatte. Und eine unkontrollierte Lust plagte mich, die unanständigen Lieder zu singen, an denen ich mich bisher erfreut hatte.« Das alles erzählt sie dem Priester Zosima, den es in ihre Nähe verschlagen hat.

Inzwischen ist Maria 76, schwarz gebrannt, schlohweiß gealtert. Zuerst flieht sie vor Zosima, und erst, als er ihr seine Kutte anbietet, wendet sie ihm ihr Gesicht zu.

Sie erzählt dem Priester ihre Geschichte. Und Zosima bittet sie: »Segne mich, heilige Mutter!«

Maria hat nur eine Bitte. Zosima möge ihr Brot und Wein der heiligen Eucharistie in die Wildnis bringen, damit sie heimgehen könne. In den nächsten Tagen feiern sie das Abendmahl in der Wüste. Der Priester spricht das Vaterunser, und Maria fällt mit tränenerstickter Stimme ein.

Als Zosima sie das nächste Mal aufsuchen will, liegt Maria tot in einem Trocken-Wadi. Ausgestreckt, das Gesicht der aufgehenden Sonne zugewandt. Neben ihr wacht ein Löwe. Der Priester badet ihre Füße mit Tränen und ist untröstlich, ihr kein Grab ausheben zu können. Er ist ein alter Mann. Darum bittet er den Löwen, ihm behilflich zu sein. So findet die ägyptische Maria, die der Jesusmutter ihr Leben weihte, draußen, fern von allen Menschen nach fünfzig Jahren Einsamkeit in der Wüste ihr Grab.

Die vollständige Geschichte der ägyptischen Maria hat den Umfang einer kleinen Novelle. Sie ist angenehm zu lesen, weil sie nicht wie gleichartige Texte von Wundergeschichten überwuchert wird. Den Löwen als Wächter und Grabgräber kann man ruhig fortlassen, was übrig bleibt, ist wundersam genug.

Das Herzensgebet der Mönche

Fast alle Wüstenheiligen, Frauen wie Männer, erreichen ein hohes Alter. Steinalt werden sie. Sie ernähren sich von dem, was ihnen die Steppe oder die Wüste bietet. Das sind Körner aller Art, darunter wilde Hülsenfrüchte, sie sammeln Wachteleier, fangen Heuschrecken (die nicht zur tierischen Kost rechnen), mit Glück stöbern sie in Felsritzen auch einen Bienenstock auf.

Und wie überstehen die Asketinnen und Asketen die grenzenlose Einsamkeit der Wüste? Jahr für Jahr? Sie »Chanten«, das ist ihre Hauptbeschäftigung. In esoterischen Kreisen kennt jeder das Wort. Die Hare-Krishna-Seite im Internet erklärt das Wort näher: »Der Guru empfiehlt, 1 728-mal am Tag zu chanten (Sprechgesang, mit dem Beten der Christen gleichzusetzen). Dabei wird der Geist vom materiellen Denken gereinigt, und dadurch führt er ihn zur Vollkommenheit und zum glückseligen Leben. Dein Leben ist dafür gemacht, um dich zu erkennen. Du bist nicht dieser Körper, der ist nur ein Hemd, das du anhast. Jetzt hat dein Bewusstsein die Ebene der Unsterblichkeit erlangt. Du bist absolut frei, ewig glücklich.« Es ist der Name des indischen Gottes Hare Krishna, den die Schüler »chanten«, unablässig wiederholen, bis alle Körperzellen seinen Namen rufen, eine uralte Meditationstechnik.

Schenute, einer der bekanntesten unter den »Wüstenvätern und Wüstenmüttern« Ägyptens im 5. Jahrhundert, rät: »Versuche den Jesusnamen alles umfassend zu erfassen, und du wirst ihn in deinem und deiner Kinder Mund finden. Wenn du Feste feierst, wenn dir das Herz im Leib lacht, rufe den Namen von Jesus. Wenn dich Not und Angst umgeben, rufe den Namen von Jesus. Wenn kleine Jungen und Mädchen lachen, lass sie den Namen von Jesus rufen. Vor Barbaren flüchtend rufe den Namen von Jesus. Wer zum Nil hinabschreitet, rufe den Namen von Jesus. Wer wilde Tiere sieht oder etwas Schreckliches mit ansehen muss, rufe den Namen von Jesus. Wer ins Gefängnis abgeführt wird, rufe den Namen von Jesus. Wessen Prozess durch Betrug verloren ging, wer Ungerechtigkeit erdulden muss, der rufe den Namen von Jesus.« Die 150 Psalmen der Bibel vom Sonnenaufgang bis abends der Schakal bellt sprechsingend herzusagen, tut es auch. Oder Tausende von Malen das *Kyrie eleison* zu sprechen, ist eine andere Form des »ewigen Gebets«. Das ist alles. So überstehen Wüstenväter, Wüstenmütter die mörderische Einsamkeit.

Doch es ist ein Kampf auf Leben und Tod, bis alle körperlichen Triebe, Wünsche und Begierden weichen, bis in der Seele jener Hohlraum entsteht, der vom göttlichen Licht erfüllt wird.

Jenseits vom Testosteron

Für Origenes ist der Körper kein Hemd, das die Seele bekleidet, er schämte sich auch nicht wie Plotin, »im Körper« zu sein. Bei Origenes wird der Körper zum Sparringspartner. Er ist der Ort, wo sich die Seele am Widerstand entzündet, bis sie vor Gottesliebe zu glühen beginnt. Als junger Mann von zwanzig Jahren hatte Origenes, das erzählte man sich wenigstens, einen Arzt aufgesucht, der ihm die Hoden abschnürte oder abschnitt. Ihm spross kein Bart mehr, kein Hormon löste mehr sexuelle Bedürfnisse aus. An seinem gewaltigen Werk, seinem unentwegten Einsatz in der Armenfürsorge, an seinen zahllosen Reisen und der ertragenen Folter sieht man, dass auch jenseits vom Testosteron Leben ist.

Ohne sexuelle Askese ist das Leben eines Einsiedlers nicht zu denken. Das Judentum, der Islam haben sich zum Kampf gegen Sex und Eros nie entschließen können. Im Christentum gehört das Misstrauen gegen sexuelle Gefühle zum philosophischen Erbe der Antike.

Die antiken Philosophen haben sich die Sexualfeindschaft vermutlich wohl auch bei den »Nacktphilosophen« Indiens vom Schlag eines Kalanos abgeschaut. Das ist ein wahrhaft finsteres Kapitel. Lukrez, das naturwissenschaftliche Dichtergenie, macht sich im letzten vorchristlichen Jahrhundert über die körperliche Liebe lustig: »Es vermischt sich des Mundes Speichel, sie pressen den Zahn in die Lippen mit keuchendem Atem, so fest hängen beide in den Banden der Venus zusammen, bis die Kraft der Wollust sich bricht. Dann kehrt die wütende Tollheit von Neuem zurück, wieder versuchen sie endlich zum Ziel ihrer Wünsche zu kommen. Doch es gibt kein Mittel, die Krankheit wirklich zu heilen, hilflos gehen beide an der tückischen Wunde zu Grunde.« Und das Standardwerk der Gynäkologie des Soranos aus dem 2. Jahrhundert erklärt lapidar: »Jeder Samenausstoß ist schädlich für die Gesundheit.« Damit befindet sich der Mediziner ganz im Einklang mit der öffentlichen Meinung.

Die antiken Philosophen raten auch nicht zur Ehe. Erstens, weil eheliche Bande das höchste Gut des Menschen, seine Selbstbestimmung, erschweren, zweitens, weil die Ehe immer zu sexuellen Handlungen führe. Wolle ein Paar dennoch unbedingt heiraten, solle es nur um Kinder zu zeugen miteinander schlafen. Eine solche Enthaltsamkeit ist allerdings nicht einfach, gilt doch die Frau als große Verführerin. »Stets ist die Frau dem Manne das Hindernis, das schwere Tage ihm noch schwerer macht«, erklärt Euripides, der griechische Tragödiendichter, im 5. Jahrhundert vor unserer Zeit.

Das Christentum übernahm diese Sexualfeindschaft in Bausch und Bogen. Gegen die Ehe wollte man zwar nicht predigen (die es doch taten, wurden als Ketzer verstoßen), die Menschheit musste sich ja fortpflanzen. Wollten doch die Christen am Ende aller Zeiten ihrem Herrn einen auch zahlenmäßig triumphalen Empfang bereiten. Außerdem galt es, die Zahl der von Gott abgefallenen Engel wieder zu ergänzen. Ansonsten aber sollten die Ehepartner durchaus keusch miteinander leben. Nicht der Sex, die Lust war also das Problem. Ach, wäre es nur möglich, Kinder zu zeugen, ohne dass dabei das Vergnügen ins Spiel kam, seufzten die christlichen Theologen.

Frauen waren das Problem der Kirche. Weil sie verführerisch waren. Deswegen auch mussten sie vom Priesteramt ausgeschlossen werden. Und um den »jungfräulichen Leib« des Herrn, die Eucharistie, berühren zu dürfen, mussten die Priester selbst jungfräulich leben. Zölibatär also. So verordnete es die lateinische Kirche ihrem Klerus. Im byzantinischen Christentum war das anders. Dort steht es bis heute den Priestern frei zu heiraten oder nicht.

Aussteiger-Mönche, ein Massen-Exodus

Dies alles muss man sich vor Augen halten, um die Ordensbewegung des 5. Jahrhunderts, der Europa so viel verdankt, einordnen zu können. Die Klöster waren nicht vom Himmel gefallen. Sie hatten eine lange Vergangenheit. Über die Kontinente hinweg bis nach Indien, durch die Zeiten zurück bis Platon. Was anders waren Klöster als Abbilder jener Stadt »Platonopolis«, von der Plotin geträumt hatte?

Als ihren Patriarchen verehren die Mönche Antonius (251–356), der mit 20 Jahren in die Wüste abwanderte und jenseits des Nils, versunken ins Gebet, mit 105 Jahren verstarb. Bis zuletzt hatte Antonius einsiedlerisch gelebt. Pachomius (290–346), der »Adler«, ebenfalls Ägypter, schuf die ersten mönchischen Gemeinschaftssiedlungen. Neun für Männer, zwei, unter der Leitung seiner Schwester, für Frauen. In seiner Regel verpflichtet Pachomius die Mönche zu

Keuschheit, Armut und Gehorsam gegenüber seinem »Guru«, dem Abt. In den folgenden Jahren ergoss sich eine wahre Flut von Mönchen über die Länder des östlichen Mittelmeerraumes. Sie hatten sich von den Banden des Bluts, von den Fesseln der Gesellschaft befreit, waren den Ehezwang los, die Sorge, wie man Kinder und Frau ernähren sollte. Und in die Wüste verirrte sich kein Steuereintreiber, der Präfekt konnte den Mann nicht mehr zum Militärdienst pressen. Doch diese einleuchtenden Vorteile erklären nicht alles.

Sie erklären nicht, wieso Frauen und Männer sich jener eisernen Zucht der Klöster unterwarfen, sich einer rigorosen Selbstdisziplinierung unterzogen. Dahinter steckte der Wunsch nach authentischem Leben. Wie schon bei den spätantiken Wanderphilosophen. Die hatten sich entschlossen, »die Gemeinschaft der vielen zu verlassen«, warfen sich den schlichten Philosophenmantel um, schulterten den Brotsack und reisten als philosophische Missionare durch die Lande. Asklepiades durchzog auf dem Rücken einer Kuh die Welt und ernährte sich von deren Milch. So ein Wanderprediger war auch der liebenswerte Stoiker Musonius (30–100), ein Opfer von Philosophenvertreibungen unter Nero und Vespasian. Musonius sagte: »Unter den wahren Parteigängern der Philosophie ist keiner, der nicht mit einem aufrechten Freund auswärts, draußen auf dem Land leben möchte. Selbst wenn der Ort nur die härtesten Lebensbedingungen böte. Denn diese Lebensweise hat den Vorteil, dass sie erlaubt, Tag und Nacht mit dem Lehrer zusammen zu sein. Und das abseits aller Versuchungen der Großstadt, die der Beschäftigung mit der Philosophie nur hinderlich sind. Unter Aufsicht eines solchen aufrechten Mannes zu essen, zu trinken und zu schlafen, wäre ein großer Gewinn.« Asklepiades und Musonius, genau wie Plotin, waren Vorläufer jener Massenbewegung, die ihre Lebensform in den christlichen Klöstern fand.

Schon ihre Masse machte die Mönche plötzlich zu einem Politikum. Gelang es einem Bischof, die Mönche auf seine Seite zu ziehen, mussten die weltlichen Präfekten der städtischen Selbstverwaltung klein beigeben. Die Geschichtsschreiber berichten von einer Welle gewalttätiger Ausschreitungen, die von fanatisierten Mönchen begangen wurden. Sie setzten jüdische Lehrhäuser in Brand, terrorisierten Dörfer, in denen man noch immer die alten Götter mit Opfern versorgte, in Alexandria stürmten braune Horden das altehrwürdige Serapion-Heiligtum, verbrannten es mit seiner Bibliothek, die Millionen von Büchern enthielt. Das alles unter den Augen der machtlosen städtischen Verwaltung.

Gewissermaßen direkt unter den Augen von Orest, dem Präfekten von Alexandria, überfielen braune Kutten die Mathematikerin Hypatia. Hypatia lehrte an der Akademie, bekannte sich zu Platon und der alten Religion. Mönche rissen sie auf offener Straße aus ihrer Sänfte, zerrten sie in die Kaiserkirche, entkleideten und steinigten sie. Danach rissen sie die Frau, Glied um Glied, in Stücke und karrten ihre Leichenfetzen zur städtischen Müllkippe. So geschehen der »Mutter, Schwester, Lehrerin und Wohltäterin der Wissenschaften« im Jahr 415.

Vermutlich hatte Kyrill, der christliche Bischof, die Mönche dazu aufgestachelt. Der Kirchenhistoriker Sokrates hat den Vorgang festgehalten, für alle Zeiten, und er notiert: »Diese Gewalttat trug Kyrill und der Kirche Alexandrias Schmach und Schande ein. Was könnte denen, die wie Christus gesinnt sind, ferner liegen als Mord, Blutvergießen und ähnliche Gräueltaten?« Noch mit weiteren Bosheiten beschmutzte Kyrill den Christennamen. Er vertrieb die Juden, die hier seit Jahrhunderten zu Hause waren. Er machte Alexandria zur judenfreien Stadt und steckte ihre weltberühmte, gelehrte Synagoge in Brand. Keiner maßregelte den Bischof. Später stieg er gar als Patriarch zu höchsten Würden auf und betätigte sich als Kirchenpolitiker auf der höchsten Reichsebene. Papst Leo XIII. ernannte Kyrill 1882 postum zum offiziellen Lehrer der Kirche. Das musste nun wirklich nicht sein.

Der lange Weg des Augustinus zur Taufe

Der nordafrikanische Bischof Augustinus schreibt dem christlichen General Bonifatius: »Glaube nicht, niemand könne Gott gefallen, der Kriegsdienst leistet!« Bonifatius wollte eigentlich seinen Dienst quittieren und sich ins Kloster zurückziehen. Sein Bischof hält den General davon ab. Die räuberischen Vandalen stehen vor der Haustür, da muss Bonifatius Gott mit Waffen dienen, nicht mit Gebeten. So sieht es Augustinus.

Über das Leben des Augustinus wissen wir gut Bescheid. Denn er war der Erste, der seine Geschichte in einer Art Autobiografie mit dem Titel *Confessiones*, zu Deutsch *Bekenntnisse*, niederschrieb.

Augustinus stammt aus dem Hinterland des heutigen Algerien. Ganz in der Nähe seines Geburtsorts Tagaste stand hundert Jahre zuvor der junge Maximilian vor Gericht. Maximilian verweigerte als Christ den Wehrdienst und musste sich dafür verantworten. Er wusste, was ihn erwartete. »Es wird verfügt, den Maximilianus mit dem Tod durch das Schwert zu bestrafen, weil er in seiner widerspenstigen Überzeugung den Fahneneid verweigert hat«, las der Prokonsul von seiner Tafel ab. »Gott sei Dank«, antwortete Maximilian.

So ändern sich die Zeiten. Vor hundert Jahren waren die Christen noch in der Opposition, im 5. Jahrhundert firmiert die Kirche als staatstragende Kraft. Und das kostet seinen Preis. Die Regierungsbeteiligung führt bei Christen wie dem General Bonifatius zu einer inneren Zerreißprobe. Augustinus ist sich dessen bewusst. Das letzte große Werk, das er seinem Sekretär diktiert, versucht, das Verhältnis von Staat und Kirche, zwischen dem »Erdenstaat« und dem »Gottesstaat« neu zu definieren.

Tagaste, wo Augustinus 354 geboren wird, war eine römische Landstadt wie jede andere auch in der Provinz. Mit Kolonnadengängen, öffentlichem Bad, Forum und repräsentativen Verwaltungsbauten. Patricius, der Vater, zählt zu den »bescheiden begüterten Bürgern«, doch er legt sich krumm, dass aus dem Jungen etwas wird. Augustinus erhält eine sorgfältige Schulausbildung. Und als Patricius zwischendurch das Geld ausgeht, verbummelt der 16-Jährige ein Jahr in Tagaste, bis der Vater wieder flüssig ist.

Vater Patricius hält es mit den alten Göttern, Monika aber, die Mutter, ist getauft. Als überzeugte Christin hofft sie, der Sohn werde den Weg zur Taufe finden. Denn getauft ist Augustinus noch nicht. Der Brauch vergangener Jahrhunderte, sich als Erwachsener taufen zu lassen, im Bewusstsein der Tragweite dieses Schrittes, hält sich noch lange. Auch die Ehe eingehen wird ein Sohn aus gutem Haus lieber erst in gereiften Jahren. Mit 18 lebt Augustinus mit einer Konkubine zusammen, daran haftet nichts Anrüchiges. Nach Abschluss seiner Studien leitet er in Tagaste zunächst eine Schule und bildet sich mit philosophischen Schriften privat weiter fort.

Es sind unruhige Zeiten, und in dem jungen Mann wohnt ein unruhiger Geist. Die Spaßgesellschaft ist längst erfunden, ein Graffiti aus einer Nachbarstadt lautet: »Die Jagd, Bäder, Spiele und Gelächter, da macht mir das Leben Spaß.« Dem jungen Augustinus reicht das nicht.

Mit 19 schließt er sich einer gnostisch-esoterischen Gemeinschaft an, den Manichäern. Und die führen ein ernsthaftes Leben. Vater Patricius ist inzwischen gestorben. Augustinus schifft sich nach Rom ein und macht dort Karriere als Lehrer. Dann zieht es ihn nach Mailand. Die Stadt ist Verwaltungssitz der italienischen Nordprovinzen mit großstädtischem Flair. Enttäuscht von den Manichäern bildet er mit Freunden einen philosophischen Studienkreis. Man liest Plotin in lateinischer Übersetzung, vertieft sich zusammen in die Schriften der Stoiker. Doch mittlerweile glaubt Augustinus an gar nichts mehr. Er ist zum Professor der Rhetorik und Schönen Künste aufgerückt, kann sich Hoffnung auf einen hohen Verwaltungsposten machen, auf die Heirat mit einer reichen Erbin, doch auch diese glänzenden Aussichten heben die Stimmung des jungen Mannes nicht.

Inzwischen ist Monika, die Mutter, ihm nachgereist. Sie überredet den Sohn, sie zu den Gottesdiensten des Mailänder Bischofs zu begleiten. Ambrosius hat einen klingenden Namen, und Augustinus ist neugierig auf den Mann. Also tut er der Mutter den Gefallen. Schon aus professioneller Neugier. Vielleicht kann er sich bei dem Bischof ein paar Redetricks abschauen.

Die Atmosphäre des Gottesdienstes, die Hymnen, das Ritual und die Gebetsliturgie nehmen Augustinus gefangen. Es sind jedoch die Predigten des Bischofs, die ihn vor allen Dingen berühren. Ja, der predigende Ambrosius löst einen regelrechten Tumult in seiner Seele aus. Und als er dann noch den Bischof persönlich kennen lernt, Stunden mit ihm im Gespräch verbringt, ist er tief beeindruckt von der Professionalität, noch mehr von der Spiritualität und dem profunden Wissen seines Gegenübers. Ein so authentischer Mensch ist ihm bisher noch nicht begegnet. Auch nicht bei den Manichäern, deren Ernsthaftigkeit er bewundert hatte. Nun läuft alles auf eine Entscheidung hinaus, auf den Entschluss, sich taufen zu lassen.

Augustinus kennt sich. Er kennt sich gut. Er kennt sein umtriebiges Wesen. Kann er jetzt schon, gerade erst 32 Jahre geworden, eine Entscheidung fürs Leben treffen? In diesen Tagen sucht er die Einsamkeit, geht in dem Gartengrundstück seines Hauses unruhig auf und ab. Da dringt aus der Nachbarschaft eine Kinderstimme herüber: »*Tolle, lege!*« Und noch mal: »Schlag auf und lies!« Er eilt an den Tisch mit seinen Büchern, greift nach den Apostelbriefen, und die erste Zeile, auf die sein Blick fällt, beendet sein Suchen. »Zieht an den Herrn Jesus«, liest Augustinus, und gewiss, er selbst ist gemeint. »Weiter wollte ich nicht lesen, brauchte es auch nicht. Denn kaum hatte ich den Satz beendet, durchströmte mein Herz die Gewissheit, alle Schatten des Zweifels verschwanden.« Eine Kinderstimme wurde zum Orakel und schrieb Geschichte.

Augustinus nimmt Platz unter den Taufbewerbern und steigt nach seinem Katechemunat, weiß bekleidet, am 24. April 387 die Stufen zum Tauchbad hinab. Angetan mit dem »neuen Menschen«, als »Wiedergeborener«, wird er nun 33 Jahre der heiligen katholischen Kirche dienen. Monikas Lebenstraum ist erfüllt. Sie stirbt im gleichen Jahr auf der Heimreise in Ostia und wird dort begraben.

Augustinus kehrt allein nach Tagaste zurück, gründet dort mit Freunden eine klösterliche Gemeinschaft. Vier Jahre darauf erhält er die Priesterweihen, wieder vier Jahre später wird er zum Bischof der nordafrikanischen Hafenstadt Hippo Regius gewählt. Jetzt ist Augustinus 37 Jahre.

Augustinus duldet keine Abweichler

Der neue Bischof profiliert sich auf allen Ebenen als engagierter Kirchenpolitiker. Besonders die abweichlerische Kirche der so genannten »Donatisten« erregt seinen Ärger. Donatus, ein früherer Bischof Karthagos, verweigerte am Ende der Christenverfolgungen den Wendehälsen die Rückkehr in die Kirchengemeinschaft. Besonders rau verfuhr er mit den »gefallenen«, durch Verrat beschmutzten Klerikern. Deren Hände verunreinigten das Taufwasser, entweihten das reine Brot der Eucharistie. Donatus sprach nur aus, was viele dachten. Die sauber gebliebenen Priester und Bischöfe scharten sich um ihn, sahen sich bald sogar in der Mehrzahl und verweigerten den Gemäßigten die Kirchengemeinschaft.

Donatus fand für seine rigorose Ausgrenzungspolitik keine Rückendeckung bei der Reichskirche, er und die Seinen waren in Afrika isoliert. Doch sie beharrten nur noch entschiedener auf ihrer Rechtgläubigkeit. Vermittlungsversuche scheiterten. Selbst den christlichen Kaisern gelang es nicht, den Religionsfrieden in der afrikanischen Provinz wiederherzustellen.

Im Gegenteil, die Radikalen erhielten dadurch nur noch größeren Auftrieb. Die Volksseele kochte. Besonders die Kleinstbauern, landlosen Arbeiter und städtischen Armen benutzten die Gelegenheit, denen da oben eins auszuwischen. Bewaffnete Gruppen, die so genannten *Circumcellionen,* überfielen Gutshöfe, vertrieben die Reichen und propagierten die Rückkehr der Kirche zur Gütergemeinschaft der ersten Gemeinde. Also, der neue Bischof von Hippo Regius sah sich schwierigen Fragen gegenüber.

Augustinus aber wollte nur eins: die Einheit der Kirche. Er selbst hielt es mit den Gemäßigten. Taufe, Eucharistie und alle anderen Sakramente und Handlungen der Kirche seien gültig durch den bloßen Vollzug, erklärte er. Auch wenn die Hand eines Todsünders sie spendete.

Die Entscheidung des Augustinus verwundert nicht. In den Donatisten bekämpfte er seinen eigenen Schatten. Den Manichäer, der er immer geblieben war. Schwarz-Weiß-Malerei hasste er. Die gnostische Verteufelung der Welt, den gnostischen Reinheitsfetischismus. Dabei malte auch der Schriftsteller Augustinus am liebsten ohne Zwischentöne – wie viele Seelen wohnten in seiner Brust!

Die Sekretäre schrieben sich die Finger wund an seinen Kampfschriften

Augustinus: »Leichter ist es, die Haare zu zählen,
als was im Herzen sich regt.«

KIRCHE
STAAT

Iona
Colonsay
Firth of
Rudh a' Mhail
Isla
Malin Hd
Giants Causeway
Portrush
Athlin I.
Mull of Kintyre
NORDIR
Erris Hd
Achill Head
Achill I.
Clare I.
Clew Bay
Slyne Hd
Galway Bay
Aran Is.
Mullingar
Dundalk
Dundalk Bay
Drogheda
Balbriggan
Howth Hd
Dublin (Baile Átha Cliath)
Dun Laoghaire
Bray
Wicklow
Mizen Hd
Arklow
Newcastle
Dundrum Bay
Liscannor Bay
Mal Bay
CLARE
Ennis
Kilkee
Loop Hd
Shannon
Limerick
Nenagh
Listowel
Tipperary
Tralee
Tralee Bay
Brandon Bay
Great Blasket I.
Dingle Bay
Valentia I.
Clonmel
Comeragh Mts
Wexford
Wexford Harbour
Rosslare
Greenore Pt.
Tuscar Rock
Carnsore Pt.
Enniscorthy
WEXFORD
Cahore Pt.
Waterford
Waterford Harbour
Hook Hd
Saltee Is.
Dungarvan
Youghal
Cork
Midleton
Cobh
Youghal Harbour
Cork Harbour
Bandon
Bantry
Bantry Bay
Ballinskelligs B.
Castletown Berehaven
Crow Hd
Dunmanus B.
Mizen Hd
Fastnet Rock
Clear I.
Galley Hd
Clonakilty Bay
Old Head of Kinsale
Sankt-Georgs-Kan
St. David's Head

gegen die Donatisten. Endlich setzte man sich in Karthago zusammen, 286 katholische, 279 donatische Bischöfe. Als die Radikalen noch immer nicht klein beigaben, rief der Bischof von Hippo Regius nach staatlicher Gewalt. »*Cogite intrare*«, verlangte er. »Zwingt sie zurück in die katholische Kirche!« Und der Staat gehorchte. Die Macht der Donatisten war gebrochen.

So ging es dann weiter durch die Kirchengeschichte. Noch bei den Scharfmachern der französischen Revolution vernimmt man ein fernes Echo auf Augustins Parole der Zwangsbekehrung: »La fraternité ou la mort!«, skandierten die Jakobiner, »Und willst du nicht mein Bruder sein, so schlag ich dir den Schädel ein.« Eine Perversion der frühchristlichen Solidarmoral in ihrer schlimmsten Art.

Kinder mit gebrochenen Flügeln

Augustinus wurde zum Bibelfundamentalisten, je mehr er in sein Amt hineinwuchs. Das zeigt besonders seine Lehre von der »Erbsünde«. Sie ist sein Vermächtnis an die Theologie des Mittelalters. Aus der Bibel, wie er sie verstehen wollte, las der Bischof heraus, dass Adam und Eva die ganze Menschheit mit Sünde kontaminiert hätten. Kein Rabbiner wäre auf diese Idee gekommen, und die kannten sich schließlich aus in ihrer Bibel! Doch Augustinus behauptete, seit Adam und Eva seien alle Menschen »ein einziger Sündenklumpen«. Auch den Übertragungsweg für das Sündenvirus kannte der Bischof genau. Nachdem die Ureltern von der verbotenen Frucht gegessen, das sexuelle Begehren in ihnen wach geworden war, schämten sie sich. Die Scham bewies ihr schlechtes Gewissen, die Sünde. Durch die Zeugungslust wurde die Sünde übertragen, und so geriet die Sünde der Ureltern zur Erbsünde.

Die Sündenlehre des Augustinus erinnert an das Votum des göttergläubigen Porphyrius: Beschmutzt von der sexuellen Lust ihrer Eltern, kommen die Kinder mit gebrochenen Flügeln zur Welt. Augustinus bediente sich des ganzen Arsenals antiker Sexualfeindschaft, um die Erlösungsbedürftigkeit der Menschheit, ihre Angewiesenheit auf Gottes Gnade zu beweisen.

Staat und Kirche, ungleiche Brüder

Auch über das Verhältnis von Gott und Kaiser machte sich Augustinus Gedanken. Gottesstaat und Erdenstaat stehen sich auf immer gegenüber. Die Aufgabenverteilung zwischen beiden beschreibt er so: Dem Staat obliegt das Wohl des äußeren Menschen, der Gottesstaat ist für das Wohl des inneren Menschen zuständig. Bestenfalls können beide miteinander kooperieren, mehr aber nicht. Und schlimmstenfalls wird der Staat die Kirche verfolgen. Doch gelingen wird es ihm nie, den Gottesstaat zu vernichten: »Denn wenn auch unser äußerer Mensch verdirbt, wird doch der innere von Tag zu Tag wieder erneuert.«

Augustinus hat damit für Europa die Trennung von Staat und Kirche festgeschrieben. Und dafür sehe ich ihm anderes gerne nach. Der Islam kennt diese Trennung nicht. Allen früheren Kulturen ist der Gedanke fremd, dass Religion und Politik konkurrieren, kooperieren sollen – niemals aber fusionieren dürfen! An diesem Prinzip der Gewaltenteilung hängen die demokratischen Freiheitsrechte, Weiterentwicklung und Fortschritt zum Besseren. Daran allerdings hat Augustinus nie einen Gedanken verschwendet. Gefragt, ob seine Erbsündenlehre nicht den Fortbestand der Menschheit gefährde, wenn nämlich Frauen und Männer sich lieber der Zeugung enthielten, antwortete er: »Ach, wenn es doch alle täten! Wie viel schneller wäre der Gottesstaat vollendet und das Weltende wäre herbeigekommen!« Gottlob, die Geschichte ist weitergegangen. Mit und trotz Augustinus.

»Gib mir Kraft zu dulden«

Augustinus starb mit 76 im Jahr 430, als die Vandalen Hippo Regius belagerten. »Gott, errette diese Stadt, wenn das dein Wille ist«, betete er. »Wenn nicht, gib mir Kraft zu dulden und in deinen Armen zu sterben.« So erzählt es sein langjähriger Freund Possidius. »Den Tod kann man nicht lieben«, hatte der Bischof einst in einer Predigt gesagt. »Von Natur aus entsetzen sich alle Lebewesen vor ihm und fürchten den Tod, nicht bloß wir Menschen.« Ein volles Vierteljahr brauchte der Tod, um das Licht seines Geistes zu ersticken. »Zehn Tage vor seinem Ende bat er uns, niemand mehr in seine Nähe zu lassen, außer den Arzt.« Die Bußpsalmen der Bibel hatte er an die Wand seines Sterbezimmers heften lassen und soll sie unter Tränen immer wieder laut gelesen haben. Im Kreis der engsten Freunde, die ihn betend umstanden, verließ ihn sein Leben.

Sechstes Jahrhundert

Patrick, Benedikt und die Missionierung Europas

Den Mittelmeerraum hatte das Christentum schon im 2. Jahrhundert verlassen. Im Westen, am Rand der damals bekannten Welt, fasste es außerhalb der antiken Zivilisationen zuerst Fuß. Zunächst in England. Keine eifrigen Missionare hatten es auf die Insel getragen. Lautlos, wie auf Schmetterlingsfüßen, fand es seinen Weg nach Britannien. Händler aus dem Mittelmeer, römische Soldaten und ihre Familien verpflanzten das Hauskirchen-Christentum in die Städte Südenglands. Englische Delegierte nahmen schon im 4. Jahrhundert an Konferenzen der kontinentalen Bischöfe teil.

Irland allerdings war noch nicht für das Christentum entdeckt, die grüne Insel, die man aber dann schon im 6. Jahrhundert die »Insel der Heiligen« nannte.

Ein antiker Schriftsteller urteilte über die Kelten Irlands: »Irlands Bewohner sind roher und ungebildeter als alle Rassen und lassen jedes Gefühl für höhere Dinge vermissen.« Die römische Kirche allerdings hinderte der zweifelhafte Ruf der Kelten nicht, ihre Fühler nach Irland auszustrecken. Papst Coelestin schickte 431 einen Beauftragten übers Meer »zu denjenigen unter den Iren, die Christusgläubig geworden sind«.

Ein Traum ruft Patrick nach Irland

Der entscheidende Durchbruch gelang jedoch erst Patrick. Er wurde der Nationalheilige Irlands und hatte im 5. Jahrhundert die Bekehrung der Insel betrieben. Seine Lebenszeit deckt sich fast mit der des Augustinus. Im Alter zog Patrick Bilanz: »Viele Menschen sind durch mich wiedergeboren und getauft worden. Und ich weihte überall Priester für jene, die in einem Volk, das Christus am äußersten Rand der Erde erwählte, zum Glauben gekommen waren. Durch mich sind die Söhne der Iren und die Töchter ihrer Könige Mönche und Bräute von Christus geworden.«

Zeitgenössische Quellen erwähnen Patrick nicht. Wir wüssten rein gar nichts von ihm, hätte er nicht einen Teil seiner Lebensgeschichte aufgeschrieben. In holperigem Latein. Dies und andere Details beweisen ihre Authentizität.

Patrick erzählt uns in seiner Lebensgeschichte, wie er als 16-Jähriger von Piraten aus England nach Irland verschleppt wurde. Er war christlich erzogen, und sein Glaube verließ ihn auch nicht in den sechs Jahren seiner Versklavung. Eine abenteuerliche Flucht brachte ihn über die Irische See zurück in die Heimat. Dann aber rief ihn eine Traumstimme. Im Traum überreichte ihm ein himmlischer Bote einen Brief, der den Absender trug: »Die Stimme Irlands.« Er öffnete den Brief, und die Buchstaben sprachen zu ihm in irischer Zunge: »Wir bitten dich, komm und lebe wieder mit uns! – Ich konnte nicht weiterlesen«, erzählt Patrick. »Es brach mir das Herz. Dann wachte ich auf.«

Lange zögerte Patrick, der Einladung zu folgen. Doch dann begab er sich auf die Reise. Voller Zweifel, ob seine Fähigkeiten und Gaben ausreichten, in den Dienst Gottes zu treten.

Auf der Grünen Insel verschwanden seine Zweifel. Patrick bereiste den Norden Irlands, predigte und taufte in unermüdlichem Eifer. Allein auf sich gestellt vertraute er der Macht des Wortes. Und auf die Magie der geschriebenen Sprache! Wenn Patrick den Namen eines Täuflings ins »Buch des Lebens« eintrug, umstanden ihn die Menschen, die noch nie ihren Namen mit eigenen Augen gesehen hatten. Die Ogham-Schrift der Druiden diente allein ihrer esoterischen Kommunikation, die geritzten Symbole wurden als Zauberzeichen verehrt. Was für magische Gefühle musste das ABC der Christen bei den schriftfernen Menschen auslösen! Patrick durchmaß die Insel mit offenen Büchern in der Hand »wie gezogene weiße Schwerter«, weiß die Legende.

Im Mittelmeerraum mussten die Christen sich mühen, kulturell mit den altgläubigen Kulten gleichzuziehen. Ganz anders verlief die Begegnung mit den Stammesgesellschaften des Nordens. Hier öffnete den Missionaren ein Kulturschock die Tür.

»Ich taufte viele Tausende«, berichtet Patrick. Er gewann Mitarbeiter, Fürsten statteten ihn mit Pferdegespannen und Wagen aus. »So gelangte ich bis in die entlegendsten Gegenden, bis ans Ende der bewohnten Welt, wohin noch nie jemand gekommen war, zu taufen, Priester zu ordinieren und Menschen zu unterrichten. Die Könige ehrte ich mit Geschenken, ich entlohnte die Fürstensöhne, die mit mir reisten.« Patrick fühlte sich als Werkzeug Gottes. Darum verlor er nie den Glauben an sich.

Zahllose Legenden verklären den Heiligen. In Irland gab es keine Schlangen – Patrick soll sie gebannt und ins Meer getrieben haben. Eine andere Geschichte erzählt, wie der Heilige den Stammesleuten die Dreieinigkeit erklärte: Er pflückte ein dreiblättriges Kleeblatt, zeigte wie aus einem einzigen Stängel drei Blätter entsprossen – so sei Vater, Sohn, Heiliger Geist ein Gott in Einem. Seitdem ist das Kleeblatt das Symbol der Grünen Insel.

Unter den neu geweihten Priestern mögen sich bald auch Druiden und Barden, die heiligen Sänger Irlands befunden haben. Es bleibt ein Rätsel, wieso die Druiden der neuen Religion ihre Insel fast ohne Gegenwehr überließen. Doch brachten sie ihr keltisches Erbe mit in die neuen Institutionen ein. Wie umgekehrt Kleriker und Mönche als Seher, Priester und Lehrer Funktionen übernahmen, die bislang die Druiden wahrgenommen hatten. Der neue Glaube sprengte die irische Klassengesellschaft. Sogar ein Unfreier oder Sklave konnte zu den höchsten Ämtern in der Kirche aufrücken. Aber auch daraus sind der Kirche offenbar keine Konflikte erwachsen.

Irische Klöster sind anders

Ähnlich wie Patrick in Nord- und Nordwestirland waren andere Missionare im Süden und Osten der Insel tätig. Die Glaubensboten predigten, tauften, durchzogen waffenlos die Insel und beeindruckten gerade damit die kriegerischen Iren, denen Furchtlosigkeit als oberste Tugend galt.

Zugleich betätigten sich die Missionare als Entwicklungshelfer. Sie führten einen verbesserten, tiefer gehenden Pflug ein, rodeten Walddickicht, förderten den Getreideanbau, lehrten in den Klosterschulen Lesen und Schreiben. Die Christianisierung Irlands vollzog sich innerhalb von wenigen Menschenaltern. Dabei floss weder Märtyrerblut, noch fanden sich Obrigkeiten, die ihren Untertanen den neuen Glauben mit dem Schwert aufzwangen.

Vielen Bekehrten wird der Übertritt zum Christentum nicht leicht gefallen sein. Er bedeutete, mit Althergebrachtem zu brechen, vielleicht sogar den Familienverband zu verlassen, und forderte auf jeden Fall eine völlige Umstellung des Lebensstils. Im 6. Jahrhundert notiert ein Abt: »Es gibt kaum einen Bruder oder eine Schwester, die nicht vor ihrem Eintritt ins Kloster in einen Totschlag verwickelt waren.« Auch die mönchische Zeiteinteilung, »alle Tage beten, alle

Tage arbeiten, alle Tage lesen«, entsprach nicht den bisherigen freizügigen Gewohnheiten.

Dennoch fanden die Klostergemeinden Zulauf. Sie erlebten ihre Blütezeit vom 6. bis zum 12. Jahrhundert. Und stets waren sie eng verbunden mit der irischen Gesellschaft. Ihre Organisation unterschied sich von den byzantinischen oder den lateinischen Klöstern. Irlands Klostersiedlungen waren Familienbesitz, der Abt war verheiratet und vererbte sein Kloster der nächsten Generation. Ich stelle mir ein Kloster auf der Insel als weitläufige Siedlung vor, in der Hunderte, ja, Tausende von Menschen miteinander lebten. Die einen waren geistliche Mönche, die anderen Laienmönche, und dann gab es da noch die Asketen. Zu dem ganzen Komplex gehörte ein umfangreicher Wirtschafts- und Verwaltungskomplex. Nicht selten wurden irische Klöster als Doppelklöster geführt, in denen Männer wie Frauen zur Klostergemeinschaft gehörten. Dabei war auf der Insel jedes Kloster autonom, hatte seine eigenen Frömmigkeitsregeln und war keiner zentralen Aufsicht unterstellt. Und was ich über die asketische Disziplin der irischen Mönche gelesen habe, stellt selbst den asketischen Eifer der ägyptischen Mönche den Schatten.

Ein Pferd weint um Columban

Neben Patrick verehrt Irland den großen Heiligen Columban. Mit zwölf Mönchsbrüdern gründete Columban auf Iona, einem Inselchen an der Westküste Schottlands, ein Kloster und missionierte von dort aus die keltischen Stammeskönigtümer der Schotten. Columbans Lebensgeschichte wird in einer Reihe von Wundererzählungen überliefert. Sie schildern den Heiligen als ebenso geistesmächtigen wie liebenswerten Menschen. Mir ist eine dieser Geschichten besonders lieb. Sie zeigt Columban am Ende seines Lebensweges.

Auf einem Pfad in der Nähe seines Klosters verließen Columban die Kräfte. Er setzte sich auf den Rain, um zu verweilen. Nicht lange darauf zog ein Stallknecht mit einem weißen Packpferd vorbei, und als das Tier den Heiligen erblickte, kam es zu ihm getrabt, legte seinen Kopf an die Brust des alten Mannes, wieherte kläglich und vergoss Tränen. Der Stallknecht schalt das Tier und zog es am Halfter zurück. Doch Columban sagte: »Lass es gewähren. Das Tier hat ein mitfühlendes Herz, es will an meiner Brust weinen. Schau, du bist ein Mensch und hast Vernunft, und du hast eine Seele, und du weißt doch nicht, dass ich bald von hinnen scheide. Diesem Geschöpf aber hat es der Schöpfer selbst kundgetan.« Der Heilige segnete das Tier, und das Pferd ging mit gesenktem Kopf von dannen.

So sind sie, Irlands Heilige. Sie reden mit den Fischen, besänftigen wilde Tiere, und sie geben den Zugvögeln ihren Segen mit auf die Reise.

Brigida lädt Gott zum Bier

Columbans Gebeine wurden später beim Grab des heiligen Patrick beigesetzt. Dort ruhte auch Brigida, die »Gottesmutter Irlands«. Brigida wuchs als Viehhüte-Mädchen auf. Ihre Mutter war eine Sklavin, die ein adeliger Herr geschwängert hatte. Mit 14 gelang es Brigida, ihre Freilassung zu erwirken. Ein Schüler von St. Patrick soll Brigida getauft haben. Sie bezog eine Zelle in der Nähe des Herrensitzes, und daraus wurde im Lauf der Jahre ein Doppelkloster für Frauen und für Männer. Andere Klostergründungen folgten. Ihre bedeutendste Gründung wurde die zu Kildare, westlich von Dublin. Brigida nennt man die »Maria der Kelten«. Ein Kranz von Legenden umgibt ihr Leben. Sie pflegte vertraulichen Umgang mit den himmlischen Mächten – ihre nasse Wäsche hängte Brigida an einem Sonnenstrahl zum Trocknen auf. Wer in aller Welt wüsste so elfenhafte Legenden zu erzählen wie die Kelten der Grünen Insel?

Man verehrt Brigida als Schutzpatronin alleinerziehender Mütter, der Behinderten, und man zeigt sie mit einer Kuh an der Seite. Ihre Klöster sollten Paradiesgärten sein. »Ich wünsche mir, die Engel lebten unter uns; ich wünsche, Frieden wäre unter uns, stark wie die Eichen; ich wünsche mir eimerweise Menschenliebe; ich wünsche, Freude wäre unsere Königin; ich wünsche, Jesus wäre da; ich wünsche dem König aller Könige einen Riesenbottich mit Bier; ich wünschte, ich könnte dabeistehen und zusehen, wie die himmlischen Heerscharen daraus trinken«, das ist eins ihrer Worte. Und Brigida ließ es nicht bei Worten. Ihre Klöster wurden zu Pflanzstätten spiritueller Blütenpracht.

Solche Pracht bewundern wir heute in den illuminierten Handschriften der irischen Mönche. Deren berühmteste ist das *Book of Kells*, eine großformatige Evangelienhandschrift, farbig, mit einem schier überquellenden Reichtum an Ornamenten und Figuren geschmückt. Die Überlieferung verbindet das Prachtexemplar mit den Schreibwerkstätten von St. Columban, doch lässt sich diese Herkunft nicht sicher beweisen. Mit den persischen Prunkausgaben des Korans zählt das *Book of Kells* zu den Weltkulturreliquien der Menschheit.

Patrick, Columban, Brigida, die Patrone Irlands, sind auch die Geburtshelfer

Europas. Hier, am »äußersten Rand der Welt«, auf der »Insel der Heiligen«, lag seit dem 6. Jahrhundert das Wissenschaftszentrum des Nordens. Irische Mönche, irische Gelehrte, irische Missionare öffneten das kontinentale Europa der Bildung und der Forschung.

Mit Benedikt beginnt Europas Zukunft

Der Begründer des lateinischen Mönchtums, Benedikt von Nursia (480–547), und die irische Brigida sind Zeitgenossen. Doch Welten liegen zwischen beiden. Brigida träumt von Paradiesgärten, von Platonopolis träumt Benedikt.

Plotin wollte in Kampanien, halbwegs zwischen Rom und Neapel, sein philosophisches Kloster gründen, der Kaiser hatte es ihm ausgeschlagen. Drei Jahrhunderte später entsteht hier in der Region Monte Cassino Benedikts Kloster, das zum Modell der abendländischen Klosterkultur wurde. Die Iren waren spirituelle Vaganten, fromme Landstreicher. Sie suchten auf eigene Faust das Himmelreich. Dagegen verkörperte Benedikts Klostergemeinschaft den Geist der Gesetze Platons. Seine »Schule, in der man dem Herrn dient«, orientierte sich, wie alle Schulordnungen, an Gesetz und Ordnung. Und Benedikt, nicht der irischen Version des Mönchtums, gehörte die Zukunft.

Patrick, Columban, Brigida kamen aus kleinen Verhältnissen, Benedikts Eltern waren begütert, entstammten wahrscheinlich einem alten Adelsgeschlecht. Der Junge und seine Zwillingsschwester Scholastika genossen eine sorgfältige Erziehung. Benedikt wurde zum Studium nach Rom geschickt, der Vater hatte eine höhere Beamtenlaufbahn für den Sohn geplant.

Des Vaters Wunsch erfüllte sich nicht. Benedikt brach sein Studium ab und schloss sich einer Asketengemeinschaft an. Drei Jahre verbrachte der junge Mann in einer Höhle der zerklüfteten Karstlandschaft über dem »immerkalten« Arno-Fluss, zwei Tagesmärsche östlich von Rom. Von dort aus zog Benedikt weiter nach Süden, begleitet von einer Hand voll Asketen, die sich ihm angeschlossen hatten.

Auf einer Anhöhe über der Stadt Cassino hielt er inne. »Dort erhob sich ein antiker Tempel. Und dummes, einfältiges Landvolk verehrte hier nach altem heidnischen Brauch als Gott den Apoll. Dort und in den Wäldern ringsum brachten viele der närrischen Ungläubigen ihre verruchten Opfer dar. Der Mann Gottes, Benedikt, zerschlug das Götzenbild, entweihte den Altar, setzte das angrenzende Waldstück in Brand« und errichtete anstelle des Tempels ein

Kloster, so beschreibt Papst Gregor die Gründung von Monte Cassino um das Jahr 529. In Irland gewann das Christentum in kulturellen Anpassungsprozessen Raum, auf dem Monte Cassino waren Tempelschänder und Brandstifter am Werk. Und niemand stellte sich den Brandstiftern in den Weg. Seit den Nachfolgern Konstantins galten die Heiligtümer der Altgläubigen als herrenloses Gut.

Als Benedikt 550 im Alter von 80 Jahren starb, hinterließ er seinen Mönchen eine Regel, »die sich durch weise Mäßigung und verständliche Darstellung« auszeichnete.

Wie Buddhas mönchische Ordnung vermeidet Benedikts Regel die Extreme. Sie sucht einen Mittelweg zwischen harscher Strenge und lascher Nachgiebigkeit. Das Reglement begleitet den Mönch 24 Stunden, bei Tag und bei Nacht, und legt in 73 Kapiteln fest, wie gebetet, gearbeitet, gehorcht und miteinander gelebt werden soll. Vergleiche ich Benedikts Regelwerk mit den rauen Mönchsregeln Ägyptens, beeindruckt mich die umsichtige Fürsorge des Abtes gegenüber den Seinen. An einem Punkt allerdings bleibt Benedikt hart: Dem Vorsteher sind die Brüder totalen Gehorsam schuldig. Ohne jedes Wenn und Aber. »Höre, mein Sohn, auf die Weisung des Meisters«, lautet die erste Regel. »Der erste Schritt zur Demut ist pünktlicher Gehorsam.«

Aus Monte Cassino sind die Klöster hervorgegangen, die sich wie ein Netzwerk über Italien, über Frankreich und Deutschland und schließlich auch, im Wettstreit mit dem irischen Mönchtum, über das entlegene England ausbreiteten. Benediktinische Klöster sicherten die päpstliche Autorität. Zugleich waren sie unentbehrlich für die kaiserliche Zentralgewalt. Könige und Kaiser konnten sich auf die Klöster Benedikts in den zivilisationsfernen Entwicklungsregionen nördlich der Alpen als Verwaltungs- und Wirtschaftszentren stützen.

Sie waren Pflanzstätten des Geistes, indem die Mönche sammelnd, kopierend die Schriften der Antike des Mittelmeers tradierten. Herausragende Wissenschaftler, Genies findet man unter den Benediktinern nicht. Mit einer Ausnahme: Anselm von Canterbury, der im 11. Jahrhundert seine geistige Heimat in dem berühmten Kloster von Bec in der Normandie fand. Innovationslust zählt sonst eher nicht zu den starken Seiten von Benedikts Mönchen. Statt progressiv waren seine Klöster immer eher meditativ ausgerichtet. Seinen späteren wissenschaftlichen Aufschwung verdankt Europa anderen, alternativen Ordensgemeinschaften. Zum Beispiel den Franziskanern des Franz von Assisi.

»Salomo, ich habe dich übertroffen«

Wie können sich zwei räumlich entfernte Ereignisse so gleichen: Benedikt zerschlägt in Italien den Apoll, Kaiser Justinian schließt in Athen die philosophische Akademie. Wie abgesprochen, 529, im selben Jahr. Dasselbe Datum ist Zufall, doch es ist derselbe Ungeist, der hier wie dort waltet.

Andererseits, um die Akademie war es nicht schade. Von Platons Geist war dort wenig geblieben. Statt philosophische Grundlagenforschung zu treiben, betrieben die Nachkommen Platons philosophischen Humbug. »Theurgie«, war das Modewort – die Theurgie erhob den wissenschaftlichen Anspruch, lehren zu können, wie man die Götter manipuliert. Ein schwärmerischer Wahn. Die entlassenen Athener Gelehrten wanderten nach Persien aus und kehrten bald wieder reumütig zurück. Auch der Perserkönig hatte keinen Bedarf an esoterischem Humbug.

Und Kaiser Justinian (527–565) hatte anderes zu tun, als die Säulenhallen Platons restaurieren zu lassen. Justinian war besessen von seinen eigenen Baumaßnahmen in der Goldenen Stadt. Dort entstand innerhalb von gerade mal sechs Jahren die Kirche der Hagia Sophia, Jesus gewidmet, der die Weisheit Gottes verkörperte.

Prokop, byzantinischer Zeitzeuge und Historiker, beschreibt das Bauwerk in Superlativen. Die Kuppel von 34 Metern im Durchmesser mit einer Scheitelhöhe von 56 Metern »hängt wie von einer goldenen Kette gehalten vom Himmel«. Er schildert die magischen Beleuchtungseffekte, die einen glauben machen, das Heiligtum beleuchte sich selbst von innen. Einer »Überfülle von Licht« sehe sich der Besucher ausgesetzt. »Unmöglich, das Gold, das Silber, die Edelsteinpracht zu beschreiben«, mit der Justinian seine Kirche ausgestattet hatte – und Prokop übertrieb nicht.

450 Jahre darauf verschlägt es einer russischen Delegation beim Betreten des Lichterdoms den Atem, »wir wussten nicht, ob wir noch auf Erden waren oder schon im Himmel«. Noch nach der Plünderung der Hagia Sophia durch die Kreuzritter im Jahr 1204 staunen muslimische Reisende über »die goldene Kuppel und die zehn Türen, sechs aus Gold, vier aus Silber«. Salomos Tempel, den die hebräische Bibel seitenlang in allen Einzelheiten beschreibt, galt den Christen bisher als das Nonplusultra aller Baukunst. Als Justinian zum ersten Gottesdienst die Hagia Sophia betrat, soll er gerufen haben: »Salomo, ich habe dich übertroffen!«

Im Jahr 1453 widmete Mehmed II., der Konstantinopel den Christen entrissen hatte, die Goldkirche zur Moschee um, seit 1934 dient sie als Museum. Das einzigartige Gebäude hat alle Erdbeben und alle Stürme der Zeit nahezu unversehrt überstanden.

Justinian wollte sich selbst ein überdimensionales Denkmal setzen, und das ist ihm auch gelungen, gewiss. Soll ich ihn deswegen bekritteln? Was wäre denn die Welt ohne das Tadsch Mahal in Indien? Ohne die Pyramiden Ägyptens? Die großen Architekturen verkörpern große Epochen. Das gilt auch für Justinians Hagia Sophia.

Jenes Christentum, das mit Hauskirchen wie in Dura-Europos begonnen hatte, verstand sich jetzt unter seinen christlichen Kaisern als triumphaler Gottesstaat.

Freigeister im Westen unerwünscht

Die neuen Philosophen sind die Theologen. Über die Intellektuellen »im Käfig der Musen, ständig sich zankend« hatte bereits das Altertum gespottet. Jetzt zankten sich die Theologen. Auf den Konzilien, in den Synoden. Meist ging es um richtigere Formulierungen der Glaubensbekenntnisse. 589 stritt eine Bischofskonferenz im spanischen Toledo um ein einzelnes Wort, das dem Bekenntnis hinzugefügt werden sollte. Die Formel, der Heilige Geist gehe vom Vater aus, sollte man um das Wort *Filioque* erweitern – der Geist, so las es sich dann, gehe von beiden, vom Vater »und dem Sohne«, aus. Damit wollten die Bischöfe der Freigeisterei einen Riegel vorschieben.

Die lateinische Kirche hasste Freigeister. Solche Leute, die vagabundierend, predigend durch die Lande zogen, ohne Lehrerlaubnis der Kirche. Überhaupt, die Bischöfe in Toledo mochten es nicht mehr länger hinnehmen, dass Männer oder Frauen in eigener Regie Christen sein wollten. Und sich dabei auf das Bibelwort beriefen: »Der Geist weht, wo er will.« Das durfte er nicht. Nicht außerhalb der Legalität, keinesfalls außerhalb der Kirche. Gegen die Freigeister musste geltend gemacht werden, dass der Geist Gottes von der Kirche verwaltet wurde. Von der Kirche, denn diese repräsentierte Christus, den Sohn. Deswegen: *Filioque*. Der Heilige Geist also, müssen die lateinischen Theologen verstanden werden, geht von Gott – und von seinen Beamten aus! Überspitzt formuliert bedeutet das: Der Westen macht Gott zum Angestellten der Kirchenbehörde.

Die spanische Bischofskonferenz entfachte damit neu den alten Streit um die Dreieinigkeit Gottes. Patrick hatte den Leuten in Irland ein dreiblättriges Kleeblatt unter die Nase gehalten. Drei Blätter, zählte er ihnen vor. Eins für den Vater, eins für den Sohn, eins für den Heiligen Geist. Gott allerdings existiere nicht im Dreierpack, sondern nur als der eine Eine. Der aber war unsagbar, den erreichte kein menschliches Wort, das hatte schon Plotin gelehrt. Darum habe sich Gott in dreifacher Weise zu erkennen gegeben: als In-Sich-Sein, als Mit-Sich-Sein, als Außer-Sich-Sein, eben als Vater, Sohn und Heiliger Geist. Der Sohn war ein einziges Mal in die Welt gekommen, der Geist aber war ein Ausreißer. Der »weht, wo er will«, wenn die Kirche ihn nicht einfängt.

Es gab einen Aufschrei, als sich das *Filioque* der Lateiner in der griechischen Ostkirche herumsprach. Denn dort wollte man Geistkirche, keine Rechtskirche sein. Auf der »mystischen Gemeinschaft« beharrte man im Osten. Spiritualität oder Legalität, was war höher zu bewerten?

Die närrischen Christen von Byzanz

Byzanz wollte, anders als Rom, den Geist nicht dämpfen. Man tolerierte zum Beispiel die Säulenheiligen, darunter auch zahllose Frauen; die Kirche sah in ihnen authentische Glaubenszeugen. Nur einen einzigen Säulenheiligen gab es dagegen im lateinischen Westen, ein Bischof ließ den Mann umgehend von seinem Hochsitz entfernen. Und es passierte im griechischen Osten immer wieder, dass Frauen sich verkleidet in Männerklöster einschmuggelten, weil sie die ganze asketische Disziplin auf sich nehmen wollten. Man schätzte solche Eskapaden nicht, machte aber auch keinen Aufstand daraus. Hoch verehrt wurden die so genannten »Akoimiten«, Leute, die ihren Schlaf auf das absolute Minimum reduzierten, um Gott immerzu betend nahe zu sein. Symeon, ein offizieller Heiliger der griechisch-orthodoxen Kirche, genannt der »Hochweise«, betrat eine Kirche und warf während der Eucharistiefeier mit Nüssen auf die Kerzen, sprang anschließend auf die Kanzel und bombardierte die Gläubigen. Als einen »heiligen Narren« bezeichnete man diesen Symeon, der nackt durch ein Frauenbad rannte. Für Symeon, den »Narren um Christus willen« hatte man im östlich-orthodoxen Christentum Raum. »Wenn du einen Narren siehst, der sich keine Ehre erweist, der kein Haus, keine Frau, kein Eigentum besitzt, der keine Kleider außer einem Überwurf trägt, keine Nahrung hat, außer die ihm zufällig gegeben wird, dann sage: Das ist ein Leben für mich«, schreibt das geistliche Stufenbuch der Syrer im 6. Jahrhundert. Ein Mönch, der bemerkt, wie ein Bruder sich sexuell mit einem anderen Bruder betätigt, sagt: »Wenn Gott, der die beiden geschaffen hat, sie nicht mit Feuer verbrennt, wer bin ich dann, dass ich sie richte?« Lauter verrückte Heilige. Im Osten gewährt man ihnen Freiraum, denn »der Geist weht, wo er will«. Der Priester schließlich hat im Osten auch nicht die Vollmacht, Brot und Wein durch sein Wort zu verwandeln, wie es die Lateiner tun: Er ruft den Geist herab, durch ihn soll Christus in Brot und Wein gegenwärtig sein. Auch das Judentum, auch der Islam kennen die heilige Torheit und Tollheit. Allein der lateinische Westen diskriminiert die Freigeister. Das sind Abgründe, die bereits im 6. Jahrhundert Ost und West trennen. Acht Buchstaben zählt das *Filioque*, aber es spricht Bände.

Siebtes Jahrhundert

Irische Wanderprediger

Justinian, der geistige Architekt der Hagia Sophia, war ein gewaltiger Bauherr. Ein goldenes Filigran warf er über Byzanz, deren Hagia Sophia die kühnsten Architektenträume der Antike überbot. Gleich darauf stattete er die Geburtsstadt der Christenheit, Jerusalem, mit Prunkbauten aus. Die Nea-Kirche, der Gottesmutter gewidmet, erstreckte sich fast 120 Meter in die Länge, gegen 60 Meter in die Breite. Ihr war ein Komplex angeschlossen, der eine Bibliothek, ein Gästehaus mit Hospital und ein Kloster beherbergte. Die Nea ließ Justinian mit der Grabeskirche durch eine von Säulenkolonnaden begleitete Prachtstraße verbinden, einen monumentalen Pilgerweg für die vieltausend Gläubigen, die alljährlich Jerusalem ihre fromme Reverenz erwiesen.

Nichts von der ganzen Pracht ist geblieben. Persien, der Erbfeind des alten wie des neuen Roms, überrannte und plünderte Kleinasien, Syrien und eroberte im Jahr 614 die Heilige Stadt und legte sie in Schutt und Asche.

Massakrierte Christen in Jerusalem

Zu den Hilfstruppen der Perser gehörten jüdische Söldner aus dem Zweistromland und Juden Palästinas, die sich den Eroberern angeschlossen hatten. Wollten sie Rache an den Christen nehmen? Oder sahen sie sich als messianische Kämpfer? Wir wissen es nicht.

Mit Gewissheit allerdings können wir sagen: Das Alltagsleben der jüdischen Gemeinden im byzantinischen Reich war keine Leidens-, keine Märtyrergeschichte. Verboten waren zwar jüdisch-christliche Mischehen, doch das hatte keine praktische Bedeutung, für Juden kamen ohnehin keine Ehen mit Christen in Frage. Als Nachbarn und Bürger waren die Juden sogar gern gesehen. Christen begingen oft mit ihnen die großen jüdischen Jahresfeste, Juden besuchten die

Theater- und Rennveranstaltungen im Hippodrom, und offenbar legten sie nicht einmal Wert auf eigene Friedhöfe. Freilich, den christlichen Predigern missfiel der lockere Umgang ihrer Gläubigen mit »Leuten von Abrahams Samen«, doch ausrichten konnten sie mit ihren Hetzpredigten wenig. Man tauschte miteinander Geschenke aus, tanzte, tafelte, speiste zusammen, Christen besuchten jüdische Gottesdienste. Wer einen Zauberspruch, ein Amulett oder einen Liebestrunk brauchte, fand irgendwo im Viertel eine Jüdin, die auf dergleichen spezialisiert war. Byzanz machte seinen Juden das Leben nicht zur Hölle.

So war es ein Schock, als sich nach der persischen Eroberung von Jerusalem herumsprach, wie die jüdischen Hilfstruppen in der Heiligen Stadt gehaust hatten. Offenbar hatten die siegreichen Perser ihren jüdischen Verbündeten die Stadt freigegeben. Zur Plünderung sowieso. Doch die Juden trieben die Christen der Stadt in ein trocken gefallenes Wasserreservoir und schlachteten sie dort ab. »Wie viele Menschen wurden im Reservoir Mamel erschlagen! Wie viele kamen dort um vor Hunger und Durst! Wie viele Priester und Mönche fraß dort das Schwert! Wie viele Eltern kamen über den Leichen ihrer Kinder ums Leben!«, schreibt ein antiker Zeuge. Er spricht von vielen Zehntausenden. Bauarbeiter stießen vor wenigen Jahren an Ort und Stelle noch auf Berge von Knochen. Und sie fanden ein Kreuz, eine Inschrift: »Gott allein kennt alle ihre Namen!« In den übrigen Städten Syriens und Palästinas wird es nicht anders zugegangen sein.

Die Perser und ihre Verbündeten steckten Kirchen in Brand, verwüsteten Klöster, ermordeten Nonnen und Mönche, verbrannten Bibliotheken. Quer durch Jerusalem, quer durchs Land. Die Geburtskirche von Bethlehem entkam gerade noch der Zerstörung. Was für eine grausige Geschichte.

Das Entsetzen wuchs in Byzanz zur Panik, als dann auch noch bekannt wurde, dass die allerheiligste Reliquie der Christen den Ungläubigen in die Hände gefallen war. Der Kreuzesbalken, an dem Jesus sich für die Menschen geopfert hatte. Kaiser Heraklios gelang es, das Kriegsgeschick zu wenden. Er besiegte 629 die Perser im Angesicht ihrer Hauptstadt und brachte das heilige Holz im Triumphzug zurück nach Jerusalem. Doch die Zeit reichte nicht, die Stadt wieder aufzubauen. Justinians pompöse Bauwerke verkamen zu Ruinenfeldern.

Zehn Jahre später zogen die Muslime zu Jerusalems Toren ein. Und, abgesehen von ein paar Jahren zwischen den Kreuzzügen, blieb Jerusalem fürs nächste Jahrtausend in muslimischer Hand. Der Glanz seiner ehemaligen Größe kehrte nie wieder zurück.

England wird päpstliches Missionsfeld

Die Ausdehnungskraft des Christentums war aber nicht erloschen. Längst hatte es Indien erreicht. Und längs der Seidenstraße reisten Christen bis nach China. Doch nirgends im Osten bekam das Mittelmeer-Christentum richtig Boden unter die Füße. Die christlichen Missionare fanden in den Alt-Religionen, dem Buddhismus oder Konfuzianismus, keine Anknüpfungspunkte. Das Christentum, das wird daran deutlich, war inzwischen ein westliches Kulturprodukt geworden. Das ist es bis heute.

Was das Christentum im Mittelmeerraum an Boden verloren hatte, machte es im Norden wieder gut. Papst Gregor (540–604) war ein weitsichtiger Mann. Die Geschichtsschreibung verlieh ihm mit Recht den Beinamen »der Große«. Gregor organisierte die Mission, die bisher spontanen, persönlichen Impulsen gefolgt war, zu einem strategischen Unternehmen.

Im Jahr 596 sandte er Missionare nach England, um die Insel flächendeckend zu christianisieren. Man erzählt, dass Gregor auf einem Markt in Rom eine Gruppe von blondhaarigen jungen Männern ins Auge fiel, die als Sklaven zum Verkauf standen. Der Papst erkundigte sich nach deren Herkunft. Die Männer seien keine Christen, erklärte man ihm, ihre Heimat sei England. »Was für eine Schande!«, entfuhr es Gregor. »Männer mit so lichtem Angesicht hat der Fürst der Finsternis in seiner Gewalt!« Wenig später rekrutierte er eine kleine Missionsarmee. Vierzig Mönche mit ihren Dienern, mit Gepäck und Lastträgern und den dazugehörenden Handwerkern schifften sich in Roms Hafen nach England ein. Zur Insel der Menschen mit den »engelhaften Gesichtern.« Die Expedition unterstellte der Papst dem Augustinus, dessen Namenspatron der große Bischof aus Hippo Regius war.

Unterwegs streikten dessen Begleiter. Der Gedanke, am Rand der Welt, unter den Wilden leben zu müssen, versetzte die Männer in Panik. Erst nach mehreren Anläufen erreichte man den Süden Englands, die Insel Thanet.

Dort waren vor einem halben Jahrtausend auch Roms Invasionstruppen an Land gegangen. Jetzt erwartete Augustinus hier auf der Insel Ethelbert, den König von Kent. Die Chronik des englischen Historikers Beda schildert die erste Begegnung: »Schließlich kam der König. Er befahl Augustin und dessen Begleiter zu sich. Die Begegnung geschah unter offenem Himmel. Weil der König, gemäß einem alten Aberglauben, so besser entkommen könnte, wenn etwa die Fremden ihm mit magischen Künsten zu Leibe rückten. Die aber zogen dem König mit göttlichen, nicht mit magischen Kräften bewaffnet entgegen. Ihr Feld-

GESCHLOSSEN
GLORIAE

ΖΩΝΤΩΝ
REIPVBLICE
TES

zeichen war ein Silberkreuz und das Bild unseres Herrn und Erlösers, auf eine hölzerne Tafel gemalt. Singend, psalmodierend kamen sie daher, und brachten dem Herrn ihre Gebete dar, mit denen sie ewiges Heil über sich selbst und den königlichen Hofstaat herabriefen.« Ein kleines Multimediaspektakel, das dem König die kulturelle Überlegenheit der Fremden vor Augen führte.

Es folgte die Denunzierung der alten Stammesgötter als machtlose Wichte: »Als Augustin auf Geheiß des Königs Platz genommen hatte, predigte er dem König und dessen Begleitern das Wort des Lebens. Und Ethelbart antwortete: Du machst uns ein faires Angebot. Doch es ist eine neue Botschaft und ihre Bedeutung weiß ich nicht einzuschätzen. Wie sollte ich ihr zustimmen können? Denn das würde bedeuten, dass ich alles aufgeben müsste, woran ich mich zusammen mit der ganzen englischen Nation so lange gehalten habe.« Immerhin ist Ethelbert so beeindruckt von Augustinus' Auftritt und dessen Worten, dass er den Fremden Bleiberecht einräumt: »Doch ich sehe, ihr kommt von weither in mein Reich, und ihr brennt darauf, uns freundlicherweise an dem Glauben teilnehmen zu lassen, welchen ihr für den richtigen haltet. Also wollen wir euch nicht behelligen. Wir werden euch freimütig Gastfreundschaft gewähren und für euren Lebensunterhalt Sorge tragen. Und wir verbieten euch nicht zu predigen, sondern gestatten euch, Menschen für eure Religion zu gewinnen, so viele ihr könnt.« Damit hatte Augustinus mehr erreicht, als er von dem Barbaren-König erhoffen durfte.

Ethelbert war mit einer fränkischen, katholisch getauften Christin verheiratet. Und er gilt als der erste Schöpfer eines angelsächsischen Gesetzbuchs. Es wurde unter der Mithilfe des Augustinus angefertigt und sicherte unter anderem die Position der Kirche in England rechtlich ab. Kent-wara-byrig, Canterbury, die Hauptstadt seines Reiches, machte der König zum Bischofssitz. »Er zwang niemanden, das Christentum anzunehmen«, schreibt Beda. »Denn aus freien Stükken soll man Christus dienen, nicht von Gewalt gezwungen.« Das hatte Augustinus dem König dargelegt. Und schließlich ließ der König sich sogar selber taufen.

Seinem Beispiel folgten bald auch andere angelsächsische Fürsten und Adelige. Das beweist eine Grablegung aus der ersten Hälfte des siebten Jahrhunderts in der Nähe von London. Der Tote war inmitten seines Hausrats beigesetzt worden, ein Reliquienbehälter und zwei aus dünnem Goldblech geschnittene Kreuze weisen den hohen Herrn als Christen aus.

In Canterbury residiert bis heute der Erzbischof der englischen Kirche. Noch immer. Nach beinah anderthalb Jahrtausenden. Kann eine andere Stadt nördlich der Alpen sich einer so stetigen Tradition rühmen? Nach dem Tod von Augustinus folgten ihm seine Gefährten auf den Bischofssitz. Sie bauten Canterbury zu einem »neuen Rom« aus.

Irische Mönche bei den Germanen

Über das Meer, nicht über die Alpen kam das Christentum nach Mitteleuropa. Irische Mönche durchstreiften die germanischen Länder und Wälder. Sie verließen ihre heimatliche Insel, um als Fremde in einem fremden Land wandernd dessen Bewohner zu bekehren.

Die Asen-Götter waren die Himmelsbewohner der Germanen. Odin, der einäugige Seher, Freya, die Wachstum und Liebeskraft schenkte, und über die Wälder in den Himmeln Germaniens donnerte Thors Wolkenwagen. In mythischer unbestimmter Ferne senkte Yggsadril, der Weltenbaum, seine Wurzeln in den Boden und verband die Erde mit dem Himmel.

Man nannte Yggsadril »Odins Hängebaum«. Ein Gedicht ließ den Weltenherrn sprechen: »Ich hing am wogenden Baum, neun Nächte, ich Odin, dem Odin geopfert, an jenem Baum, von dem keiner weiß, wo seine Wurzeln sind. Man reichte mir kein Brot, keinen Trank, da erschlossen sich mir die Runen, als ich rief.« Durch die Askese erlangte der germanische Himmelsherr die Weisheit, die in den geheimen Runenzeichen verborgen lag.

Heiliger Schmerz ist Bestandteil vieler Religionen. Auch die keltischen Druiden haben sich freiwillig Leidensritualen ausgesetzt, um wie Odin in ekstatische Erfahrungen einzutauchen. Die christlichen Mönche Alt-Irlands waren wahre Meister der Schmerzensmystik. Wie lebende Kreuze, die Arme seitlich ausgestreckt, ahmten irische Asketen den Kreuzestod ihres Erlösers nach. Aus Syrien, aus den Zellen der Wüstenväter und der Wüstenmütter, hatten die Schmerz- und Hungerrituale, hatte das »unablässige Gebet« auf die »Insel der Heiligen« gefunden. Und die keltische Frömmigkeit öffnete sich begierig den heiligen Schmerzen. Das lateinische Abendland hatte sich von der Ostkirche abgeschottet, doch zwischen der Kelteninsel und Byzanz war der Kontakt nie abgerissen.

Niemand rief die Iren über die See auf den europäischen Kontinent, keine Institution schickte sie in die germanischen Wälder. Die Mönche folgten dem Ruf des »weißen Märtyrertums«. Die *Perigrinatio*, das Pilgern als Fremde in der Fremde, war eine asketische Übung wie das Kreuz-Stehen. Den Germanen aber mussten die Iren wie Odins Boten erscheinen.

Schon ihr exotisches Aussehen beglaubigte sie als Boten aus einer anderen Welt. Ein grobes Gewand kleidete die pilgernden Mönche. In der Hand trugen sie den oben gekrümmten Pilgerstab, am Gürtel eine Wasserflasche, auf den Rücken gebunden einen Bücherranzen, um den Hals ein Gefäß mit Brocken vom heiligen Brot und eine Reliquienschnur, so kamen die missionierenden Aussteiger daher. Von den römischen Mönchen unterschied sie die irische Tonsur. Die Lateiner trugen einen Haarkranz um den geschorenen Schädel. Irlands Mönchen fiel das Haar bis über die Schulter, allein der Vorderkopf war ausrasiert. Und, wie zu lesen ist, sollen ihre Augenlider bemalt gewesen sein, rot oder schwarz.

Wie anders waren die lateinischen Mönche des Augustinus vor König Ethelbert aufmarschiert! Dort herrschte lateinische Ordnung, den Legionen abgeschaut, hier irisch-chaotische Überschwänglichkeit, der wir im *Book of Kells* wieder begegnen. Nur eins hatten die ungleichen Brüder gemeinsam: Beide verzichteten auf Wehr und Waffen.

Columban, ein irischer Wanderprediger

Der erste uns bekannte Germanenmissionar der Iren ist Columban (543–616), nicht zu verwechseln mit seinem Namensvetter, dem Pferdefreund von Iona. Seine Lebensbeschreibung erzählt, wie sich Columban schon als Junge durch »enthusiastischen Studieneifer« hervortat. Irgendwo zwischen den Hügeln Irlands begegnete er einer Einsiedlerin. »Zwölf Jahre schon lebe ich getrennt von den Meinen«, erzählte sie dem jungen Mann. »Doch weiter als bis hierhin bin ich auf meiner Pilgerreise nicht gekommen. Wäre ich doch keine Frau! Lieber ginge ich übers Meer in die Fremde. Was aber hält dich noch hier, junger Mann?« Mit dieser Begegnung beginnt Columbans Pilgerleben.

Vergeblich sucht ihn die Mutter aufzuhalten. Sie stellt sich in die Tür, sie legt sich auf die Schwelle. Columban aber springt mit einem Satz über sie hinweg. Sie solle ihre Tränen stillen, ruft er der Mutter zu. Sie werde ihn nicht wiedersehen. Er wolle dem Weg des Heils folgen, wohin der Herr ihn auch führe.

Gefährten finden sich, sie erreichen die Küste Frankreichs. »Um diese Zeit war der Christenglaube dort im Land fast verschwunden«, heißt es in dem Bericht. Die Schar zieht quer durch Gallien, bis zu den Vogesen-Bergen am Rhein. Im Gemäuer einer alten römischen Befestigungsanlage finden die Mönche Unterkunft. Ihre Speise sind Wildäpfel, Kräuter des Waldes, und, wenn es sein muss, schälen die Männer Rinde von jungen Bäumen und verzehren sie.

Columban aber sucht die völlige Einsamkeit. Verborgen in den Wäldern findet er eine Höhle im rauen Gebirge. Dort wohnt eine Bärenfrau. »Er befahl dem Tier, den Ort zu verlassen«, die Bärin trollt sich, und Columban lässt sich in ihrer Höhle nieder.

In den Dörfern spricht sich die Ankunft der Mönche herum. Die Menschen pilgern zu den Gottesleuten, sie finden auch Columban. Man sucht die Berührung mit den heiligen Männern, möchte nur ein Wort, einen Blick erhaschen – alles ist gesegnet, alles Zauberei.

Columban und seinen Gefährten wird das alles zu viel. Wieder durchziehen sie Gallien, betend, psalmodierend, segnend. Hier und dort verweilt Columban einige Jahre, gründet neue Klostergemeinschaften, dann macht er sich wieder auf die Pilgerfahrt.

Sein Ruf verbreitet sich. Sogar der König befiehlt ihn zu sich. Columban kommt, predigt dem jungen König Buße, fordert ihn auf, ins Kloster zu gehen, für seine Seele zu sorgen. Ja, er weigert sich, die unehelichen Kinder des Königs zu segnen. Überdies legt sich Columban mit dem fränkischen Klerus, den mächtigen Bischöfen an.

Die sind ohnehin nicht erbaut von dem irischen Freigeist und Chaoten. Schon sein Aussehen stört sie, noch mehr die irischen Rituale. Die Abneigung beruht auf Gegenseitigkeit. Um einen Altar zu weihen, lässt Columban eigens übers Wasser einen irischen Bischof anreisen. Schließlich verweist ihn der König des Landes.

Doch Columban lässt sich nicht so einfach abschieben. Erst macht er bei St. Martin in Tours Station und betet am Grab des heiligen Mannes, der seinen Mantel mit einem Bettler teilte. Den Behörden geht darüber die Geduld mit dem Iren aus. Fast gewaltsam befördern sie ihn über die Grenze. Mit neuen Gefährten erreicht Columban Mainz am Rhein und pilgert stromaufwärts zum Bodensee. Dort trifft er auf Gallus, einen anderen irischen Wandermönch, und beide predigen unter den Alemannen.

Wieder hält es Columban nicht lange am Ort: Die Welt ist eine Brücke, geh hinüber und lass dich nicht darauf nieder! Er verabschiedet sich von Gallus, überquert die Alpen und erreicht Italien.

Gallus bleibt zurück, missioniert weiter unter den Alemannen. Im Steinachtal am Bodensee errichtet er eine Zelle mit einem Bethaus und lebt dort bis zu seinem Tod 645. Seinen Namen trägt heute die Stadt, die ihren Ausgangspunkt von der Klosterzelle des heiligen Gallus nahm: St. Gallen.

Columban, jetzt in seinem siebten Lebensjahrzehnt, schart in Italien noch einmal Mönchsgefährten um sich und gründet auf dem halben Weg zwischen Mailand und Genua das Kloster Bobbio. Dort stirbt er mit 72 Jahren, von denen er die meisten als wandernder Mönchsmissionar verbrachte.

Ein fränkischer Magistratsbeamter erzählt, er habe Columban manches Mal in den Wäldern wandern sehen und habe gehört, wie der Heilige unterwegs mit herumstreifenden, Tieren und Vögeln sprach. Die seien auf ihn zugeeilt und hätten sich von ihm streicheln und liebkosen lassen. Ja, sie wären um Columban herumgestrichen wie es sonst nur Schmusekatzen bei ihren Leuten tun. Besonders die Eichhörnchen wären dem heiligen Mann nachgesprungen und seien unter die Kutte an seine Brust geschlüpft.

Ein Kater namens Pangur Bán

Ein Gedicht aus einer Klosterschreibstube im Bodenseeraum erinnert an die sprichwörtliche Tierliebe der asketischen Mönche:

»Ich selbst und Kater Pangur Bán, von uns tut jeder, was er kann. Er denkt nur an die Mäusejagd, doch andres ist, was mir behagt. Ich mag es ruhig, ich mag es still, wenn ich in Büchern forschen will. Mir ist es nicht zu tun um Beifall oder Ruhm. Dergleichen liegt auch Pangur fern, der hat die Gauklerpossen gern. Den hellen, scharfen Blick gebannt, hält er zur Mauer hin gewandt, mein Blick, sei es auch schwach, folgt nur der Spur des Wissens nach. Pangur Bán ist froh herumzusausen und Mäusevieh zu schmausen, doch ich empfinde Freude dann, wenn ich Probleme lösen kann. So verbringen wir die Tage, keiner ist dem andern Plage, jeder widmet sich den Sachen, die ihm allein Vergnügen machen.«

Diese Verse eines Pergaments aus dem 9. Jahrhundert haben Pangur Bán unsterblich gemacht. Es war ein weißer Kater, das sagt sein irischer Name. Das frühe Mittelalter sieht in der Katze ein Schoßtier der Gottesmutter. Das würde Kitti, meiner Katzenmamsell, sehr gefallen.

Achtes Jahrhundert

Kulturkampf in Byzanz

Als Columban durch das Frankenreich pilgerte, hatte er den Eindruck, durch heidnisches Land zu reisen. Kaum dass er Leute traf, die das Vaterunser hersagen konnten. Dabei hatte das gallische Christentum damals schon eine lange Geschichte hinter sich.

Bereits im 2. Jahrhundert nahmen zwei Bischöfe aus Lyon an einem ökumenischen Konzil teil. Und gegen Ende desselben Jahrhunderts wirkte Irenäus in Südfrankreich, dessen Schriften die Christenheit viel verdankte. Besonders im Kampf gegen die Gnostiker profilierte sich Irenäus. Moderne Historiker bescheinigen ihm einen sorgfältigen Umgang mit den Quellen. Die Entwicklung der lateinischen Theologie ist ohne ihn nicht zu denken.

Sein örtlicher Wirkungskreis in und um Lyon scheint dagegen eng begrenzt gewesen zu sein. Wichtiger für die Ausbreitung des neuen Glaubens war die Mund-zu-Mund-Werbung in den gallischen Provinzen. So war es schließlich überall im römischen Reichsgebiet: Händler, Soldaten und ihre Familien, Sklaven und Dienstleute trugen die Botschaft von dem neuen gekreuzigten Gott bis in die entferntesten Winkel des Imperiums.

Ich denke, gerade die Sklaven waren es, die den jungen Gott ins Herz schlossen. Hatte Christus doch »Knechtsgestalt« angenommen, wie Paulus schreibt, und noch mehr, gerade sein diskriminierender Kreuzestod machte Jesus zu einem der ihren. Ein Sklave musste jederzeit damit rechnen, gefoltert, gekreuzigt zu werden oder sonst schmählich ums Leben zu kommen. So waren in den Hauskirchengemeinden die Sklaven stark vertreten. Beim Herrenmahl waren sie alle gleich und eins, ein Fleisch und Blut mit dem Herrn.

Nicht als ob Sklaven durchs Christentum eine Verbesserung ihrer sozialen Lage erwarten konnten. Aber sie hatten Teil an der Erfahrung: Wenn auch der äußere Mensch verdirbt, wird doch der innere Tag für Tag wieder erneuert! Das war eine ansteckende Botschaft, und nirgends wird sie sich schneller herumgesprochen haben als bei den Unterschichten und den Sklaven.

Clotilda bekehrt König Chlodwig

König Chlodwig (466–511) war es als Erstem gelungen, das Land zur Einheit zu führen. Zeitgenössische Quellen nennen ihn den allerersten König der Franken. Dass Chlodwig sich katholisch taufen ließ, war ein weltgeschichtlicher Augenblick. Denn die katholische Taufe verband die Franken mit Rom, machte sie zu Verbündeten des Papstes. Und ohne diese Verbindung hätte es ein späteres Europa vielleicht gar nicht gegeben.

Chlodwig hatte lange gezögert, ins Taufbad zu steigen. Clotilda, seine Frau, eine katholische Christin, aber drängte. »Jene Götter, die du verehrst, taugen nichts«, hielt sie ihm vor. Der König antwortete: »Dein Gott hat keine Macht. Sagst du nicht selbst, dass er nicht zur Familie der Götter gehört?« Dennoch, als Clotilda ihren ersten Sohn zur Welt gebracht hatte, trug sie ihn zur Taufe. Bald darauf starb das Kind. Chlodwig tadelte sie mit harten Worten: »Weil das Kind auf deinen Gott getauft wurde, verlor mein Sohn das Leben!« Clotilda antwortete: »Ich danke Gott, dem Schöpfer des Alls, dass er mich gewürdigt hat, durch ein Kind meines Leibes sein himmlisches Königreich zu vermehren!« Eine stolze, den König demütig entwaffnende Antwort.

In einem entscheidenden Kampfgang mit den Alemannen rief Chlodwig später zum ersten Mal den Gott seiner Königin zur Hilfe. Und wirklich, der Sieg fiel dem König zu. Zum Dank legte Chlodwig in der Martinsbasilika öffentlich das Taufversprechen ab und empfing im Jahr darauf zu Weihnachten die Taufe. Ein Jahrzehnt später eroberte Chlodwig Paris und erhob die Seine-Stadt, die damals gerade erst einen Quadratkilometer an Fläche einnahm, zum Reichszentrum. In der von ihm errichteten Basilika Peter und Paul wurde der große König im Jahr 511 beigesetzt.

Auf Chlodwig folgte ein turbulentes Jahrhundert. Das Frankenreich expandierte und stand doch immerzu am Rand des Chaos. Regiert wurde es von den Merowingern, den so genannten »Langhaar-Königen«. Ein byzantinischer Diplomat schreibt: »Die fränkischen Könige lassen sich nicht die Haare schneiden, so will es der Brauch. Ihre Nachkommen heißen ›Christatae‹, was ›die am Rücken Behaarten‹ bedeutet. Denn sie haben wie die Schweine hinten Haare am Rückgrat.« Es war das Netzwerk der Bischofssitze, das den Zusammenhalt des Staates in dieser chaotischen Zeit gewährleistete. Kein Wunder, dass die Bischöfe den ebenso chaotischen Columban, der im Jahrhundert der »Langhaar-Könige« Frankreich bereiste, nicht ausstehen konnten.

Karl Martell stoppt die Muslime

Ihr Schicksal hatten die letzten Merowinger den Händen ihrer Reichsverwalter, den »Hausmeiern«, anvertraut.

Einer der merowingischen Hausmeier, Karl, der Großvater von Karl dem Großen, ist in die Geschichtsbücher eingegangen. Er befreite das Reich von den muslimischen Invasionstruppen. Spanien war den Muslimen bereits zugefallen, jetzt hatten diese die Pyrenäen überschritten und standen mitten in Frankreich. »Sie überschritten die Garonne und gelangten in die Stadt Bordeaux. Nachdem sie die Kirchen niedergebrannt und das Volk niedergemetzelt hatten, zogen sie nach Poitiers weiter und beschlossen, auch die Kirche des hochheiligen Martin in Tours zu zerstören. Gegen sie stellte der Princeps Karl kühn eine Schlachtordnung auf und ging als gewaltiger Krieger auf sie los, rieb ihr Heer auf und siegte.« Die Schlacht fand 732 zwischen Tours und Poitiers statt.

Und daran ist kaum zu zweifeln: Ohne Karl Martell wäre Europa heute möglicherweise eine Provinz des Nahen Ostens, Eurabia. Wo Kirchtürme stehen, stünden heute Minaretts, und über die Dächer schallte der Gebetsruf der Muezzine. Neben Chlodwigs Taufe ist Karl Martells Sieg im Oktober 732 eins der Gründungsdaten Europas.

Bonifatius, der »Apostel der Deutschen«

Im selben Jahr reiste der angelsächsische Mönch Bonifatius (672–754) nach Rom. Gregor III. bekleidete ihn mit dem Pallium, die der römischen Beamtenschärpe nachempfundene Stola eines Erzbischofs. Sie symbolisierte die Teilnahme an der kurialen Regierungsgewalt und verlieh Bonifatius das Recht, im Frankenreich Bischöfe zu weihen.

Man nennt Bonifatius den »Romanisator Germaniens«, weil er endgültig die Bindung der Kirchen Mitteleuropas an Rom bewerkstelligte. Und man sieht in ihm ebenso den »Apostel der Deutschen«, denn Bonifatius wirkte hauptsächlich im östlichen Frankenreich. In Friesland, in Hessen, Thüringen und in Bayern gab es noch viel für ihn zu tun. Alemannen und Thüringer waren von den Franken unterworfen, die Bayern hatten sich freiwillig angeschlossen, doch christianisiert waren die Stämme noch kaum.

Bonifatius war in England geboren, wuchs dort auf und wurde in einem Adelskloster erzogen. Als »Scholaster« unterrichtete er später dort selber und verfasste dazu verschiedene Lehrbücher. Gegen 30 erhielt er die Priesterweihe, und mit vierzig begann er, als Missionspriester auf dem Kontinent zu wirken.

Er war von anderem Schlag als die irischen Mönche. Spontane Bekehrungen genügten ihm nicht. Durch und durch in römischem Geist erzogen, sicherte er sein Wirken institutionell und verwaltungsmäßig ab, indem er Pfarreien schuf und diese der bischöflichen Oberaufsicht unterstellte. Die Leitung der von ihm ins Leben gerufenen Klöster vertraute er am liebsten englischen Landsleuten an. Die hielten sich an die Regel des Benedikt und verstanden sich darauf, Zucht und Ordnung in ihren Häusern durchzusetzen.

Seine bedeutendste Klostergründung geschah im hessischen Fulda. Darüber berichtete er dem Papst: »Es gibt ein bewaldetes Gebiet in einer Einöde wüstester Einsamkeit mitten unter den Völkern, denen ich gepredigt habe. Dort habe ich zum Bau eines Klosters Mönche hingestellt, die nach der Regel des heiligen Vaters Benedikt leben, Männer von größter Enthaltsamkeit. An diesem Ort möchte ich, im Einverständnis mit Eurer Frömmigkeit, ein wenig meinen vom Alter erschöpften Körper durch Ruhe erfrischen, und nach dem Tode möchte ich hier ruhen. Vier Völker nämlich, denen ich das Wort Christi durch Gottes Gnade gesagt habe, wohnen in der Umgebung dieses Ortes; ihnen kann ich mit Eurer Vermittlung, solange ich lebe und geistig frisch bin, nützlich sein.« Neben den Hessen, Thüringern und Bayern sind mit diesen vier Völkern vermutlich die Sachsen gemeint. Die waren noch gar nicht christianisiert. Erst Karl der Große unterwarf sie in seinen Sachsenkriegen dem Christenglauben.

Lioba ist verliebt in Bücher

Mit Lioba, einer Verwandten mütterlicherseits, die er aus England rief, gab Bonifatius der Einrichtung von Frauenklöstern neue Impulse. Lioba mochte damals gerade 20 sein. Sie ernannte er zur Äbtissin des Klosters Tauberbischofsheim am Neckar, südlich von Würzburg. Ihrem sprudelnden Enthusiasmus verdankt die weibliche Klosterbewegung Mitteleuropas alles: »Fürsten liebten sie, Bischöfe nahmen sie gerne auf und führten mit Lioba theologische Gespräche.« Kein Wunder, denn wenn ich in Liobas Lebensbeschreibung lese, denke ich, dass sie den normalen Klerikern haushoch überlegen war. »Man sah sie selten ohne Buch in der Hand«, heißt es da. Derselbe Text spricht von Liobas besonderer Intelligenz, welche sie einer »natürlichen Begabung und einem ungewöhnlichen Lerneifer« verdankte. Gern lud man sie auch an den Hof Karls des Großen. Mit Hildegard, dessen zweiter Frau, war sie freundschaftlich verbunden. Mit Bonifatius verband sie zärtliche Zuneigung. Im Alter vermachte er Lioba als Andenken sein Mönchsgewand und ordnete an, die Äbtissin später in seinem Grab beizusetzen. Daraus wurde nichts. Das Fuldaer Kloster beanspruchte seine Leiche, und Lioba wurde drei Jahrzehnte darauf in der Petersberger Kirche der Stadt beigesetzt.

Intellektuell konnte vermutlich auch Bonifatius nicht mit Lioba mithalten. Seine Genialität lag im Organisatorischen, spirituelles Charisma ging ihm ab.

Bonifatius stirbt in Friesland

Demonstrative Zurschaustellung der kulturellen Überlegenheit des Christenglaubens gehörte zum Missionsrepertoire des Bonifatius. Außer der Donar-Eiche, die er im Hessischen fällen ließ, wird er noch an manch andere heilige Bäume die Hand angelegt haben. Um zu demonstrieren, dass die Macht des »Herrn der Mönche« am meisten vermag.

Am Ende seines fast 30-jährigen Wirkens fand Bonifatius auf seiner letzten Reise ins Friesenland, an der Nordküste der heutigen Niederlande, den Tod. Piraten überfielen im Morgengrauen die Zelte des Bischofslagers an einer Flussmündung. Als die Wachen den Bischof verteidigen wollten, gebot er ihnen Einhalt: »Lasst ab, bringt euch in Sicherheit. Die Heilige Schrift lehrt uns, Böses nicht mit Bösem zu vergelten!« Die Plünderer machten den alten Mann und mehrere seiner Begleiter nieder und entführten das Gepäck des Bischofs. Kisten und Kasten. Den Inhalt der Bücherkisten kippten sie in den Sumpf. Ein Teil konnte von den Überlebenden geborgen werden. Mit dem Leichnam des Bischofs wurden sie nach Fulda gebracht. Im Domschatz befinden sich noch drei dieser Handschriften. Ein Kodex, lese ich, soll die Hiebspuren der Räuber aufweisen.

Bilderfreunde, Bilderfeinde

Während Bonifatius im Frankenreich heilige Bäume fällte, riss in Byzanz Kaiser Leo III. die heiligen Bilder der Muttergottes, der Apostel und Heiligen von den Wänden und ersetzte sie durch das Kreuz. Der Missionar ächtete den heidnischen Götzendienst, der Kaiser wollte den christlichen Götzendienst ausmerzen. Die Verehrung von Bildern. Beides geschah zur gleichen Zeit, unabhängig voneinander.

Aus bescheidenen Anfängen erwuchs die christliche Kunst. In den unterirdischen Grabanlagen von Rom finden sich schon früh kleine christliche Graffitis an den Wänden. In der Hauskirche von Dura-Europos waren die Versammlungsräume bereits künstlerisch ausgestaltet. Mit Bibelillustrationen. Zum Beispiel stellte ein Fresko David dar, der mit dem Riesen Goliat kämpft: Gott war auf der Seite der Kleinen, verkündete das Wandbild, und aus dieser Bildbotschaft schöpfte die kleine Hauskirchengemeinde Mut. Als die Kirche nach Konstantin aus dem Untergrund ins Licht der Öffentlichkeit trat, die ersten gewaltigen Basiliken entstanden, schmückten sich die Kirchen mit verschwenderischer Pracht. Jedes Gotteshaus wollte die jenseitige himmlische Gottesstadt abbilden: Glitzernde Mosaikgewölbe zeigten Christus als Weltenherrscher, verherrlichten Heilige und Apostel. Als Aschenputtel hatte die Kirche bisher gedient, jetzt schmückte sie sich als Braut des Erlösers. Ikonen, Bilder, begleiteten die Siegesprozessionen des Kirchenvolks, Ikonen schmückten die Altäre, Ikonen zogen in die Privathäuser ein

Kulturkampf in Byzanz

Der vom Kaiser Leon heraufbeschworene Bilderstreit erschütterte das byzantinische Reich bis in seine Grundfesten. Ein volles Jahrhundert hindurch. Im Abendland mochte man nicht in den Streit hineingezogen werden. Immerhin aber schrieb Gregor III. an den byzantinischen Herrscher: »Die Wilden und Barbaren (im fränkischen Reich) sind zu kultivierten Völkern geworden, während du, der kultivierte Kaiser, dich wie ein Barbar benimmst.« Leon wird das mit Missbehagen gelesen haben.

Sein Nachfolger, Konstantin V., ließ sich sogar zu ausgesprochen brutalen Maßnahmen gegen die Bilderfreunde hinreißen. Ein, gewiss parteiischer, Chronist berichtet davon. Danach ließ Konstantin einen bilderfreundlichen Klostervorsteher ergreifen, die Häscher »banden einen Strick um seine Füße und schleiften ihn vom Prätorium bis zum Schindacker. Dort rissen sie ihn in Stücke und warfen seinen heiligen Leichnam in die Grube der Gehängten. Als dann noch andere Beamten und Soldaten angeschuldigt wurden, dass sie die Bilder verehrten, verhängte der Kaiser die verschiedensten Strafen und grausamsten Misshandlungen über sie. Schließlich gab er den Mönchsstand in der Rennbahn des Hippodroms öffentlich dem Spott preis. Er befahl nämlich jedem Mönch, eine Frau am Arm zu nehmen und so durchs Hippodrom zu ziehen, wobei sie vom ganzen Volk angespuckt und beschimpft wurden.« Denn es waren besonders die Mönche, welche ihr Recht und das Recht der Gläubigen auf die Verehrung der Ikonen verteidigten.

Beide Parteien führten starke Argumente ins Feld. Die bilderfeindlichen Kaiser beriefen sich auf das Moses-Gebot: »Du sollst dir kein Bildnis machen!« Ihre Widersacher dagegen argumentierten: Gott selbst habe sich in der Menschwerdung von Jesus abgebildet. Sie verwiesen dabei unter anderem auf die in hohen Ehren gehaltene Reliquie der syrischen Kirche: ein Schweißtuch, in dem Jesus einen Abdruck seines Gesichtes hinterlassen habe.

Die Ikonen siegen

Theophilus war der letzte Kaiser, der sich mit den Bilderfreunden anlegte. Als er auf dem Sterbebett lag, holte Kaiserin Theodora ihre Christus-Ikone aus dem Versteck, »trug sie zu dem Kaiser und brachte ihn gegen seinen Willen dazu, sie zu verehren und zu küssen. Kurz darauf starb er.« Kaiser wurde sein Sohn Michael. Der war gerade mal drei Jahre alt, und seine 27-jährige Mutter übernahm mit ihrer ältesten Tochter Thekla die Regierung. Gleich nach dem Regierungswechsel leitete die Kaiserin einen Wechsel in der Religionspolitik ein. Die Verbannten kehrten zurück, alle Bilderfreunde wurden rehabilitiert.

Die Kirchenversammlung von 843 verkündete die Wiederherstellung der Bilderverehrung. Man gedenkt dieses Beschlusses noch heute feierlich in der orthodoxen Kirche am ersten Samstag der Fastenzeit.

Theodora regierte 14 Jahre das byzantinische Reich. Noch dazu überaus erfolgreich, wie die Quellen ausweisen. Eine arabische Flotte, die zu einem Großangriff auf Konstantinopel angesetzt hatte, wurde abgewehrt, und Theodora konsolidierte die verrotteten Staatsfinanzen.

In allen Kirchenräumen des Ostens trennt eine Ikonenwand den Altar vom

Kirchenschiff. Die »Ikonostase« versinnbildlicht die Trennung zwischen der göttlichen und der menschlichen Welt, die Ikonen verbürgen aber zugleich die Erfahrbarkeit des Jenseits im Diesseits. Wahre Anbetung bleibt Gott allein vorbehalten, die Ikonen werden jedoch verehrt. Bloße Bilder sind sie nicht. Sie vermögen zu heilen, sie sprechen zu den Gläubigen, können lachen und weinen, und die »himmlischen Abbilder« lassen Wunder geschehen. Alle byzantinischen Heiligenleben preisen ihre rettende Kraft – wie hätte man auf solche Gnadenerweise verzichten können?

Zugleich markiert die Ikonostase den Unterschied zwischen lateinischer und griechischer Frömmigkeit. Im Westen dominiert die Rechtskirche, im Osten verstehen sich die Gläubigen als mystische Gemeinschaft. Die westliche Theologie rückt das Sühneopfer, die Kreuzigung, in den Mittelpunkt, die östliche Theologie verherrlicht den Auferstandenen. Den verklärten Gottmenschen. Ihr Thema ist die *Deificatio*, die Vergöttlichung des Irdischen schon im Diesseits. Die Ikonostase symbolisiert diesen Prozess.

Die West-Kirche hat darum der östliche Bilderstreit nie wirklich berührt. Im Westen befand eine Synode, gegen den Bilderschmuck in der Kirche sei nichts einzuwenden. Schließlich dienten die Bilder ja nur als Dekoration. Oder könnten als Bibel für die Leseunkundigen von pädagogischem Nutzen sein. Heilbringend allein sei die Predigt, das Wort, das, vom Priester gesprochen, sogar den sakramentalen Handlungen der Kirche erst ihre Wirksamkeit verleiht.

Neuntes Jahrhundert

Karl der Große, ein neuer David

Mitten im Bilderstreit ließ Karl der Große (742–814) von seinen Hoftheologen ein Gutachten zur Ikonenverehrung anfertigen. Er korrigierte hier und da, unterschrieb und schickte es dem Papst. In dem Gutachten heißt es: »Aus Büchern, nicht aus Bildern, erwächst das Wissen über die Kirchenlehre. Gott gab Moses das Gesetz nicht gemalt, sondern geschrieben. Und Moses hat uns über den Ursprung der Welt nicht mit Bildern belehrt, sondern indem er ihn mit Worten beschrieb. Der Gebrauch der Bilder darf darum nicht mit den Buchstaben des heiligen Gesetzes gleichgestellt werden.« Besser kann man die wortfixierte westliche Theologie nicht auf den Punkt bringen.

Die Franken werden Schutzmacht des Papstes

Was aber veranlasste den König des Frankenreichs, sich in den Streit der Kirche am fernen Bosporus einzumischen? Nun, Karl sah darin keine Einmischung. Er verstand sich als Schutzherr des christlichen Glaubens. Nicht anders wie der byzantinische Herrscher. Freilich, er hätte es trotzdem lassen können. Doch der König wollte sich offenbar gegenüber Byzanz profilieren. Als Kollege im Amt. Nur, das schmeckte den Byzantinern gar nicht. In ihrer Sicht galten die Provinzen jenseits der Alpen als Hinterhof des römischen Reiches, der byzantinischen Zentralgewalt unterstellt. Bestenfalls war für sie Karl, der fränkische König, eine Art Reichsverwalter, mehr nicht.

Das aber stimmte schon lange nicht mehr. Spätestens, seit Ost-Rom nach dem Einfall der Langobarden die Herrschaft über Oberitalien entglitten war. Die Langobarden, ein germanischer Stamm, rückten sogar 756 gegen Rom vor. Sie verlangten Tribut vom Papst. Stefan II. fühlte sich von Byzanz im Stich gelassen und schaute sich nach einer neuen Schutzmacht um.

Dann wandte er sich an Pippin, den Frankenkönig, und bat diesen um Hilfe. Schon Pippins Vater, Karl Martell, hatte der Heilige Stuhl die Schutzherrschaft über Rom angetragen. Verbunden mit dem Titel eines Konsuls der Ewigen Stadt. Und unter dem Hinweis, Rom sei nicht gewillt, die Oberherrschaft von Byzanz weiterhin anzuerkennen. Das war eine skandalöse Provokation. Seine Missachtung der byzantinischen Oberhoheit stempelte den Papst zum Insurgenten, zu einem Staatsverbrecher.

Karl Martell hatte das päpstliche Angebot ausgeschlagen, doch Pippin, sein Sohn, eilte dem Papst zu Hilfe und besiegte die Langobarden. Überdies unterstellte Pippin dem Stuhl des Petrus die weltliche Herrschaft über einen breiten Landstreifen, der sich von Venedig im Norden schräg durch Italien bis nach Rom hinzog. Das war der Anfang des Kirchenstaates. In ihm regierten die Päpste wie Könige bis zur Einigung Italiens im 19. Jahrhundert. Der heutige Vatikanstaat ist nur mehr eine Liliput-Ausgabe des einst gewaltigen Landbesitzes der päpstlichen Dynastien.

In der Nachfolge Pippins war Karl Schutzherr des wichtigsten Bischofssitzes der Christenheit. Und so konnte er es sich leisten, dem Kaiser in Byzanz auf Augenhöhe gegenüberzutreten. Vielleicht träumte König Karl selbst schon von kaiserlichen Würden?

Ein neuer David

Ich wüsste gern mehr über die Kindheit, über die Jugend Karls. Seine Residenz zu Aachen wurde zum europäischen Wissenszentrum – war der Junge schon mit Büchern aufgewachsen? Hatte er Lesen gelernt? Das sicher. Und sonst? Hatte der Junge in den Grundwissenschaften Unterricht erhalten? Wir wissen es nicht. Schon Einhard, sein Biograf bedauert, von Karls »Kindheit und Jugend« nichts erzählen zu können. »Weil bisher noch nie davon berichtet wurde und mittlerweile auch niemand mehr am Leben ist, der darüber Auskunft geben könnte.« Und Karl konnte er nicht mehr fragen, der war schon zwanzig Jahre tot, als Einhard einem Schreiber dessen Biografie diktierte.

Am Hof Pippins wurden bereits Jahrbücher geführt, welche die wichtigsten Ereignisse des laufenden Jahres festhielten. Die Kanzlei des Vaters fertigte Urkunden aus, Rechnungen wurden gelegt, bei den Gottesdiensten kamen biblische Bücher zur Verlesung, sodass Karl nicht ganz bildungsfern aufgewachsen sein kann.

Als Thronerbe wuchs er mit dem christlichen Königsbild auf, das Gerechtigkeit und Frömmigkeit als die Haupttugenden des Herrschers herausstellte. In diesem Sinn schrieb Karl später: »Unsere Pflicht ist es, mit Gottes Hilfe die heilige Kirche von Christus nach außen mit Waffen zu verteidigen und nach innen die Kirche zugleich durch die Erkenntnis des wahren Glaubens zu festigen.« In diesem Geist ist der junge Mann erzogen worden.

Eine doppelte Pflicht vor Augen: die Verteidigung der Kirche durchs Schwert und ihre Förderung in der Glaubenserkenntnis. Beides nach dem Vorbild der Könige Israels, die nach außen die Grenzen sicherten und nach innen dem Götzendienst wehrten. Auch später sind die idealisierten Könige der hebräischen Bibel nicht von Karls Seite gewichen. Wie David fühlte er sich als König von Gottes Gnaden, ein christlicher Theokrat.

»Karl verfügte über glänzende Fähigkeiten als Redner«, schreibt Einhard. »Was er sagen wollte, konnte er leicht und klar ausdrücken. Er begnügte sich nicht allein mit seiner fränkischen Muttersprache. Auch den Fremdsprachen widmete er sich. Im Lateinischen brachte er es so weit, dass er es wie seine eigene Sprache beherrschte. Griechisch verstand er gut, konnte es aber nicht so gut sprechen. Die Wissenschaften pflegte er mit großer Liebe, deren Magister schätzte er ungemein und erwies ihnen hohe Ehren. Und er wandte viel Zeit darauf, um sich in Prosa und Poesie, im Studium der Rechte, der Logik, besonders aber in der Astronomie unterrichten zu lassen. Auch in der Zahlenkunst übte er sich. Aufmerksam und lernbegierig verfolgte er den Lauf der Gestirne. Auch eigenhändig zu schreiben versuchte er. Im Bett, unterm Kopfkissen, hielt er Tafeln und Blätter bereit, um in schlaflosen Stunden seine Hand an die Buchstaben zu gewöhnen.« Vielleicht übte Karl, die neue, vereinfachte Schreibschrift in den Griff zu bekommen, die Gelehrte seiner Aachener Residenz gerade kreiert hatten.

Als »karolingische Minuskel« verbreitete sie sich schnell in Europa. Ihre Buchstaben ließen sich leichter und für das Auge wohlgefälliger malen als die bis dahin gebräuchlichen Schriftzeichen.

Einhard stellt seinen Herrn als gelehrigen Musterschüler dar. Doch Karl war seinen Lehrern mehr als gewachsen. Das beweisen die *Libri Carolini*. Jene umfangreiche philosophische Abhandlung, mit der Karl im Bilderstreit Stellung bezog. Wohl von einem seiner Hoftheologen abgefasst, entstand das anspruchsvolle Werk unter seiner Federführung und trug des Kaisers persönliche Handschrift.

Karl der Große: »Aus Büchern,
nicht aus Bildern erwächst das Wissen.«

ALIS
ROM
RIA
MARE

verboten
verboten
verboten
verboten

Karls Bildungsoffensive

Im fernen Bagdad rief zur gleichen Zeit der Kalif al-Mamun die erste muslimische Akademie ins Leben, das »Haus der Weisheit«. In ihm arbeiteten Mathematiker, Sprachwissenschaftler, Astronomen, Koran-Spezialisten und Philosophen aus allen Ländern des Nahen Ostens. Hunderttausende von Bänden umfasste die Bibliothek der Akademie, aus allen Himmelsrichtungen zusammengetragen. Von Bagdad mit seinem Haus der Weisheit kamen die Anstöße, welche die muslimische Kultur zu einer Weltleitkultur aufrücken ließen. Al-Mamun und Karl der Große waren Zeitgenossen, beide initiierten eine Wissens-Renaissance, die einen wahren Bildungsrausch weckte.

Dabei hatte Karl es ungleich schwerer als al-Mamun. Infolge der muslimischen Eroberungen blieb Europa für Jahrhunderte abgeschnitten von den Wissensvorräten der Antike. Weder in der personellen Ausstattung noch im Lehrmittelbereich konnte sich Karls Hofschule mit dem »Haus der Weisheit« des Kalifen vergleichen.

Dennoch, Karl hat getan, was er konnte. Er drängte auf die Hebung des Bildungsstandards, auf den Ausbau des Schulwesens und verlangte vom Klerus eine ständige Weiterbildung. Eins seiner Rundschreiben trägt den bezeichnenden Titel: *Von der Notwendigkeit wissenschaftlicher Arbeit.* Über den Fuldaer Abt war das Schreiben an alle Klöster seines Reiches adressiert. Bischöfe und Klöster, mahnt der König, dürfen sich nicht daran genügen lassen, ein frommes Leben zu führen. Die Studienförderung müsse ebenso eifrig betrieben werden.

An anderer Stelle rügt Karl den schlechten Stil der Briefe, die ihn aus Fulda erreichen. Wenn die Schreibfertigkeit nachlasse, sei zu fürchten, dass die Mönche auch ihren Bibelstudien nicht mehr gründlich nachgingen. »Darum ermahnen wir euch, die wissenschaftliche Arbeit auf keinen Fall zu vernachlässigen!«

Bücher waren in Karls Jahrhundert fast unerschwingliche Kostbarkeiten. Die handschriftlich vervielfältigten Texte wurden mit Silber oder Gold aufgewogen. Für den König verstand es sich jedoch von selbst, dass jeder Bischof einen Vorrat von Büchern haben müsse. Eine weitere Verordnung der Aachener Hofschule zählt das Minimum dessen auf, was ein Priester kennen müsse: das Apostolische Glaubensbekenntnis, das Vaterunser, die liturgische Ordnung der Messe, die Riten der Taufordnung und Teufelsbannung, die Bußbücher und den Kalender. Außerdem soll sich der Priester darauf verstehen, in den Evangelien zu lesen, er soll die Predigtabschnitte für Sonn- und Feiertage mit den dazu gehö-

Bonifatius: »Darauf erbaute der Bischof aus dem Holzwerk dieses Baumes ein Bethaus.«

renden Psalmen kennen, und endlich muss der Priester Urkunden ausstellen und Briefe ausfertigen können.

Ob diese Bildungsziele realistisch waren? Und ob alle Untertanen, wie Karl es verlangte, das Glaubensbekenntnis und das Vaterunser hersagen konnten? Vermutlich waren diese Ziele viel zu hoch gesteckt. Doch sie wurden anvisiert. Wissen wurde aus dem Lateinischen in die Volkssprache übersetzt, Bildung sollte sich im Reich ausbreiten, Bildung sollte zur Allgemeinbildung werden.

Dank dieser Bildungsoffensive wurde Europa im Hochmittelalter schreib- und lesekundig wie keine andere Gesellschaft es vorher gewesen war. Als Schulmeister Europas wurde Karl zum »Vater Europas«.

Die Sachsen müssen dran glauben

Genau wie David war auch Karl während seiner 46–jährigen Lebenszeit ständig in kriegerische Auseinandersetzungen verwickelt. Jemand hat nachgezählt, 60 Kriege waren es insgesamt, die der König führte. Im Osten ging es gegen das Hunnenvolk der Awaren, in Mitteldeutschland gegen die Slawen, im Norden gab es Scharmützel mit Dänen und Friesen, seine Truppen standen in der Normandie, in Spanien und Italien.

Seine meisten Feldzüge konnte der König innerhalb eines Sommers zu Ende bringen. Allein die Stämme der Sachsen im nordwestlichen Deutschland leisteten hinhaltenden Widerstand. Die Sachsenkriege, schreibt Einhard, waren »die langwierigsten, grausamsten und anstrengendsten« von allen militärischen Operationen, die der König unternommen hatte. Mit kleinen Unterbrechungen zogen sie sich über 33 Jahre hin.

Schon der römische Feldherr Varus hatte im Jahr 9 in der so genannten »Schlacht am Teutoburger Wald« eine vernichtende Niederlage erlitten. Drei römische Legionen wurden von den Germanen aufgerieben. Varus beging Selbstmord, und der alternde Kaiser Augustus soll beim Empfang der Schreckensnachricht ausgerufen haben: »Varus, gib mir meine Legionen wieder!« Es gelang den Römern auch in den darauf folgenden Jahren eines zermürbenden Guerillakrieges nicht, die Grenze bis an die Elbe zu verkürzen. So kamen die rechtsrheinischen Germanenstämme Norddeutschlands nie unter den dauerhaften Einfluss Roms.

Zu ihrem eigenen Schaden. Frankreich und die Inseleuropäer haben von der römischen Besatzung nur profitiert – die störrischen Sachsen des Kontinents aber blieben außen vor. Hermann, der Varus besiegte, war ein tragischer Irrtum der deutschen Geschichte. Wäre Varus Sieger geblieben, wäre den Sachsen Karl der Große erspart geblieben. Ihre angelsächsischen Vettern auf der Insel, die Rom beerbten, haben der Christianisierung offenbar keinen nennenswerten Widerstand entgegengesetzt. Die Sachsen Norddeutschlands wehrten sich jedoch hartnäckig gegen jede kulturelle Überfremdung.

Einmal im Jahr kamen Adelige und Freie zusammen im »Thing«, der öffentlichen Volksversammlung. »Sie erneuerten dort ihre Gesetze, fällten Urteile in wichtigen Rechtsangelegenheiten und beschlossen in gemeinsamer Beratung, was sie während des Jahres an kriegerischen oder friedlichen Unternehmungen durchführen wollten«, berichtet eine alte Quelle. Das Thing konstituierte sich unter gemeinsamen Opfer- und Kultriten, im Angesicht der angestammten Götter. Und dieses Erbe verteidigte das Volk der Sachsen gegen Karl. Sie wollten nicht nachträglich noch romanisiert werden.

Genau das aber wollte der Frankenkönig. Auf seinem Tisch lagen schon die Pläne für die Bischofssitze und die Burgen, mit denen er das Sachsenland überziehen wollte. Und in den Wäldern, wo die Sachsen unter heiligen Bäumen ihren Göttern Opfer dargebracht hatten, sollten Rodungen Platz für Klostersiedlungen machen. Der sächsische Adel begriff bald, dass Widerstand sich nicht auszahlte, und wechselte die Fronten. Die kleinen Leute aber verwickelten Karl in einen zermürbenden Partisanenkrieg. Im Jahr 732 unterwarf sich das Land dem König und »lieferte alle die Übeltäter aus, die diesen Aufstand durchgeführt hatten, damit sie mit dem Tod bestraft wurden, 4 500 waren es«. Nach mehrjähriger Ruhe brach im nördlichsten Landesteil erneut ein Aufstand aus. Karl reagierte mit Massendeportationen. Zehntausende wurden nach Hessen und Thüringen umgesiedelt, auf den Märkten des Frankenreichs wurden sächsische Frauen zum Kauf feilgeboten.

Harte gesetzliche Maßnahmen schlossen die Zwangsmissionierung ab. Dem Tod verfallen sollte jeder, »der gewaltsam eine Kirche betritt, beraubt oder in Brand setzt«, sterben sollte jeder, »der das 40-tägige Fasten nicht hält und Fleisch isst«, mit dem Tod büßen sollte jeder, »wer nach Art der Heiden glaubt, ein Mann oder eine Frau besitze Hexenkraft und verzehrte Menschenfleisch«, und abschließend heißt es in den *Verordnungen von Paderborn* ausdrücklich: »Wir haben allen Sachsen verboten, allgemeine Volksversammlungen abzuhalten.« Der Islam verlangte allein die Unterwerfung, keine Bekehrung, Karl forderte von den Sachsen beides.

Alkuin, der englische Vorsteher von Karls Palastschule, schrieb entsetzt einem anderen Hofbeamten: »Der Glaube ist eine Sache von Freiwilligkeit und nicht des Zwangs. Jemand kann zur Taufe gezwungen werden, doch ein Fortschritt im Glauben ist das nicht. Daher müssen Prediger den Heidenvölkern mit friedlichen Mitteln und mit klugen Worten den Glauben näher bringen. Verkünder sollen Christen sein, keine Plünderer.« Die englischen Inseln waren friedlich, langsam, aber sicher für den neuen Glauben gewonnen worden, und kein einziger Missionar musste als ein »prôwere«, als Blutzeuge des Evangeliums sein Leben lassen. König Karl muss später selbst erkannt haben, dass er überreagiert hatte. Er hob seine gnadenlosen Sachsengesetze auf und ersetzte sie durch eine neue Rechtsordnung, die den Status der Sachsen verbesserte.

Nach Einhards Worten war das Ergebnis der 33-jährigen Sachsenkriege, dass »die Sachsen den christlichen Glauben annahmen und zusammen mit den Franken ein Volk wurden«. Karl ließ sogar alle mündlich überlieferten Rechtstraditionen der von ihm beherrschten Stämme sammeln und aufzeichnen. »Auch die uralten heidnischen Lieder, in denen Taten und Kriege der alten Könige besungen wurden, ließ er schriftlich festhalten, um sie der Nachwelt weiterzugeben.« Die Sammlung ging verloren, ein unersetzlicher Verlust. Denn nach den Fragmenten der *Edda* aus dem 13. Jahrhundert zu urteilen, »war die Religion der Germanen eine der komplexesten und ursprünglichsten Europas«, befand Eliade, der rumänische Religionshistoriker.

Eine Krone aus päpstlicher Hand

Imperiales Format hatte Karl längst gewonnen. Die byzantinischen Kaiser redete er »in den Briefen immer als Brüder an«, fühlte sich ihnen also gleichgestellt. Waren nicht auch auf den großen Konstantin zwei Söhne gefolgt, einer für den Osten, der andere für den Westen des Reiches zuständig? Wahrscheinlich hatte Karl so eine Doppelspitze ins Auge gefasst. Und Irene, die byzantinische Kaiserin, hatte ihm ihre Zustimmung bekundet, die antike Tradition des Doppelkaisertums wieder aufleben zu lassen.

Die Reichsannalen schildern Karls Kaiserkrönung im Jahr 800 mit den Worten: »Als der König gerade am heiligen Weihnachtstag sich in Rom vom Gebet vor dem Grab des seligen Apostels Petrus zur Messe erhob, setzte ihm Papst Leo eine Krone aufs Haupt, und das ganze versammelte Römervolk akklamierte. »Karl, dem erhabenen, von Gott gekrönten, dem großen und Frieden stiftenden Kaiser, Leben und Sieg!« Die Krönung war ein Signal an Irene, dass die Loyalität des Papstes nicht mehr Byzanz, sondern dem fränkischen Kaiser gehörte. Hatte Leo den König überrumpelt?

Einhard scheint das andeuten zu wollen, wenn er berichtet, Karl habe erklärt, er würde die Peterskirche nicht freiwillig betreten haben, hätte er geahnt, was der Papst mit ihm vorhatte. Doch natürlich war die Krönung abgesprochen. Vielleicht aber hatte Karl sich mit eigener Hand krönen wollen? Statt die imperiale Würde wie ein Lehen aus der Hand des Papstes zu empfangen?

Immerhin hat Karl später seinen Söhnen eigenhändig die Krone aufgesetzt. Beziehungsweise, er hatte es ihnen freigestellt, sich selbst zu krönen. Unter Assistenz des Bischofs, dem es zufiel, die gekrönten Häupter mit dem »heiligen Öl« zu salben.

Überdies war Papst Leo ein übel bescholtener Mann. Karl wusste das, und er hätte gewarnt sein können. Denn Leo scheint wirklich versucht zu haben, gegen Byzanz das alte Rom wieder als politisch-militärisches Machtzentrum zu installieren.

Die Gelegenheit schien günstig. Der Thron von Byzanz war seit drei Jahren verwaist, so konnte man es jedenfalls ansehen. Irene hatte sich dort selbst in der Nachfolge ihres Sohnes zur Kaiserin ernannt, und ob das ganz rechtens war? Leo muss natürlich von der Absprache zwischen Irene und Karl gewusst haben. Doch der Papst unterließ es, bei dem Zeremoniell als der von der byzantinischen Reichsgewalt Bevollmächtigte aufzutreten. Nicht einmal Irenes Name fiel, und das wäre das Mindeste gewesen. Karl geriet damit ungesucht in schiefes Licht, als hätte er sich des Kaisertitels wie ein Dieb bemächtigt.

Also doppelter Ärger: Leo hatte das Zeremoniell benutzt, um sich als Lehnsherr des Kaisers in Position zu bringen, und der Papst hatte zugleich die Krönung instrumentalisiert, um mit Byzanz zu brechen. Karl fühlte sich von Leo ausgetrickst, und das hatte Einhard wohl vorsichtig andeuten wollen.

So sieht es auch das *Lorscher Urkundenbuch*: »Weil der Rechtstitel des Imperators erloschen war, und eine Frau Anspruch auf die imperiale Autorität erhob, schien es dem Papst Leo richtig, Karl, den König der Franken, zum Kaiser zu ernennen.« Doch nie hätte Karl sich als Rechtsnachfolger von Byzanz verstanden! In seinem neuen Titel bezeichnet er sich nur als »Fürst, der das Römische Reich lenkt«, nicht als Imperator.

Nein, die Kaiserkrönung in Rom darf man nicht als Krönung von Karls Lebenswerk betrachten. Der Bruch mit Byzanz hatte sich noch einmal vertieft, und der Kaiser war Lehnsmann des Papstes geworden. Beides barg Zündstoff für Jahrhunderte.

Bald sechzig war Karl bei seiner Krönung. Die nächsten Jahre verwandte er auf die Konsolidierung seines Reiches. Aufgaben delegierte er weitmöglichst und fand jetzt Zeit, seinen Lieblingsbeschäftigungen nachzugehen. Der Jagd, dem Bad, seinen Studien. Manches Mal wird er vor dem aus drei Kreisen zusammengesetzten Tisch gestanden haben, der »eine genaue und feine Darstellung des ganzen Weltalls« aufwies, ein Geschenk aus Byzanz oder Bagdad. Dieser Tisch, aus schwerem Silber gefertigt, kam später in den Besitz seines Enkels, Lothar I. Der ließ das schwere Schmuckstück zerlegen und verteilte das Silber an seine Günstlinge.

Im Jahr 814, »dem 46. seiner Regierung, im Monat Januar befiel den Kaiser nach dem Bad das Fieber. Da sich aber die Krankheit von Tag zu Tag verschlimmerte, sodass er weder aß noch trank, außer etwas Wasser zur Erfrischung des Körpers, ließ er am siebenten Tag nach dem Beginn der ernstlichen Erkrankung den ihm eng befreundeten Bischof Hildibald zu sich kommen, dass er ihm zur Stärkung für den Tod das Sakrament des Blutes und Leibes Christi reichte. Darnach hatte er noch diesen Tag und die folgende Nacht zu leiden. Am andern Morgen aber, da es hell wurde, in vollem Bewusstsein dessen, was er tun wollte, streckte er die rechte Hand aus und machte, so kräftig als er vermochte, das Zeichen des heiligen Kreuzes auf die Stirn, die Brust und den ganzen Körper. Zuletzt aber zog er die Füße zusammen, legte Arme und Hände über die Brust, schloss die Augen und sang mit leiser Stimme den Vers: ›In deine Hände, Vater, befehle ich meinen Geist!‹ Alsbald darauf verschied er in Frieden, hohen Alters, reich an Jahren: und an demselben Tage wurde sein Körper in der Kirche, welche er selbst in der Pfalz zu Aachen erbaut hatte, bestattet, im 72. Jahre seines Lebens.«

Karl war ein Mann mit Visionen. Er hatte große Visionen, und er war nicht kleiner als sie.

Zehntes Jahrhundert

Kyrillis Christen-ABC

Mährische Slawen aus dem heutigen Tschechien unterstützten Karl beim Kampf gegen das Hunnenvolk der Awaren. Die Mähren gehörten zu den Slawenstämmen, die ursprünglich in der heutigen Ukraine gesiedelt hatten. Von dort aus machten sie sich auf den Weg nach Westen. Der germanischen Völkerwanderung folgte die slawische.

Slawische Völkerwanderung

Die Staatenbildung der Slawen geschah fließend, wie wenn man mit dem Finger ins Wasser schreibt. Die Germanen waren bei ihrer Wanderung auf römische Städte gestoßen, sie konnten sich so das römische Verwaltungssystem aneignen. Die nachfolgenden Slawen fanden weniger fest gefügte Verhältnisse vor. Sie marschierten durch Urwälder, Tiefebenen, sie trafen auf Berge und Sümpfe, auf zivilisationsfernes Land. Natürliche Grenzen fehlten. Stammesgrenzen zerflossen zwischen endlosen Horizonten. Von ihrer Religion, der slawischen Götterwelt, wissen wir gar nichts. Slowenen nannten sie sich selbst, »Menschen mit einer richtigen Sprache«.

In der Osthälfte des heutigen Tschechien kam es zur ersten dauerhaften Staatenbildung. Franken und Bayern schickten Missionare ins Land, um die Mähren fürs Christentum zu gewinnen. Im Jahr 845 ließen sich im bayrischen Regensburg vierzehn Adelige aus Böhmen taufen, 852 beschloss eine Synode in Mainz, Missionare nach Mähren zu entsenden.

Rastilav, dem selbstbewussten Fürsten, war die fränkische Mission ein Dorn im Auge. Beabsichtigten die Franken, sich das mährische Fürstentum gefügig zu machen? Schon sein Vorgänger hatte erkannt, welche große Rolle dem Christentum auf dem Weg zur Staatlichkeit zukam. Auch Rastilav wollte die Christianisierung seines Volkes vorantreiben. Doch nicht unter fränkischer Regie. Eine selbstständige mährische Kirche war sein Ziel. Und so wandte sich der Fürst an Byzanz. Das lag weit genug entfernt, als dass er territoriale Ansprüche hätte befürchten müssen.

Eine zeitgenössische Quelle erzählt das so: »Es geschah aber in jenen Tagen, dass der slawische Fürst Rostislav zusammen mit Svatopluk aus Mähren zum (byzantinischen) Kaiser Michael schicken und Folgendes sagen ließen: Durch Gottes Gnade sind wir gesund, und es sind viele Lehrer zu uns gekommen, Christen aus Italien und aus Griechenland und aus Deutschland, die uns unterschiedlich lehren. Wir Slawen aber sind ein einfaches Volk und haben niemanden der uns zur Wahrheit leitet. So schicke uns, guter Herrscher, einen solchen Mann, der uns alle Satzungen erklärt! Da sprach der Kaiser Michael zum Philosophen Konstantin: Hörst du, Philosoph, diese Rede? Ein anderer kann das nicht tun außer dir. Hier hast du viele Geschenke, nimm deinen Bruder, den Abt Methodius, und gehe. Denn ihr seid aus Thessalonich, und alle Thessalonicher sprechen Slawisch! Und Fürst Svatopluk mit allen Mährern empfing ihn und vertraute ihm alle Kirchen und Geistlichen in allen Gemeinden an. Von diesem Tage an aber begann die göttliche Lehre sehr zuzunehmen, und die Geistlichen fingen an, zahlreicher zu werden in allen Gemeinden, und die Heiden begannen, an den wahren Gott zu glauben, indem sie sich von ihren Irrtümern abwandten. Umso mehr begann auch das mährische Reich alle Grenzen auszudehnen und seine Feinde zu besiegen.« Svatopluk schrieb Weltgeschichte, ahnte er das?

Ein slawisches Alphabet

Der »Philosoph Konstantin« ist unter seinem Mönchsnamen Kyrill in ganz Europa bekannt, denn er schuf das slawische Alphabet, die nach ihm benannte »kyrillische Schrift«. Die verschiedenen Schriftarten markieren die Missionsgebiete zweier Kirchen. Das slawische Alphabet benutzen die ursprünglich byzantinischen, das lateinische die westlichen Kirchen.

Das Brüderpaar aus Thessalonich übersetzte in Mähren die liturgischen Schriften, das Glaubensbekenntnis und das Vaterunser in die Volkssprache. Kyrill zog sich später ins Kloster zurück, und sein Bruder Methodius schuf die slawische Bibel, die erste volkssprachliche Übersetzung Europas: »Mit zwei Priestern aus seinem Gefolge machte er sich an seine Arbeit. Beide waren Schnellschreiber, und mit ihnen übersetzte Methodius die Bibel aus der griechischen in die slawische Sprache. Und zwar die Bibel in ihrem ganzen Umfang, in nur sechs Monaten.« Eine geradezu unfassbare Arbeitsleistung! Zumal, wenn ich an das sperrige Schreibmaterial damaliger Zeiten denke, an die kratzende Gänsefeder und an das raue Pergament.

Das lateinische Europa musste noch ein paar Jahrhunderte warten, bis volkssprachliche Bibeln entstanden. Rom sah die Bibel nicht gern in unbefugten Händen. Was könnten daraus für Ketzereien entstehen, wenn jeder die Bibel mit eigenen Augen las.

Die Schüler des Methodius trugen mit slawischen Büchern, slawischer Schrift und in slawischer Sprache das Christentum in die Länder des Balkans. Nach Jugoslawien und Albanien, nach Bulgarien und von dort bis in das ferne Russland. Es verbietet sich aber, in diesem Zusammenhang von einem Siegeszug des Christentums zu sprechen. Denn Rom und Byzanz versuchten sich gegenseitig die Missions- und Einflussgebiete streitig zu machen.

Griechische und lateinische Missionare warben um die jungen slawischen Staaten, mischten sich ins politische Geschäft und erschwerten die Konsolidierung staatlicher Souveränität. Die Kirchen waren es, die auf dem Balkan die so genannten »balkanischen Verhältnisse«, jene unheilvolle Zersplitterung schufen, die später die Halbinsel zur leichten Beute der türkischen Osmanen werden ließ. Nein, die Christianisierung zwischen dem Schwarzen Meer und der Adria ist kein Ruhmesblatt der europäischen Missionsgeschichte. Sie gleicht eher einem Trauerspiel. Man muss es schon als Wunder betrachten, wenn trotz dieses dunklen Hintergrunds die Geschichte der Slawenvölker so überreich ist an Frömmigkeitsbeispielen.

Bulgariens erste Christen

Für Byzanz waren die Slawen Angstgegner. Besonders die Bulgaren jagten den Byzantinern einen Schrecken nach dem anderen ein.

Ursprünglich gehörten die Bulgaren nicht zu den Slawen, sondern zu den türkischen Steppenvölkern. Nachdem sie in den südlichen Donauraum eingesickert waren, hatten sie sich dort mit den Slawen vermischt. Das Slawische wurde zur Umgangssprache, ein machtvoller Staat entstand. Gleich vor der Haustür von Konstantinopel, dem früheren Byzanz. Bulgaren vernichteten ganze kaiserliche Armeen. In Konstantinopel brach Panik aus, als sich 813 ein bulgarisches Aufgebot bis auf wenige Tagesmärsche der Hauptstadt näherte. Vor der Grabeskirche des großen Konstantin kam es zu tumultartigen Szenen: Eine Menschenmenge brach in die Kirche ein, öffnete das Grab und beschwor den toten Imperator, die Stadt zu schützen. Leo, dem Bilderstürmer, gelang es unter großen Schwierigkeiten, die Bulgaren abzudrängen.

Unter Boris I. (852–889) rückte Bulgarien zu einer veritablen europäischen Großmacht auf. Um im Kreis der europäischen Mächte mithalten zu können, entschloss sich Boris, mit seiner Familie und jenen Adeligen, die seine Christianisierungspolitik unterstützten, ins Taufbad zu steigen. Als aber dann das Volk zur Taufe befohlen wurde, kam es zu einem Aufstand. Boris ließ 52 Adelige mit ihren Familien hinrichten. Wie Rastilav aus Mähren strebte Boris die Selbstverwaltung seiner Kirche an. Byzanz wies ihn ab. Woraufhin sich Boris an den Papst wandte. Der packte die Gelegenheit beim Schopf und sandte eine Delegation nach Bulgarien. Als die Verhandlungen mit den Lateinern ins Stocken gerieten, näherte sich Boris wieder Byzanz. Ein ökumenisches Konzil räumte schließlich 870 der bulgarischen Kirche ein, sich selber zu verwalten, eigene Bischöfe einzusetzen, Priester auszubilden und autonom ihre Klöster zu beaufsichtigen.

Die lateinische Delegation nahm einen zweiten Anlauf, Boris doch noch in Roms Lager zu ziehen. Der Gedanke war zu verlockend, mit einem latein-bulgarischen Staat gleich in der Nachbarschaft von Byzanz die Griechen das Fürchten zu lehren.

Zu spät. Boris ließ sich nicht umstimmen, Rom hatte im Machtpoker verloren. Und als dann noch die slawische Bibel ins Land kam, waren die Bulgaren für immer für den griechisch-orthodoxen Ritus gewonnen. In Bulgarien entstand Europas erste Nationalkirche.

Zwangsbekehrung und Mord tauchen den Anfang des bulgarischen Christentums in dunkles Licht. Doch unmittelbar darauf folgt eine Epoche glänzender Errungenschaften. Das Rila-Kloster in den unzugänglichen Wäldern des Westens wird zum spirituellen Zentrum, Menschen aus allen Landesteilen strömen dorthin, um Erleuchtung, Heilung, Rat und Hilfe zu finden. In die Felsen südlich der Donau graben Einsiedler ihre Zellen, ganze Höhlenkirchen. Ihre Wände schmücken Malereien von überirdischer Leuchtkraft. Ein Netz von mönchischen Schreibwerkstätten überzieht allmählich das Land. Hier liegen die Anfänge der slawischen Literatur.

Der Mönch Habr verteidigt in einem gelehrten Essay die kyrillische Schrift. In den Augen der Byzantiner ist das ein grässlicher Mischmasch aus verdrehten griechischen Buchstaben und frei erfundenen Zeichen, eine hybride Neuerung.

»Euer Alphabet ist auch nicht vom Himmel gefallen«, belehrt sie Habr mit spitzer Feder. »Ihr habt es von den Syrern, und aus euren Buchstaben machten die Lateiner ihr Alphabet. Genau wie wir Slawen jetzt unsere eigene Schrift benutzen, die unserer Sprache angemessen ist.« Natürlich hat Habr Recht. Bald darauf werden bulgarische Christenschriften nach Russland wandern und das junge Christentum dort in der Ferne mit Wissensschätzen beschenken.

Der Athos, eine Mönchsrepublik

Auf der Halbinsel Athos, einem schmalen Vorgebirge des griechischen Festlands, befindet sich eines der berühmtesten Klöster der Welt. Vom griechischen Kaiser den Mönchen zum ewigen Besitz überlassen, entsteht im 10. Jahrhundert dort eine Mönchsrepublik. In einer Beschreibung des 14. Jahrhunderts lese ich: »Da spaltet sich das Leben nicht in Sklaverei und Herrschaft, sondern Redefreiheit, natürliche Denkungsart, ehrwürdige Sitte, edelgesinnte Gerechtigkeit haben auf dem Athos Sitz und Wohnung genommen, welche den Gottesstaat auf Erden gründen und die wahre Philosophie der Seele schaffen.« Dem weiblichen Teil der Menschheit, samt allen weiblichen Vierbeinern, ist der Zutritt zum »Gottesstaat« untersagt.

Ursprünglich lebte dort jeder Mönch einsiedlerisch für sich. In Höhlen, unter Felsüberhängen widmeten sie sich der immerwährenden Anbetung. Wenn sie in den Nachthimmel schauen, blicken die Mönche in Abrahams Schoß, denn so heißt es in der Athoslegende, jeder verstorbene Mönch erscheint dort oben als neuer Stern in der bestirnten Himmelswölbung.

Athanasius gründete 963 die ersten Gemeinschaftsklöster, und viele neue Klosterbauten folgten. Ihre Ikonensammlungen und Bibliotheken zählen zum Weltkulturerbe der Menschheit. Im griechisch-türkischen Unabhängigkeitskrieg ging, leider, leider, ein großer Teil dieser unwiederbringlichen Schätze verloren. Heute untersteht der Athos dem griechischen Auswärtigen Amt. Die Verwaltung jedoch bleibt in den Händen der Mönche.

Russlands Olga erschwindelt sich die Taufe

Mit Antonij, einem Athosmönch, beginnt die russische Mönchsbewegung. Auf ihn gehen die Anfänge des berühmten Höhlenklosters bei Kiew am Dnjepr zurück. Kiew war ursprünglich eine skandinavische Handelsniederlassung. Im 10. Jahrhundert regierte dort Olga für ihren unmündigen Sohn. Die Fürstin ließ sich 957 taufen.

Die *Chronik der vergangen Tage* erzählt, dass sich die Fürstin bei einem Besuch in Byzanz die Taufe erschlich. Konstantin, beeindruckt von ihrer Schönheit, möchte sie ehelichen. Doch sie sagt: »Ich bin Heidin, wenn du mich heiraten willst, dann taufe mich erst.« Der Kaiser tauft daraufhin Olga zusammen mit dem Patriarchen. Der segnet sie und sagt: »Dich werden Russlands Söhne segnen bis ins letzte Geschlecht.« Er unterweist die Fürstin im Glauben und entlässt sie. Jetzt, nach der Taufe will Konstantin Olga zu seiner Frau machen. Olga aber sagt: »Wie soll das möglich sein, wo du mich doch getauft und deine Tochter genannt hast?« Da sagt der Kaiser: »Du hast mich überlistet, Olga!« Und er lässt die Fürstin mit vielen Geschenken ziehen. – Gut erfunden, schön erzählt, jedenfalls ist Olga im Jahr 955 bei einem Besuch in Byzanz ins Taufbad gestiegen.

Olgas Sohn Swjatoslaw übernahm bei seiner Volljährigkeit die Regierungsgeschäfte. Die Chronik rühmt ihn als großen Krieger, der sich »mit der Schnelligkeit eines Leoparden« bewegte. Er war nicht zu bewegen, den Glauben an die angestammten Götter aufzugeben. Auch sein Nachfolger blieb dem väterlichen Glauben ergeben: »Sie entweihten die Erde mit ihren Opfergaben. Das Land der Rus und der Hügel von Kiew wurden mit Blut geschändet.« Wie Wladimir sich dann schließlich doch dem neuen Glauben anschloss, schildert die Chronik in epischer Breite.

Vertreter aller Religionen versuchen, den Fürsten für ihren Glauben zu gewinnen. Der Gesandte der Muslime preist Wladimir die Vorzüge seiner Religion an: »Muhammad lehrt uns, das männliche Glied zu beschneiden, kein Schweinefleisch zu essen, keinen Wein zu trinken. Nach dem Tod wird der Prophet jedem 70 schöne Frauen geben, und wer hier reich ist, wird es auch dort sein.« Der Fürst sagt: »Den Russen ist das Trinken eine Lust, ohne das können wir nicht sein.« Danach kommen Deutsche aus Rom. Die sagen: »Fasten ist unser Gesetz.« Da antwortet der Fürst: »Entfernt euch, das entspricht nicht dem Brauch unserer Väter.« Worauf er die Juden fragt: »Was ist euer Gesetz?« Sie antworten: »Sich beschneiden lassen, Schweine- und Hasenfleisch nicht essen, den Sabbat heiligen.« Und Wladimir fragt sie: »Wo ist euer Land?« Sie sagen: »Gott war über unsere Väter zornig geworden, und hat uns über die Länder verstreut.« Da sagt der Fürst: »Wie könnt ihr andere lehren, wenn Gott selber euch verworfen hat?« Zuletzt treten die Byzantiner auf. Sie entrollen ein Stoffbild. Es zeigt die Gläubigen im Paradies, die Ungläubigen in der Hölle. Wladimir seufzt und sagt: »Gut geht es denen zur Rechten, wehe denen zur Linken! Doch ich will noch warten.« Nun schickt der Fürst eine Delegation in die Länder der verschiedenen Religionen. Und als die Männer in die Hagia Sophia von Konstantinopel eintreten, zu der schwebenden Kuppel aufsehen, da ist es ihnen, als gehe der Himmel über ihnen auf. Ihrem Fürsten berichten sie: »Wir wussten nicht, ob wir noch auf Erden waren oder schon im Himmel. Denn in der ganzen Welt gibt es so etwas Schönes nicht noch einmal.« Darauf willigt Wladimir in die griechische Taufe ein.

Als Zugabe verlangt er die Hand der Prinzessin Anna. Die purpurgeborene Schwester des Kaisers weigert sich zunächst: »Dort werde ich Sklavin sein, lieber sterbe ich hier.« Ihre Brüder aber mahnen: »Durch dich will Gott das russische Land bekehren.« So willigt Anna ein, und der Fürst steigt 988 ins Taufbad.

Zurück in Kiew ließ Wladimir alle Erinnerungen an die alten Götter zerstören. Das Bildnis des Donnergottes Perun, mit Silberkopf und goldenem Schnurrbart, wurde zum Dnjepr geschleift, in Stücke geschlagen und ins Wasser geworfen.

»Darauf schickte Wladimir Boten durch die ganze Stadt und ließ sagen: Wer sich morgen nicht am Fluss einfindet, reich oder arm, Bettler oder Arbeiter, der soll mir verhasst sein! Als es das Volk hörte, freuten sich die Menschen und sagten: Wäre die Taufe nicht gut, hätten Wladimir und seine Adeligen sie nicht angenommen! Am nächsten Morgen zog Wladimir mitsamt den Priestern und der Kaisertochter ans Wasser. Zahllose Leute waren dorthin gekommen. Sie stiegen ins Wasser und standen, die einen bis zum Hals, die anderen bis an die Brust, die Jungen am Ufer, andere hielten ihre Kinder. Die Erwachsenen aber wateten hinein, und die Priester standen dabei und verrichteten ihre Gebete.« So stellt die Chronik, verfasst um 1120, die Bekehrung Russlands dar.

Zwischenreligiöse Streitgespräche sind auch von anderen Fürstenhöfen des Ostens bezeugt, und so könnte die Chronik einen Kern Wahrheit enthalten. Ausschlaggebend für die Entscheidung Wladimirs war allerdings die Tatsache, dass kirchliches Schrifttum inzwischen von Bulgarien bis nach Kiew gekommen war. So konnte der Fürst in slawischer Sprache dem byzantinischen Ritus folgen. Damit war die Eigenständigkeit der russischen Kirche als Nationalkirche sichergestellt.

Wladimir wird nach seiner Taufe als Fürst dargestellt, der mit allen Völkern in Frieden lebte. Im Inneren erwies er sich als mildtätiger Herrscher. Bettler und Bedürftige wurden an seinem Hof gespeist, ein mit Nahrung beladener Wagen fuhr morgens durch die Straßen von Kiew, und die Fuhrleute riefen: »Wo ist ein Armer oder ein Bettler, der nicht laufen kann?« Als »die schöne rote Sonne«

lebte Wladimir in der Erinnerung Russlands fort. Später wurde er offiziell heilig gesprochen.

Slawische Kirchen zwischen Rom und Byzanz

Die orthodoxen Kirchen bestehen aus einem Verbund selbstständiger Nationalkirchen. Zu ihnen zählen neben der russischen Kirche die bulgarische, die griechische, die syrische und die koptische Kirche Ägyptens. Ihr Band ist die byzantinische Gottesdienstform, der östliche Ritus, in den verschiedenen Landessprachen. Das Zentralorgan der Orthodoxen stellen die Bischofskonferenzen dar.

Dagegen sehen die Kirchen des Westens ihr Zentrum in Rom, in den Päpsten als den Nachfolgern von Petrus. Die Bildung von Nationalkirchen hat die Kurie ständig zu verhindern gesucht, darum hat sie am Lateinischen als der normativen Kirchensprache unbeirrt bis ins 20. Jahrhundert festgehalten.

Bei drei slawischen Völkern konnte die Kurie ihre westliche Sprachregelung durchsetzen: in der tschechischen, der polnischen und der ungarischen Kirche. Ihre Schriftsprachen folgen bis heute dem lateinischen Alphabet. In der mährischen Kirche war zwar das kyrillische Alphabet erfunden worden, doch Rom konnte den Wechsel zum Lateinischen durchsetzen und verhinderte damit das Entstehen einer mährischen Nationalkirche.

In der Sicht Roms verfügten alle lateinischen Staaten nur über eingeschränkte Souveränitätsrechte, sie waren Lehnstaaten, und ihr Lehnsherr war der Papst: So zugespitzt und pauschal haben es die Päpste zwar nie formuliert, das aber war der Hintergedanke bei jeder kirchlich abgesegneten Krönung.

Christianisiert wurden die slawischen Völker durch die Staatsmacht, auf Geheiß ihrer Könige. Begegnete ihnen dabei Widerstand? Wir wissen es nicht. Weder aus Ungarn noch aus Polen zum Beispiel sind uns Chroniken erhalten, die den Prozess der Christianisierung dokumentierten.

Ein Raubwikinger als Missionar

In Norwegen jedenfalls wurde das Christentum zum Teil mit roher Gewalt durchgesetzt. Der neue Glaube war erst spät, in den Anfängen des 10. Jahrhunderts, in das Land der Wikinger gekommen. Durch Reisende, vielleicht auch schon durch vereinzelte englische Missionare.

In dem fjordreichen, zerklüfteten Land herrschte eine Vielzahl von kleinen Sippenkönigen. Als Erstem gelang es Olav Trygvason, eine staatliche Zentralmacht zu schaffen. Als Raubwikinger war Olav durch die halbe Welt gereist und hatte dabei gelernt, dass er das Netzwerk der Kirche brauchte, um stabile Verhältnisse im Land zu schaffen. In England empfing er die Taufe und steuerte dann mit seinen Schiffen den Norden Norwegens an. Dort ließ er Thing-Versammlungen einberufen und stellte die Kleinkönige mit ihren Sippen vor die Entscheidung, zu sterben oder die Taufe anzunehmen. Ein Bischof und Kleriker, vermutlich aus England, begleiteten Olav.

Bei einer Versammlung brachte man Eyvind, einen Schamanen, vor Olav. »Olav bat ihn mit freundlichen Worten, Christ zu werden, und er, wie auch der Bischof, redeten Eyvind vernünftig zu. Eyvind aber wollte nichts mit dem neuen Glauben zu tun haben. Der König bot ihm Geschenke, reiche Lehen an, aber der Mann wies alles ab. Da bedrohte ihn der König mit Marter und mit Tod. Und befahl, ein Becken mit glühender Holzkohle zu füllen und ließ es auf Eyvinds Bauch setzen. Der platzte und Eyvind sprach: Ich will dir noch etwas sagen, bevor ich sterbe! Da sagte der König: Willst du Christus annehmen? Eyvind sagte: Nein, denn ich bin ein Geist, durch Finnzauber in einem Menschenleib geboren! Damit starb er, einer der zauberkundigsten Männer.« Und danach geht es weiter zum nächsten Thing. »Olav nahm seine Sache bitter ernst und verbannte jeden, der den heidnischen Wegen nicht abschwören wollte. Andere verstümmelte er an Händen und Füßen oder riss ihnen die Augen aus. Keinen ließ er ungestraft entkommen, der Gott nicht dienen wollte. So zog er durchs ganze Land.« Auf diese Art soll Olav Trygvason »fünf Länder« zu dem neuen Christenglauben bekehrt haben.

Im Anschluss an die Missionserfolge Olavs untersagte Papst Sylvester den Gebrauch der nordischen Runenschrift. Die Christen seien gehalten, sich des lateinischen Alphabets zu bedienen, dekretierte der Papst und stellte damit sicher, dass sich im fernen Skandinavien keine nordische Nationalkirche etablierte. Es brauchte ein halbes Jahrhundert bis die Christianisierung Norwegens abgeschlossen war. Verwaltet wurde die nördliche Kirche zuerst vom Frankenreich aus.

Ansgar, der »Apostel des Nordens«

Eher als in Norwegen hatte das Christentum in Südschweden Fuß gefasst. Als ihren Glaubensboten verehren die Kirchen Skandinaviens Ansgar (801–865), den »Apostel des Nordens«. Als Bischof von Hamburg und Bremen kaufte Ansgar junge Nordmänner auf dem Sklavenmarkt und ließ sie als Priester ausbilden. Wahrscheinlich begleiteten sie ihn als Übersetzer und Missionshelfer auf seiner Schwedenreise.

Im Jahr 830 geht Ansgar in Birka, in der Nähe des heutigen Uppsala, an Land. Mit unguten Gefühlen, nehme ich an. Denn sein Schiff wurde auf See von Piraten geplündert. Geschenke hatte Ansgar dem König überreichen wollen, jetzt steht er mit leeren Händen da. Noch schlimmer, alle liturgischen Gerätschaften und Gewänder hatten die Banditen mitgehen lassen. Und am schlimmsten, seine Bücherkiste hatten sie kassiert. Mit den Messbüchern, dem Graduale, mit Bibel und Psalter – »40 Bücher«, die ihm im Kampf gegen die Stammesgläubigen fehlen werden.

Doch der König heißt den Missionar huldreich willkommen. Ansgar ist Bischof, ein hoher Würdenträger des Frankenreiches. Der Bischof trägt ihm seine Wünsche vor. Missionieren will er, dem Teufel Seelen abjagen. Der König ruft die Adeligen zusammen, und man beschließt, die Götter durchs Los entscheiden zu lassen. Eine reine Vorsichtsmaßnahme.

Denn, wie es sich trifft, war kurz zuvor ein Schamane in Birkas goldenem Tempel aufgetreten und hatte den Schweden gedroht: Die Götter sähen ihren Dienst vernachlässigt, sie könnten den Gläubigen ihre Gunst entziehen!

Der Losentscheid geht zugunsten von Ansgar aus. Die Thing-Versammlung hört sich den Bischof an, diskutiert, überlegt hin und her. Dann meldet sich ein alter Mann: Es habe sich doch bis nach Birka herumgesprochen, wie wirksam der neue Gott seinen Gläubigen beistehe. Man solle also das Angebot des »gehörnten Mannes mit dem Krummstock« nicht in den Wind schlagen! Das Votum des Alten wendet die Stimmung zu Ansgars Gunsten. Er und seine Leute dürfen in Birka ihrem Gott eine Kirche errichten.

Birka, die Uppsala vorgelagerte Insel, war damals ein bedeutendes Handelszentrum des Nordens. Über die Insel lief ein beträchtlicher Teil des westeuropäischen Handels mit Byzanz. Auf dem Weg über die Wasserstraßen Russlands. Es war genau der richtige Platz für eine Missionsstation. Ansgar kehrte bald ins Frankenreich zurück. Seine Priester setzten die Arbeit fort.

Christentum per Volksentscheid

Eins der »fünf Länder«, die Olav Trygvason von Norwegen christianisiert haben will, war Island, die Insel im äußersten Norden, die zu Norwegen gehörte. Dorthin sandte der König den Priester Thangbrand. Der taufte jeden, der willig den neuen Glauben annahm. Auf dem Thing kam es im Jahr 1000 zu Streit zwischen Alt- und Neugläubigen. Die einen hielten es mit den althergebrachten Stammesrechten, die Neugläubigen bestanden auf Einführung des Christenrechts. »Da breitete Thorgeir, der Gesetzessprecher, seinen Mantel über sich und verharrte so den ganzen Tag und die darauf folgende Nacht. Am Morgen rief er die Leute zum Thing. Und sagte: ›Wenn wir das Gesetz zerteilen, spalten wir den Frieden.‹ Damit beendete er seine Rede. Beide Parteien kamen überein, Thorgeir solle entscheiden, und daran wollten sie sich halten.« Thorgeir entschied sich für den neuen Glauben. Doch die »Sitte der Kindesaussetzung« und des »Verzehrs von Pferdefleisch« sollten straffrei bleiben. »Nach einigen Wintern erloschen auch diese Gewohnheiten.« Damit schließt der Bericht über Islands Bekehrung.

In allen bekannten Fällen der bisherigen Christentumsgeschichte entschied der Adel oder ein Kreis der Königsberater über die Annahme des neuen Glaubens: In Island erfolgte die Einführung des Christentums durch Volksentscheid.

Elftes Jahrhundert

Rom und Byzanz: die geteilte Kirche

Das 11. Jahrhundert ist in Europa ein Jahrhundert der Zuversicht. Es ist eine vielfach gebrochene Zuversicht, gewiss. Denn der letzte Tag der Welt geht seinem Ende entgegen, und es folgt das große Erwachen, die Wiederkunft von Christus. Wer an ihn glaubt, erhebt sein Haupt und geht dem Herrn entgegen. Der den neuen Himmel, eine neue Erde verheißt.

Endzeittage

Im Mittelalter glaubte man an das unmittelbar bevorstehende Ende der Welt, das große Weltgericht und den Anbruch des Gottesreiches. Diese Vorstellung hat viel gemeinsam mit dem germanischen Endzeitmythos: Nach der großen Götterschlacht, dem Tod der Götter, nach dem Erdenbrand, wenn der Ozean die Erde verschlingt und selbst der Himmel einstürzt, beginnt der neue Weltentag.

»Die Erde steigt aus dem Meer empor, grün und herrlich wie nie. Das Getreide wächst von selbst.« Die Söhne der Götter entstehen aus Hel, »sie erinnern sich ihres verborgenen Wissens und finden im Gras die goldenen Tafeln der Asen-Götter«. Vom Urbaum Yggsadril beschirmt, entrinnen zwei Menschen dem Feuer. »Ihnen dient der Morgentau als Speise. Und von diesen beiden stammen so viele Menschen ab, dass sie die ganze Welt besiedeln. Und die Sonne hat eine Tochter geboren, noch schöner als die Mutter es war«, so erzählt es die isländische *Edda*. Das passte zu der christlichen Endzeitvorstellung von einer Wiederkehr des Paradieses.

Gerbera, der hochgebildeten fränkischen Königin, widmet der Mönch Adso einen Traktat, der die letzten Tage der Welt, die Stunde des Antichristen beschreibt. »Er wird aus dem jüdischen Volk kommen, vom verschollenen Stamm Dan. Gleich bei seiner Empfängnis wird der Teufel in ihn fahren. Und er wird die menschliche Rasse auslöschen, so weit er vermag. Doch am letzten Weltentag wird er selbst vernichtet werden. In Babylon wird er aufwachsen, und Magier, Beschwörer, Wahrsager und Hexen werden den Antichristen großziehen und ihn in allen teuflischen Künsten unterweisen. Salomos Tempel wird er in Jerusalem wiedererrichten, und er wird darin thronen. Dann wird er sich beschneiden lassen und vorgeben, er sei der Sohn Gottes. Dann wird eine allgemeine Verfolgung der Christen anheben. Doch so weit ist es jetzt noch nicht. Denn zuvor wird der König der Franken das Römische Reich neu errichten, und dieser König wird der größte, der letzte aller Könige der Erde sein.« So genau kannte Adso sich aus, dass Gerbera sich beim Lesen an den Leib fassen musste: Aus ihrem Geschlecht würde der König aller Könige erwachsen, der letzte römische Imperator!

Die Generation nach Jesus hatte ihrem Lehrer das Wort in den Mund gelegt: »Geht hin in alle Welt und lehret alle Völker und tauft sie im Namen des Vaters und des Sohnes und des Heiligen Geistes«, und diesen globalen Missionsbefehl führten die christlichen Missionare aus.

Wenn sie von »See zu See, von Osten bis Westen« sämtlichen Völkern des Erdkreises Christus nahe gebracht hatten, dann musste der Gottessohn wiederkehren: »Und er heißt Wunder-Rat, Gott-Held, Ewig-Vater, Friede-Fürst, auf dass seine Herrschaft groß werde und des Friedens kein Ende«, las man in der Bibel. Als königliche Wegbereiter verstanden sich die Missionare, als Kuriere und Pfadfinder einer paradiesisch erneuerten Erde. Darum eilten sie sich. Weder Gerbera noch Adso hatten das Gefühl, sich im »Mittelalter« zu befinden. Die Königin und der Mönch lebten in der »zuneuesten« Zeit, in der Neuzeit am Ende der Zeiten.

Europa startet durch

Um das Jahr 1000 war die westliche Welt christianisiert, also war das Ende, der Neuanfang in Sicht. Oder musste erst noch der Islam bekehrt, besiegt werden? Das Christenreich jedenfalls erfüllte mittlerweile ganz Europa.

Und das war ein neues Lebensgefühl, ein neues Gemeinschaftsgefühl. Die Völker unter dem Dach der Kirche gehörten zusammen, waren eine große, wenn auch oft zerstrittene Familie. Pilgerzüge durchkreuzten den Kontinent, der keine Grenzsperren kannte, politische Ehen wurden quer durch Europa geschlossen. In den europäischen Adelshäusern war irgendwie jeder mit jedem verwandt. Und die Wissenschaften bedienten sich einer einheitlichen Sprache, des Lateinischen, eine Tatsache, die den Austausch von Ideen über alle Nationalschranken hinweg förderte. Alles zusammen erzeugte im 11. Jahrhundert eine Art Aufbruchstimmung.

Wälder wurden gerodet, Sümpfe trockengelegt und Brachland urbar gemacht. Eine Agrarrevolution förderte das Wachstum der Bevölkerung. Man schätzt, dass die Gesamtbevölkerung Europas im 11. Jahrhundert von 42 auf 48 Millionen anwuchs. Die gesundheitliche Verfassung der Menschen war gut, die Zahl der Kindestötungen ging zurück. Alte Städte dehnten sich aus, neue Märkte entstanden, und langsam formierte sich eine Geldwirtschaft, die den kleinräumigen Tauschhandel ablöste.

Europa fand zur Einheit, während der Islam im 11. Jahrhundert längst seine Einheit wieder verloren hatte. Mächtige Kalifate, souveräne Staaten waren in der arabischen Welt entstanden. In Spanien, in Tunesien und Ägypten. Doch sie kooperierten nicht, sie machten sich gegenseitig das Leben schwer. Allein die einheitliche Religion verband sie.

Und der Austausch von Wissenschaftlern. Die arabischen Wissenschaften blühten. Ihre Gelehrten griffen nach den Sternen. Verfeinerte Messinstrumente kamen in Gebrauch, die ersten Himmelsatlanten, genauere Sternkarten entstanden. Man brauchte präzise Positionsbestimmungen für die Seefahrt. Und, weil der Lauf der Gestirne das menschliche Schicksal bestimmt, bemühte man sich um immer verfeinerte Messdaten. Arabische Fürsten errichteten Sternwarten, wahre Himmelstürme, Observatorien, die man in Europa damals nicht einmal dem Namen nach kannte. (Dort errichtete erst König Friedrich in Dänemark 1576 das erste Observatorium – um diese Zeit waren die arabischen Sternwarten schon wieder zerfallen.) Das 11. Jahrhundert war die Glanzzeit der arabischen Wissenschaften. Der Mathematik, der Medizin, der Baukunst und der Philosophie. Den Menschen aus der Höhle der Unwissenheit hinauf ans Licht zu führen, schrieb al-Farabi, sei die eigentliche Aufgabe der Philosophie. Aus dieser »Höhle der Unwissenheit« befreite die arabische Wissenschaft in den folgenden Jahrhunderten Europas Universitäten.

Byzanz in der Defensive

Merkwürdig, Byzanz hat sich nie der arabischen Welt geöffnet wie das lateinische Europa. Byzanz tritt auf der Stelle, Byzanz stagniert. Im Westen verdoppelt sich die landwirtschaftliche Produktivität an der Wende vom 10. zum 11. Jahrhundert. Der europäische Osten dagegen entwickelt keine neuen Agrartechnologien. Und das ist verhängnisvoll. Denn wie jede damalige Gesellschaft lebt Byzanz von seinen Bauern und Landpächtern. Und die bedienen sich immer noch der antiken Anbaumethoden. Byzanz sieht seine Zukunft darin, alles möglichst beim Alten zu lassen. Während der Westen progressiv denkt, ständig auf Verbesserung aus ist. Materiell wie intellektuell.

So kommt, was kommen muss. Der Graben zwischen dem offensiven Christentum des Westens und dem defensiven des Ostens vertieft sich von Jahrhundert zu Jahrhundert. Auch politisch kann die Stadt am Bosporus nicht mehr mithalten. Sein letzter großer Kaiser Basileios, »der Bulgarentöter«, konnte noch einmal den Balkan unterwerfen und schob die Reichsgrenze wieder bis nach Syrien und zum Zweistromland vor. Die Krone vermachte er auf seinem Sterbebett dem Bruder Konstantin. Der aber gab sich, »als blinder Sklave von Fraß, Genuss und Lust, hemmungslos dem Vergnügen der Rennbahn, der Tafel, der Jagd und dem Glücksspiel hin«, wie ein zeitgenössischer Chronist verächtlich anmerkt. Konstantin war darum wenig geeignet, in der Krise, die sich zwischen beiden Kirchen abzeichnete, konstruktiv zu vermitteln. Im Jahr 1045 kommt es zum offenen Bruch zwischen Rom und Byzanz.

Konstantin muss Zeuge jenes folgenschweren Vorfalls gewesen sein, als der päpstliche Gesandte Humbert »wie eine Blitz, wie ein Wildschwein« in der Hagia Sophia auf den Altar zueilte. Es war Samstag, der 16. Juli, morgens 9 Uhr, mitten in der heiligen Gebetsstunde. Die Priester richteten gerade den Tisch des Herrn. Humbert drängte durch die Menge und deponierte demonstrativ auf dem Altar ein offizielles Schreiben des Papstes. Eine Bannbulle, die den obersten Glaubenswächter von Byzanz, seinen Patriarchen, als irrgläubigen Ketzer brandmarkte.

»Dann schüttelte der Legat den Staub von seinen Füßen und verließ die Kirche mit dem Ruf: Gott, dich rufe ich als Zeuge und Richter an! Wer sich dem Heiligen Stuhl widersetzt, der sei verflucht!« Nur mit knapper Not entkam die päpstliche Delegation dem Volkszorn.

Ost und West entfremden sich

Vorhergegangen war ein langwieriger Streit zwischen Rom und Byzanz über territoriale Besitzrechte in Süditalien. Der Papst gab sich als weltlicher Souverän, der er neben seinem geistlichen Amt ja auch war. Dem Patriarchen hingegen, einem intriganten Mann, war jeder Anlass recht, den Machtansprüchen des Papstes Grenzen zu ziehen. So kam es zu dem Eklat in der Hagia Sophia. In der Person des Patriarchen kündigte Rom mit Byzanz die Kirchengemeinschaft auf. Wie sträflich leichtfertig doch beide Beteiligten mit dem ihnen anvertrauten Gut der Gemeinschaft der Gläubigen umgingen!

Der Patriarch schlug zurück und griff tief in die Mottenkiste, um den Papst als Irrlehrer anzuschwärzen: »Dass wir uns nicht den Bart rasieren, an der Ehe von Priestern festhalten und bekennen, der Geist gehe allein vom Vater aus – o Künste des Bösen!« Mit diesen Worten äußerte sich der Patriarch in einem Rundschreiben.

Ja, unter anderem wurde aus dem Eklat auch ein »Streit um des Kaisers Bart«, wie man in Deutschland sagt. Wie die römischen Cäsaren präsentierte sich auch der Papst glatt rasiert, während die byzantinischen Patriarchen, nach dem Vorbild der antiken, weltentsagenden Philosophen wallende Bärte trugen. Des Mannes Zierde, wie sie betonten. Ähnlich sehen es strenggläubige Juden bis heute, und ähnlich sah man es früher auch im Islam. Ein Chronist des 14. Jahrhunderts wusste aus muslimischen Ländern zu berichten: »Mohammed hat ihnen verboten, die Bärte abzuschneiden, da dies gegen das Gebot Gottes verstoße, der Adam, den ersten Menschen, nach seiner göttlichen Gestalt erschuf. Deshalb habe sich jeder, der anders aussieht, als Gott ihn erschaffen hat, verändert und handele gegen göttliches Gebot.« Und dabei ist es im Nahen Osten bis in die Gegenwart geblieben: Bärte gelten als Glaubensbekenntnis. Ein bärtiger Papst ist im Westen unvorstellbar, zum Bild des Popen der nichtlateinischen Kirchen gehört jedoch die Pflege eines wallenden Bartes.

Doch es ging dem byzantinischen Patriarchen nicht nur um den Bart. Die Entfremdung zwischen beiden Kirchen war allenthalben zu greifen. Seit langem schon stand Moses bei den Lateinern eigentlich in höherem Ansehen als das christliche Testament, in Byzanz war es gerade umgekehrt. Die Theologie des Ostens ist mystisch ausgerichtet, die der Lateiner orientiert sich an Gesetz und Moral. Und von seiner Rechtsauffassung her beanspruchte Rom den ökumenischen Führungsanspruch. Daran hält Rom bis heute fest. Wenn auch beide Kontrahenten am 7. Dezember 1965 die gegenseitige Exkommunikation aufhoben, nach 911 Jahren, hält der »Streit um des Kaisers Bart« an.

Die lateinische Kirche hat Westeuropa geschaffen. Oder, vorsichtiger gesagt, ohne kirchliche Legitimierung und Logistik hätte sich keiner der jungen westeuropäischen Staaten des Mittelalters am Leben halten können. Staat und Kirche durchdrangen sich so sehr, dass man beide praktisch nicht mehr auseinander halten konnte.

Die Kirche nahm Einfluss auf das staatliche Gemeinwesen, Bischöfe agierten mit weltlichem Machtanspruch, der Staat versuchte, sein Mitspracherecht bei der Besetzung von Kirchenämtern zu erweitern. Zwar erhob nie ein Papst Anspruch auf die Kaiserwürde, noch trug jemals ein weltlicher Herrscher die Tiara des Papstes. Doch die Gewaltenteilung funktionierte irgendwann nicht mehr. Die Folge war eine »Islamisierung aller Verhältnisse«, ist doch dem Islam die Trennung von Religion und Politik fremd.

Ein offizielles Dokument aus dem Jahr 1075 belegt eindrücklich jene schleichende »Islamisierung«. Darin heißt es unter anderem: »Alle Fürsten haben die Füße des Papstes zu küssen, und zwar nur seine. Der Papst kann den Kaiser absetzen. Er kann Untertanen vom Treueid gegen einen unrechtmäßigen Herrscher entbinden. Sein Entscheid kann von niemandem angefochten werden. Niemand besitzt über den Papst richterliche Gewalt. Die römische Kirche hat nie geirrt. Wer nicht mit ihr übereinstimmt, kann nicht als rechtgläubig gelten.« Ein staatliches Eigenrecht kommt nirgends in den Blick.

Die Kurienverwaltung, so muss ich daraus schließen, sah im Staat nur den Handlanger der Kirche. Eine Art Stallburschen, der das Reitpferd des Papstes ausführen durfte. Wie es Pippin, der Vater von Karl dem Großen, bei Papst Stefan getan hatte, um seine Dienstbarkeit öffentlich zu bekräftigen.

Cluny setzt Maßstäbe

Die Klosterreform von Cluny förderte noch den Allmachtsanspruch der Kurie. Cluny, eine Benediktinerabtei im östlichen Frankreich, war 910 durch Schenkung in den Besitz der Mönche gekommen. »Mit allem, was dazugehört: Häuser, Kapellen, den Leibeigenen beiderlei Geschlechts, mit Weinbergen, Feldern, Wiesen, Wäldern, sowie mit den Gewässern und ihren Flussbetten, mit Mühlen, Quellen und ihren Mündungen, mit kultiviertem und unkultiviertem Land, alles ohne jegliche Einschränkung«, bestimmte die Stiftungsurkunde des Herzogs von Aquitanien. Und er unterstrich, dass keine weltliche Macht sich das Kloster unterstellen durfte.

Das war eine wichtige Klausel. Denn Klöster konnten als Lehen jedem Beliebigen, der dafür genug zahlte, verkauft oder verpfändet werden. Dann hatte der Käufer teil an allen Erträgen der Klosterwirtschaft. Er besaß vielleicht sogar das

Recht, den Abt zu bestimmen, wieder gegen Geld. Klöster und alle kirchlichen Immobilien wurden so zu interessanten Geldanlagen. Sie waren heiß begehrt, gingen von Hand zu Hand. Das alles konnte dank der Autonomieklausel dem Kloster Cluny nicht mehr passieren.

Die Stiftungsurkunde legte überdies ausdrücklich fest, dass es die Mönche allein waren, die ihren Abt wählten: Keine weltliche Herrschaft dürfe sich das Recht anmaßen, dabei mitzumischen. Cluny war so, geschützt gegen jede Außeneinwirkung, ein kleines eigenstaatlich souveränes Gemeinwesen.

Graf Wilhelm, der Stifter, war ein erfahrener Mann. Er wollte sicherstellen, dass in Cluny »für mich und meine Frau, für das Heil unserer Seelen und Leiber«, wie es in der Urkunde heißt, »getreu und inständig Gebete dargebracht« würden. Bei einer Kloster-Immobilie, die durch viele Hände ging, verlotterten die Mönche und kamen ihren Pflichten nicht mehr gewissenhaft nach. So muss es bei vielen Klöstern gewesen sein. Wo Kirchengut auf offenem Markt feilgeboten wurde, verkam das spirituelle Leben. Herzog Wilhelm wird viele solcher Beispiele vor Augen gehabt haben.

In Cluny kam die Regel von Monte Cassino wieder zu Ehren. Wie es Benedikt angeordnet hatte, verließen die Mönche nachts nach 2 Uhr ihr Lager, zogen sich an, gingen hinunter in die Kirche, um die Nokturn zu singen. Dies war das erste Gebet aus einer Reihe von Stundengebeten, die sich über den ganzen Tag hinzogen und den Tagesablauf regelten. Nach der Nokturn legten sich die Mönche für kurze Zeit wieder schlafen. Bei Tagesanbruch erhoben sie sich zur Frühmesse. Dem Abt schuldeten sie absoluten Gehorsam. Die Klosterwirtschaft verwalteten sie selbst. Und, unabhängig von jeder kirchlichen und weltlichen Obrigkeit, unterstand Cluny direkt dem Heiligen Stuhl.

»Die Befreiung der Kirche«

Cluny machte Schule. Mehr und mehr Klöster schlossen sich der kirchlichen Erneuerungsbewegung an. Und Reformen waren in der Tat vonnöten. Ein englischer Abt klagte um das Jahr 1000 rückblickend: »Es gab keinen Priester mehr in England, der einen Brief in lateinischer Sprache schreiben oder lesen konnte.« Die Disziplin der Mönche und Nonnen war lax, Seelsorge wurde vernachlässigt, manche Klöster befanden sich im Besitz von weltlichen Priestern. Davon waren viele verheiratet, andere lebten mit mehreren Frauen öffentlich zusammen. Den

Grund für den Verfall sahen die Reformer von Cluny in der Verfilzung von Staat und Kirche.

Die »Befreiung der Kirche« vom Staat machten die Reformer zu ihrer Losung. Innerkirchlich setzten sie die strikte Anwendung des Zölibats, des Verbotes der Priesterehe, durch. Und staatliche Einflussnahme auf innerkirchliche Angelegenheiten denunzierten die Reformer als Religionsfrevel. Kirchenämter durften nicht mehr gegen Geld veräußert oder durch Kauf erworben werden, und das Mitspracherecht des Staates bei der Besetzung kirchlicher Ämter sollte entfallen.

Eine Reformsynode von 1059 schuf das gesetzliche Rahmenwerk. Von nun an galt jeder Eingriff eines Laien in die kirchliche Ämterbesetzung als Verstoß gegen das Kirchenrecht.

Ob sich das Reformwerk durchsetzen ließ? Angesichts der bestehenden Verschmelzung von Staat und Kirche? Und wer würde davon profitieren? Keine Frage, zunächst die Kirche. In England beispielsweise fassten die Klöster Schritt und profilierten sich aufs Neue als intellektuelle Schrittmacher der Gesellschaft. Schulzentren entstanden, Mönche und Priester lernten federkauend sich fortzubilden. Die Cluny-Bewegung hatte es so geschafft, die Kirche wieder nach vorn zu bringen.

Die weltliche Macht geriet allerdings durch die neuen Gesetze in Bedrängnis. Seit altfränkischer Zeit nahmen die Könige das Recht wahr, Bischöfe, die leitenden Kirchenbeamten zu ernennen. Unbeschadet von deren Wahl durch den Klerus und das Volk. Und mittlerweile waren die Bischöfe zu Territorialfürsten geworden. Fürsten waren aber dem König unterstellt. Ein Mitspracherecht des Staates bei der Bischofswahl schien darum nur rechtens.

König Heinrich barfuß

So sah es der deutsche König Heinrich IV. (1050–1106), weshalb er die neue Rechtslage einfach nicht zur Kenntnis nahm. Gegen den Willen von Gregor VII. bestallte er in Mailand einen Erzbischof. Ja, der König ernannte sogar Bischöfe innerhalb des souveränen Kirchenstaates, dessen Schutzherr er war. Gregor drohte daraufhin mit der Exkommunikation, dem Kirchenausschluss, des Königs.

Heinrich antwortete in derselben Tonlage. Er verbitte sich solche Drohungen. Schließlich seien Könige von Gott direkt eingesetzt, und sie unterstünden darum keinem Kirchengesetz. »Also darf ich von Gott allein gerichtet werden!«

Und nicht von dir, belehrte er den Papst. Gregor habe sich eines Sakrilegs schuldig gemacht, erklärte Heinrich. Er forderte den Papst auf, sein Amt niederzulegen. »Steige herab, verlasse den Apostolischen Stuhl, den du dir angemaßt hast, steige herab, steige herab!«, schrieb Heinrich, der 26–Jährige, an den um eine Generation älteren Gregor. Daraufhin verhängte der Papst den Bann über Heinrich und exkommunizierte den König.

War das nicht vorauszusehen? Oder hatte Heinrich die Wirkung des Banns unterschätzt? Die Bischöfe, mehr Cluny als ihrem König verpflichtet, fielen reihenweise von ihm ab. Und die weltlichen Territorialfürsten nutzten die Gelegenheit, Heinrich den Gehorsam aufzukündigen. Über Nacht war der König zur Unperson geworden. Hatte Haus und Hof, Weib und Kind verloren. Denn »mit einem Exkommunizierten darf man sich nicht einmal im selben Haus aufhalten«, bei Strafe, selbst aus der Kirche ausgestoßen zu werden. Das Spiel war aus. Heinrich hatte zu hoch gepokert.

Es kam noch schlimmer. Mitten im Winter, mitten durch Eis und Schnee machte sich Gregor auf den Weg nach Deutschland. Er wollte die Fürsten bewegen, Heinrich abzusetzen, um einen neuen Herrscher ins Königsamt zu wählen.

Plötzlich begriff Heinrich, in welch aussichtslose Lage er sich hineinmanövriert hatte. Über die verschneiten Alpenpässe eilte er im Januar Gregor entgegen. Auf der Festung Canossa, in den Bergen des Apennin, traf er auf den Papst. Er warf sich bäuchlings vor ihm auf den Boden und küsste seinem Lehnsherrn die Füße.

Gregor selbst beschrieb die Begegnung so: »Drei Tage verbrachte der König draußen vor der Burg. Ohne alle Zeichen seiner königlichen Würde, im jämmerlichen Aufzug, nämlich ohne Schuhe und in einem wollenen Gewand. Und er hörte nicht eher auf, uns unter vielen Tränen um Mitleid anzuflehen, bis einige der Unseren laut klagten, dass wir uns zu grausam, gleichsam wie ein Tyrann gebärdeten. Und so ließen wir uns durch seine anhaltende Reue überwinden. Wir lösten ihn von der Fessel des Bannfluchs und nahmen ihn wieder in die Gnade der eucharistischen Tischgemeinschaft und in den Schoß der heiligen Mutter Kirche auf: Nachdem wir nämlich zuvor von ihm die nötigen Sicherheiten erhalten hatten. Diese ließen wir uns durch den Abt von Cluny und von anderen Fürsten, Bischöfen und Laien bestätigen.« Gregor hatte sich durchgesetzt.

Aus der Welt aber war der Streit damit noch nicht. Noch lange nicht. Und Wunden blieben. Gregor VII. hatte den König vorgeführt. Als er beschloss, »ihn nicht als den Herrn der Welt zu achten, sondern ihn wie einen Lehmklumpen mit dem Bannschwert zu schlagen«, so sah es ein Zeitgenosse.

Kein Wunder, dass der Streit bei jeder Gelegenheit neu hochkochte. Dabei ging es immer wieder um die Frage, ob dem König oder dem Kaiser ein Mitspracherecht bei der Besetzung von Bischofstellen zustehe oder nicht.

Verfilzte Machtverhältnisse

Bischöfe waren Fürsten auf Zeit. Weil sie keine leiblichen Erben hatten. Wie also sollte deren Nachfolge geregelt werden? Der radikalste Lösungsvorschlag kam von dem urchristlich gesinnten Papst Paschalis. Der befürwortete eine völlige Trennung von Staat und Kirche. Die Bischöfe sollten auf ihre Güter und landesherrlichen Rechte verzichten, im Gegenzug sollte der König das Selbstbestimmungsrecht der Kirche achten.

Heinrich V., Sohn des Canossa-Heinrich, verschlug es die Sprache. Ebenso den Fürsten. Genauso den Bischöfen. Denn diese herrschten über ganze Herzogtümer, Grafschaften und Städte. Als Treuhänder des Königs nahmen sie alle Hoheitsrechte wahr. Bischöfe erhoben Zoll auf Wege und Wasserstraßen, sie besaßen Markt- und Brückenrechte, Wehr- und Baurechte, prägten eigenes Geld, kurzum sie waren wahre Fürsten. Nur eben auf Zeit. Gaben sie ihre weltlichen Rechte und Vorrechte auf – wem dann sollten sie zufallen? Den weltlichen Fürsten? Die waren dem König ohnedies schon zu mächtig.

Auch die Bischöfe konnten sich für den Vorschlag von Paschalis nicht erwärmen. Sollten sie etwa zurück in die Hauskirchenzeit? Und selbst bei den Fürsten stieß die Idee des Papstes auf keine Gegenliebe. Die Fürsten sahen, gewiss mit Recht, endlosen Streit um die verwaisten Bischofsbesitztümer auf sich zukommen.

Nein, der Filz war einfach nicht zu zerschneiden. Paschalis war ein paar hundert Jahre zu früh gekommen. Erst die Französische Revolution und die napoleonische Gesetzgebung vollzogen den radikalen Schnitt zwischen staatlicher und kirchlicher Macht.

Also einigte man sich vorerst auf einen Kompromiss. Auf dem Wormser Konkordat beschloss man 1122 folgende Regelung: Der König achtet das Selbstbestimmungsrecht der Kirche, erkennt ihre Wahlen an, dafür leistet ihm der Bischof hinsichtlich seiner weltlichen Herrschaft den Lehnseid.

Trotzdem gab es überall im westlichen Europa Ärger mit dem neuen Kirchenrecht. Nirgends aber wurde der Streit so erbittert ausgetragen wie in dem Heiligen Römischen Reich deutscher Nation. Weil das Mitspracherecht des deutschen Königs, kraft seiner Stellung als Schutzherr des Papstes, bis in die Besetzung der italienischen Bischofssitze hineinreichte. Und die wollte Rom verständlicherweise gegen jede staatliche Einflussnahme absichern. Königstreue Bischöfe vor Roms Haustür, das sah man im Palast des Papstes nicht gern.

Zwölftes Jahrhundert

Gotische Lichtbaukunst und Kreuzzüge

Anselm, der Erzbischof von Canterbury (1033–1109), glaubte an die Vernunft. An die Vernunft im Glauben. Anselm glaubte an einen vernünftigen Glauben. Der Erzbischof eröffnete eine Epoche in der Philosophie, die wir heute »Scholastik« nennen.

Den Scholastikern war es buchstäblich darum zu tun, das Denken im Dienst des Glaubens zu schulen. Sie gingen die Frage nach Gott mit logischen, mit denkerischen Mitteln an und stellten sich damit in die Tradition von Sokrates, dem berühmten Philosophen aus dem antiken Athen. Dessen Meinung war: Nur wer sein Denken recht schult, kann auch recht leben.

Anselm glaubt an die Vernunft

Wissen und Glauben waren für Anselm die beiden unterschiedlichen Seiten derselben Münze. Mit zwei Werken ging er in die Philosophiegeschichte ein.

In dem einen Werk liefert er den Beweis, dass Gott existieren muss. Und der Beweis geht so: Gott ist das Allergrößte, was wir denken können; wenn wir nichts Größeres als Gott denken können, dann ist Gott denknotwendig; wenn Gott denknotwendig ist, muss er auch existieren. Die These wird bis heute kontrovers diskutiert. Das beweist zwar nicht, dass Gott tatsächlich existiert, zeigt aber doch, mit welchem Scharfsinn Anselm sein philosophisches Geschäft betrieb.

Anselms zweites Hauptwerk verfolgt den Gedanken *Warum Gott Mensch geworden ist.* Der Mensch ist Gott mehr schuldig, als er je abzahlen kann, das ist Anselms Kerngedanke. Weil Gott aber nicht anders als gerecht sein kann, ist es ihm unmöglich, dem Menschen die Schuld einfach zu erlassen. Darum wird er selbst Mensch und büßt als Gott stellvertretend für die Menschheit. Die Menschen, die mit Christus eins werden, sind darum von ihrer Schuld befreit. So ist der göttlichen Gerechtigkeit Genüge getan.

Der Beweis steht und fällt mit dem Gedanken, dass Gott nicht anders als gerecht sein kann. Judentum und Islam sehen das zum Beispiel anders. Und im östlichen Byzanz hätte man Anselms Schriften verbrannt. Von der Vernunft im Glauben ist Anselm jedoch überzeugt. So sehr, dass er in seiner umfangreichen Schrift *Warum Gott Mensch geworden ist* kein einziges Mal die Bibel heranzieht, sich weder auf sie beruft, noch aus ihr zitiert. »*Sola igitur ratione procedamus*«, gehen wir rein rational vor, schreibt Anselm und fordert den Leser auf, ihm auf diesem Weg zu folgen.

Abälard und Heloise, eine unglückliche Liebe

Abälard (1079–1142) folgt dem von Anselm eingeschlagenen Weg. Wie dieser ist auch Abälard überzeugt, »alle Wissenschaft ist göttlichen Ursprungs«. Er ist der zweite große Scholastiker. Doch aus ihm wurde kein Kirchenlehrer, erst recht kein Heiliger. Sein Ruf aber erstrahlte über Paris, ja, Abälard war es, der das Renommee der Seine-Stadt als »Mutter der Wissenschaften« begründete.

Und Abälard war ein Star im Quartier Latin. Als Liedermacher »gewann er die Herzen aller Frauen«, mit Weisen, »die wegen der besonderen Süße ihres Wortlauts und ihrer Melodien oft und viel gesungen wurden«. Sie machten Heloise, Abälards Geliebte, unsterblich. Heloise, die er besang, bis ein gekaufter Schlägertrupp dem Sänger die Hoden wegschnitt. So konnte aus ihm kein Heiliger werden. Stand doch geschrieben: »Es soll kein Verschnittener in die Gemeinde des Ewigen kommen.« Diesem Glaubenssatz aus der jüdischen Tora schlossen sich die christlichen Kirchen an.

Den 38-jährigen Professor hatte ein Kleriker gebeten, seine 16-jährige Nichte zu unterrichten. Abälard brachte seine tragische Liebesgeschichte selbst zu Papier: »Unter dem Deckmantel der Studien gaben wir uns der Liebe hin. Über den offen liegenden Büchern wechselten wir Liebesblicke. Nur allzu oft zog es die Hand statt zu den Büchern an ihren Busen.« Bis das Verhältnis aufflog und der Onkel die Schläger losschickte. Heloise landete in einem Kloster, auch Abälard ließ sich die Tonsur scheren.

Zwischen den Klostermauern verfasst der Verstümmelte und Gedemütigte seine ersten theologischen Werke, ständig neuer Dinge begierig. Bei den jungen Leuten findet Abälard begeisterte Zustimmung. Zugleich jedoch tragen seine Werke ihm Feindschaften ein. Denn Abälards Gedanken bewegen sich auf einem schmalen Grat zwischen Rechtgläubigkeit und Ketzerei.

Abälard wird vor ein Konzil zitiert und muss eigenhändig seine Schriften ins Feuer werfen. Unruhige Jahre folgen. Abälard hat unter Protest das Kloster verlassen, gründet selbst in der Einöde eine klösterliche Siedlung und nimmt reisend und lehrend seine Vorlesungen wieder auf. Mit seinen Mönchen kommt er nicht zurecht, abermals ergreift er die Flucht. Sein ganzes Leben ist eine Aneinanderreihung von kleinen Fluchten.

Konstant bleibt Abälards literarische Produktion. Ein Werk reiht sich ans andere. Als Philosoph und Theologe wird er in ganz Europa bekannt. Und schafft sich dadurch noch mehr Feinde. Darunter ist der berühmte Cluny-Reformer Bernhard von Clairvaux, der den Papst höchstpersönlich einschaltet. Dieser soll Abälard endlich zum Schweigen bringen. Mitten in den Verfahrensturbulenzen erkrankt Abälard. Cluny gewährt ihm Asyl. In seiner letzten Schrift wirbt Abälard um offene Gespräche zwischen den Religionen.

Für seine Zeitgenossen bleibt Abälard ein Bündel von Widersprüchen. Ein demütiger Mönch und zugleich ein progressiver Denker, wie passt das zusammen? Traditionelle Gläubigkeit und Religionskritik? Sinnliche Lieder und fromme Hymnen, Erotik und Spiritualität? Peter Abälard aber ist kein Faust, er ist kein zerrissener Mensch, in dessen Brust zwei Seelen ringen. Der Leidensdruck kommt von außen, nicht von innen. Das Pro und Kontra in seiner Seele setzt produktive Kräfte frei, macht Abälard zu einem revolutionären Konservativen oder umgekehrt. Beides in einem. Bruchstellen sind Fundstellen.

Erste Kreuzzüge gegen den letzten Feind

Heloise war noch nicht geboren, Abälards Gelehrtenjahre hatten gerade erst begonnen, als Papst Urban II. im französischen Clermont den Ersten Kreuzzug ausrief. »Ist der letzte Feind vernichtet, dann wird Gott sein alles in allem«, schrieb einst Paulus im *Neuen Testament.* Mit dem »letzten Feind« meinte Paulus den Tod. Urban II. meinte damit den Islam. Nach der Christianisierung Europas war nur noch der Islam übrig geblieben, der das Kommen von Christus verzögerte.

Historiker rechnen, dass mehr als 300 000 Menschen zum Ersten Kreuzzug aufbrachen. So viele, wie heute eine große Demo auf die Beine bringt. Aber Europa zählte damals gerade ein Zehntel seiner heutigen Bevölkerung. Und mit 10 multipliziert wären das drei Millionen Menschen, die sich auf den Weg ins ferne Morgenland machten. Die einen dem Rhein, der Donau folgend, bis nach Istanbul, die anderen per Schiff durchs Mittelmeer. Ein Unternehmen von unvorstellbaren Dimensionen.

Und wer da alles mitlief! Die Bilder von den gepanzerten Kreuzrittern führen die Fantasie in die Irre. Nur die allerwenigsten Männer saßen waffenklirrend zu Pferde. Mit im Zug marschierten Fußsoldaten, die Belagerungstechniker mit schwerem Gerät im Ochsenkarren, dazu gehörten Zimmerleute, Tunnelbohrer folgten und Ballistiker. Die Ritter mit ihren Knappen bildeten zwar den harten Kern des Zuges, doch sie stellten nur eine Minderheit dar. Die Masse der Kreuzzügler waren Mitläufer. Kleine Leute, darunter auch Bettelarme und Jugendliche, fahrende Frauen, Kleinhändler, Spielleute, Gaukler, entlaufene Leibeigene. Leute, die nichts zu verlieren, aber alles zu gewinnen hatten. Das Himmelreich – oder die Reichtümer des Ostens.

Und die Motivation der Allermeisten war mörderisch einfach. Sie wollten Blutrache nehmen. Blutrache für ihren Jesus, den Christenkönig, den man schändlich umgebracht hatte. Den die Ungläubigen schmähten, missachteten, der an den Kreuzen der Kirchen aus tausend Wunden blutete. Vergisst man einmal die ganze falsche Ritterromantik, bleibt wenig zu bewundern an dem ganzen Unternehmen.

Eigentlich nur eins: Wie schafften es seine Organisatoren, dieses monströse Unternehmen zu planen und durchzuführen? Wie viele Wochen Fußweg sind es von der Maas, von Flandern bis nach Jerusalem? Beziehungsweise: Wie viel Schiffsraum musste bereitgestellt werden? Und dann der Rückweg, die Rückfahrt. Wovon haben sich die Leute ernährt? Wer versorgte die Fußkranken? Wie schützte man sich auf offenem Meer oder in der ungarischen Steppe gegen die Kälte der Nacht? Vor glühender Sonne? Vor Unwettern? Vor wilden Hunden und Wölfen? Ich kann mir nicht vorstellen, wie das alles funktionierte. Allerdings, es hat funktioniert.

Wenn auch von den 300 000, die in Westeuropa aufgebrochen waren, allerhöchstens 40 000 ihr Ziel erreichten. Waren die Überlebenden Helden? Und die Toten, waren sie Märtyrer? Die Kreuzzüge waren insgesamt eine Tragödie sondergleichen.

Gottlose verdienen nicht zu leben

Dabei sind die so genannten Kollateralschäden noch gar nicht eingerechnet. Die Menschenmassen, die sich im Jahr 1096 rheinabwärts wälzten, drangen in die

Kreuzzüge: »Mit höchster Tapferkeit haben sie die Heilige Stadt gestürmt, sich in Blut gebadet und in viehischer Wildheit gewütet; davon sind sie wieder in Zerknirschung und Buße übergegangen.«

1
2
3
4
5
6
7

6
8
1
3
2
jaslavs
Stadt
Vladimirs
Altkiewer Berg
Befestigung/
Stolpie

Judenviertel von Mainz, Köln, Bonn, raubten, plünderten, vergewaltigten und berauschten sich an dem Blut der Juden, die den Christenkönig umgebracht hatten. Ähnliche Juden-Massaker trugen sich allerwärts in Europa zu, zum Beispiel 1190 im englischen York, 1236 in den französischen Städten Anjou und Poitou. Wer zählt die Leichen? Und wer zählt die ausgebrannten Dörfer auf dem Balkan, in der Türkei, in Syrien, wer denkt an ihre massakrierten Bewohner, Christen, Juden, Moslems? Die stummen Zehn- oder Hunderttausende bleiben von der Geschichtsschreibung vergessen.

Und einmal im Feindesland angekommen, mussten sich die apokalyptischen Heerscharen schon gar keine Hemmungen mehr auflegen. Naturgemäß gibt es darüber keine Dokumente. Doch einige Schriften erzählen von den so genannten »Tafur-Leuten« im Heereszug. Die kamen barfuß daher, mit Sacktuch bekleidet, Schorf und Grind auf der Haut. Sie lebten von Wurzeln und Kräutern. Zu arm, um sich Waffen leisten zu können, kämpften die Tafurs mit Mistgabeln, Knüppeln, Sicheln und Hacken. Sie versetzten die Muslime in Panik: »Die Franken sind noch Menschen, die Tafurs aber, das sind wahre Teufel.« Im Kampf fletschten sie die Zähne, als wollten sie ihre Feinde bei lebendigem Leib fressen. Am liebsten standen sie an vorderster Front, den Edelleuten und Rittern war das nur recht. War eine Stadt gefallen, raubten die Tafurs alles, was sie in die Hände bekamen. Sie vergewaltigten, quälten, sie schwelgten im Blutrausch.

Die offiziellen Führer hatten keine Macht über sie. Als der Emir von Antiochien die menschenfresserischen Orgien der Tafurs anprangerte, erklärten die fränkischen Edelleute: Dagegen können wir nichts machen, die Tafur-Leute sind stärker als wir.

Was dann schließlich in Jerusalem geschah, ist in vielen Augenzeugenberichten nachzulesen. Ich versage es mir, sie zu wiederholen. Lieber lasse ich Hegel, dem Philosophen, das Wort: »Es ist schön, das Kreuzfahrerheer, als sie Jerusalem ansichtig waren, alle betend, Buße tuend, ihr Herz zerknirschend auf die Stirn fallen und anbeten zu sehen. Aber dies ist ein Moment, der auf monatelange Rohheit, Tollheit, Abscheulichkeit, Dummheit, Gemeinheit, Leidenschaft gefolgt ist, die sich überall bewies auf ihrem Zuge. Mit höchster Tapferkeit haben sie die Heilige Stadt gestürmt und darauf sich in Blut gebadet und in viehischer Wildheit gewütet; davon sind sie wieder in Zerknirschung und Buße übergegangen; dann stehen sie versöhnt und geheiligt von ihren Knien auf und überließen sich wieder allen elenden Leidenschaften, für Rohheit, Geiz, Habsucht und ihre Lüste tätig zu sein.« Will ich die Zahl der Opfer des Ersten Kreuzzuges schätzen? Ich kann es nicht, niemand kann es. Hunderttausende, Millionen müssen dabei ihr Leben verloren haben.

Urban II. hatte 1095 zum Kreuzzug aufgerufen. Und alle, alle kamen. Als hätten sie nur darauf gewartet. Wusste der Papst, was er tat? Dann war er ein Kriegsverbrecher. Das mag ich ihm nicht nachsagen. Strategen sind blind für menschliches Leid. Hier sind einige Sätze aus der Predigt des Papstes: »Das Volk im Perserreich befleckt unsere Altäre mit seinen Abscheulichkeiten und stürzt sie um. Sie beschneiden gewaltsam die Christen und gießen das Blut der Beschneidung auf die Altäre und in die Taufbecken. Wem anders obliegt es, diese Schmach zu rächen, dieses Land zu befreien als euch? Zu heldenhaftem Entschluss mögen euch die Taten eurer Vorgänger aufstacheln!« Seit Beginn der Christenheit ist dies das erste Mal, das von höchster Warte zum Dschihad, zum Heiligen Krieg aufgerufen wird. Wusste Urban, was er sagte? Wusste er, was er tat? Oder sind ihm die Dinge aus der Hand geglitten?

Christliche Mönchskrieger

Eine Schleuse war geöffnet. Neue Orden wurden gegründet. Mönchskrieger, bis an die Zähne bewaffnet, bereit, Blut zu vergießen, postierten sich im Heiligen Land. Was hätte Benedikt von Monte Cassino dazu gesagt?

Bernhard von Clairvaux, derselbe, der gegen Abälard als Verteidiger des reinen Glaubens aufgetreten war, sah in den neuen Ordensrittern die wahren Nachfolger des gekreuzigten Gottessohnes: »Jetzt vernichtet Christus selber die Ungläubigen! Durch euch, ihr Glaubensritter! Eure Seele beschirmt der Glaube, euren Körper eine Rüstung aus Stahl! Marschiert nun los, ihr Glaubensritter, vertreibt die Feinde des Kreuzes!« Schwertschwingende Mönche! Bernhard wusste es, und er sagte es auch: So was hatte es in christlichen Landen bislang nie gegeben.

Eigentlich kein Grund zum Jubel für Bernhard, den frommen Abt. Denn jetzt war der Islam endgültig mitten in der Christenheit angekommen. Meine Soldaten sind meine Mönche, soll Muhammad gesagt haben. Die Kreuzrittermönche sprachen es ihm nach.

Die verlorene Einheit des Islam

Und die Muslime? Wie reagierten die auf den heiligen Christenkrieg? Der Islam umspannte eine Landmasse, die um ein Vielfaches die Ausdehnung Europas übertraf. Wie konnte es da zugehen, dass die Franken auch nur einen Fußbreit muslimischen Landes annektierten? Nun, der Islam war zu keiner konzertierten Aktion mehr fähig. Zersplittert in Hunderte von kleinen und größeren Einheiten, zerteilt in Kalifate, Sultanate, Emirate, die eifersüchtig über ihre Unabhängigkeit wachten, fehlte dem Islam ein muslimischer Vatikan. Es gab keine Führungsautorität.

Der Glaube des Propheten war überdies noch in sich zerspalten. Sunniten und Schiiten führten gegeneinander gerade wieder mal Krieg. Und als ob das Unglück nicht schon groß genug wäre, bedrohten Turkvölker aus den Steppen Asiens die islamischen Kernlande. Und die Muslime Spaniens hatten alle Hände voll zu tun, um die christlichen Rückeroberer aus dem Norden abzuwehren.

Insgesamt eine desolate Situation. Ob man sich da in dem muslimischen Libyen, Tunesien, Marokko für den schmalen Küstenstreifen Palästinas überhaupt noch interessierte? Das ist eher unwahrscheinlich.

Das alles begünstigte die kreuzfahrenden Christen. Und was war der Ertrag von dem ganzen Unternehmen? Entlang der syrisch-palästinensischen Küste entstanden ein paar lateinische Zwergstaaten. Winzlinge, mit Königen, die sich großtaten. Ewig miteinander verfeindet, verbündeten sich Christen mit Muslimen, und die fanden gegen andere Muslime ihre Verbündeten unter Christen. Ein dreidimensionales Schachspiel. Mit allem, was dazugehört: Könige und Damen, Bischöfe, Ritter und Bauern.

Die Heilige Stadt konnten die Kreuzritter einnehmen, dann ging sie wieder verloren, wurde zurückerobert und fiel schließlich endgültig in muslimische Hände. Ordensritter bauten schier unbezwingbare Burgen – es half alles nichts. Nach gut 200 Jahren war der ganze Spuk vorbei. Jerusalem, mit seinem arabischen Namen Al Quds, das muslimische Wallfahrtszentrum, blieb für die nächsten 700 Jahre im Besitz der Muslime.

Multinationale Kreuzfahrerstaaten

Man lebte schiedlich-friedlich, lateinische, griechische Christen, Juden und Araber, mit- und nebeneinander in den Kreuzfahrerstaaten. Arabische Dokumente geben interessante Einblicke in das Leben der Christen vor Ort. Christenfrauen spazierten unbegleitet durch die Märkte, Männer wie Frauen ließen sich in arabischen Bädern die Schamhaare rasieren, Christinnen ließen andere Männer ins Haus: »Die Christen kennen weder Eifersucht, noch haben sie Ehrgefühl«, urteilte ein arabischer Beobachter. Ihn irritierten die freizügigen christlichen Frauen, damals schon, 1150. Muslime stellten in den Kreuzfahrerstaaten die Bevölkerungsmehrheit. Zu einer Intifada, einem Aufstand gegen die christlichen Eroberer, kam es trotzdem nicht. Freitags besuchten die Muslime ihre Moscheen, samstags die Juden ihr Lehrhaus, sonntags waren die Christen dran.

In diesem und dem nächsten Jahrhundert profitierten die Länder Europas vom arabischen Wissenstransfer. Dazu haben die Kreuzfahrerstaaten jedoch nichts beigetragen. Der Transfer lief über Sizilien, Unteritalien und Spanien. Gewiss, der Handel mag von den lateinischen Besitzungen im Osten profitiert haben. Doch Venedig, Genua waren ohnehin auf Expansionskurs. Auch ohne die Besetzung von Syrien und Palästina hätte der nahöstliche Warenaustausch zugenommen. Das tat er jedenfalls weiterhin, als die Kreuzfahrerstaaten längst schon wieder Episode waren. Kurzum, wie man es auch dreht und wendet, die Kreuzzüge endeten als Nullsummen-Spiel. Militärisch, kulturell und wirtschaftlich wurde nichts gewonnen. Und dafür so viele Tote.

Kreuzzüge als päpstliche Expansionskriege

Sieben Kreuzzüge zählen die Schulbücher zwischen den Jahren 1000 und 1270. Das aber ist eine Vereinfachung. In Wahrheit fanden in diesen zweieinhalb Jahrhunderten eine ganze Reihe von Haupt- und Nebenkreuzzügen statt. Und auch nach 1270 riefen die Päpste weiter zu Kreuzzügen auf. Der letzte Aufruf erfolgte durch Innozenz XI. im Jahr 1684, am Beginn der Neuzeit.

Zwischen Urban und Innozenz amtierten nach offizieller Zählung 78 Päpste. Die meisten von ihnen haben einmal oder mehrere Male Heilige Kriege initiiert, vom Zaun gebrochen. In Spanien, im östlichen Deutschland, im Baltikum, gegen die Mongolen, gegen politische Gegner des Heiligen Stuhls, gegen Kirchenspalter oder Häretiker – Kreuzzüge füllen fast 700 Jahre europäischer Geschichte. Es waren päpstliche Expansionskriege.

Gotische Lichtbaukunst

Es bedurfte keiner Kreuzzüge, um Bewegung in die unterentwickelten Verhältnisse Europas zu bringen. Anselm von Canterbury hatte den Glauben der Vernunft geöffnet, zu Abälards Zeiten entledigten sich die ersten Universitäten der Bevormundung durch kirchliches Recht. Italienische Städte bauten den Fernhandel aus, der einstimmige gregorianische Gesang begann sich vielstimmig zu färben, und die Lichtkathedralen der Gotik vertrieben das Dunkel aus den Kirchen. Aufbruch allenthalben, noch ehe die ersten Kreuzfahrer aufbrachen.

Deutlich gewann dieser Umbruch Gestalt in der Sakralarchitektur. Das Label »Gotik« führt in die Irre, wenn man dabei an die Gotenstämme der Germanen denkt. Die Goten haben mit der Gotik so viel gemein wie der Milchpack aus dem Supermarkt mit der Milchstraße. Der *style rayonnant*, jener gotische Lichtstil, verdankt sich allein seinen Urhebern, ihren hochfliegenden Fantasien.

Zirkel und Dreieck der Kirchenbaumeister kopierten nicht länger die Vorgänger – sie entwarfen auf den Reißbrettern neue Welten.

Eine ganz in Pfeiler und Glas aufgelöste Architektur war der Traum aller Baumeister. Jede Kathedrale entsprach im Grundriss dem ausgestreckten Leichnam des Gekreuzigten, und darüber erhob sich als lichtdurchfluteter Baukörper sein verklärter Auferstehungsleib. »Wir alle werden verwandelt werden und dieses Sterbliche muss anziehen die Unverweslichkeit«, mit diesen Worten beschrieb Paulus die Teilhabe der Christen an der Auferstehung des Gottessohnes. Dies, den Vorgeschmack aufs Paradies, machte die Gotik zu ihrem Bauprogramm.

In der Mitte des 12. Jahrhunderts wurde die zerfallene Abtei St. Denis nördlich von Paris im *style rayonnant* wieder aufgebaut, das erste Beispiel jener Architektur, die später als Gotik bekannt wurde.

Und die christusförmige Lichtbaukunst machte Schule. In rasender Eile. Wie unter geheimer Absprache entstanden reihum in Europa gotische Kathedralen. In Frankreich St. Denis (1137), Sens (1164), Chartres (1145–1175), Laon (1190–1205). Fast gleichzeitig eroberte die neue Architektur England, das früheste Beispiel dort ist Canterbury (1175). Es folgten, nur wenig zeitversetzt, Ungarn, Spanien und Portugal, Deutschland, Böhmen, Italien und die skandinavischen Länder. Technische Wunderwerke allesamt, wie aus dem Boden gezaubert.

Eine schier unglaubliche Menge von technischen Daten steckte in diesen zu Stein gewordenen Lichtkaskaden. Und endlos viel Organisation und Logistik. So hell war das dunkle Mittelalter, ohne dass ihm Licht vom Osten vorgeleuchtet hätte.

Licht aus dem Osten in Europa

Licht aus dem Osten kam dann aber bald dazu und beschleunigte auch die Selbstaufklärung. Texte des Aristoteles (384–322), ins Arabische übersetzt, wurden in Cordoba und den anderen Wissenschaftszentren Spaniens ins Lateinische übertragen und erreichten nun Frankreich. Aristoteles, den weltoffenen Meisterdenker, erkoren die jungen europäischen Universitäten zu ihrem Führer.

Und, wie konnte es anders sein, entzündeten sich an seinen Texten kontroverse Diskussionen. Durfte man sich von einem vorchristlichen, heidnischen Denker das Denken vorschreiben lassen? Aristoteles lehrte, die Welt sei ewig. Ohne Anfang, ohne Ende. Die Christen hingegen glaubten an die Schöpfung aus dem Nichts und erwarteten »einen neuen Himmel und eine neue Erde«. Wer hatte Recht? Aristoteles sprach von der Weltseele, die alles erfüllt. Die Christen glaubten an die Einzelseelen und an deren Erlösung. Woran sollte man sich halten? Einfach abtun konnte man den christenfernen Philosophen nicht. Zu einleuchtend waren dessen logische Schlussverfahren.

Hilfe boten die arabischen Erklärer des Aristoteles: Avicenna (980–1037) oder Averroes (1126–1198). Denn die hatten ähnliche Probleme mit dem vormuslimischen Philosophen. Lehrte doch der Koran ebenso wie die Bibel die Erschaffung aus dem Nichts und das Jüngste Gericht. Die Araber jedoch waren Ungläubige, waren keine Christen. Durfte man sich von denen an die Hand nehmen lassen?

So entstanden Brückenschläge zwischen Griechen, Arabern, Christen. Geistige Ingenieursarbeit, begriffsstatische Konstruktionen, nicht anders als in den Bauhütten der Gotik. Albertus Magnus (1200–1280) und Thomas von Aquin (1225–1274) waren ihre Stararchitekten. Beiden verlieh Rom den Rang von Kirchenlehrern, beide wurden heilig gesprochen.

Das alles war weit weg von der Volksfrömmigkeit. Deren Stars waren die Heiligen. Die Reliquie eines heiligen Menschen zu berühren, weckte damals das gleiche Gefühl wie heute der Schriftzug einer Pop-Königin auf dem T-Shirt. Man bekommt Anteil, man gehört dazu. Nicht jeder Normalsterbliche bringt es so weit, eine Heilige, ein Star zu werden. Dir fehlt Ausstrahlung, Charisma, ein faszinierendes Profil. Ein normales Leben ist keine Empfehlung, um beim Casting bis in die Schlussrunde zu kommen. Wer aber schon kein richtiger Star, kein Heiliger sein kann oder werden will, der kann doch wenigstens seinem Ideal oder Idol irgendwie durch irgendwas näher kommen. Im Mittelalter geschah das durch Wallfahrten, fromme Gelübde, zusätzliche Fastentage. Eine ganze Fanartikel-Industrie befriedigt heute dieses Bedürfnis nach authentischem Leben. Das Mittelalter ist präsent, in moderner Aufmachung, doch mitten unter uns.

Die Sehnsucht nach authentischem, unverfälschtem Leben steckt hinter den religiösen Massenbewegungen des Mittelalters.

Eine Heilige, ein Heiliger zu werden, das braucht Gnade, viel Gnade. Das Heiligenverzeichnis der Kirche, ihr Buch der frommen Rekorde, verzeichnete 1988 ungefähr 2 500 Heilige und Selige, darunter ungefähr 500 Frauen. Das ist nicht viel, auf 2 000 Jahre Christentum gerechnet. Zu wenig jedenfalls für alle, die es trieb, ein heiligenmäßiges Leben zu führen.

Der weltreisende Papst des 20. Jahrhunderts hingegen stattete fast jedes Land, das er besuchte, mit frisch gebackenen Heiligen aus. Während des Pontifikats von Johannes Paul II. wurden weit über tausend Männer und Frauen selig gesprochen und ein halbes Tausend zu Heiligen erklärt. Eine medienwirksame, doch inflatorische Vermehrung der »Gemeinschaft der Heiligen« – Johannes Paul ernannte mehr Heilige und Selige wie alle seine Vorgänger zusammen.

Die Ketzerei der »Guten Leute«

Die Katharer waren eine Bewegung, die sich dem heiligenmäßigen Leben verschrieben hatte. Sie entstand im 11. und 12. Jahrhundert als außerkirchliche Laienbewegung und gewann Anhänger im Rheinland, in Norditalien und Südfrankreich. Katharer nannte man sie, weil sie ein »reines« Leben führten. Oder sie hießen *bugri*, weil bogomilische, gnostische Wanderprediger aus Bulgarien die Anfänge der Bewegung in Westeuropa ausgesät hatten.

Wie die Bogomilen verabscheuten die Katharer jede sexuelle Handlung, enthielten sich, wie ihre Glaubensgeschwister in Bulgarien, jeder fleischlichen Nahrung, um die Seele rein zu erhalten. Katharer-Bischöfe sollen sogar den freiwilligen Fastentod als Glaubenszeugnis gewählt haben.

Die Jainas Indiens, eine Parallelform des Buddhismus, praktizieren seit undenklichen Zeiten radikale Nahrungsaskese. Auch sie wollen damit ihre Seele entschlacken und reinigen, um sie dem Wechsel der Wiedergeburten zu entziehen.

An Seelenwanderung glaubten auch die Katharer. Das Erlösungsziel war einfach zu hoch, als dass man es in einem einzigen Leben hätte erreichen können. Man gab sich eine zweite, eine dritte Chance, glaubte, im Lauf von mehreren Wiedergeburten das Leben in den Griff zu kriegen. Ähnliches lehrte schon Origenes, der große Theologe Alexandrias, in der Hauskirchenzeit. Er entmannte sich sogar selbst, um den Weg zur Erlösung abzukürzen. Existierten Verbindungen zwischen Indien, Origenes und den Katharern? Wir wissen es nicht.

Die Katharer hatten ein umfangreiches Schrifttum produziert. Doch davon ist beinahe fast nichts erhalten. Die offizielle Kirche hat alles, was an jene Katharer-Ketzer erinnerte, gnadenlos, mit Feuer und Schwert, beseitigt.

Mit päpstlicher Billigung wurde ein Kreuzzug gegen die Ketzer Südfrankreichs ausgeschrieben. Er zog sich über zwei Jahrzehnte hin (1209–1229). So hartnäckig leisteten die Katharer Widerstand, so mächtig war ihre Bewegung angeschwollen.

Eine besitzlose Kirche

Eine Kirche ohne Besitz und Priester, ohne Zuchtmittel und Zwang, eine Kirche, die auch Säumigen Heil versprach, eine solche Kirche war das genaue Gegenbild zur offiziellen Kirche. Und die Heiligen der Katharer waren keine entrückten, fernen Gestalten. Bei den »Guten Leuten« waren sie präsent und gegenwärtig, lebten mitten unter den Gläubigen. Jeder konnte sie anfassen, um ihre Gebetsvermittlung bitten. Verglichen damit waren die katholischen Gläubigen arme Hunde, die sich von den Brosamen nährten, die von ihrer Herren Tische abfielen.

Da wundert es nicht, dass die Katharer ihre Kirche bis zum letzten Atemzug verteidigten. Zuletzt aber mussten sie doch aufgeben. Auch ihre Bergfestungen in den Pyrenäen fielen. Der letzte von den »Guten Leuten« endete 1321 in Italien auf dem Scheiterhaufen.

Die großkirchliche Gegenpropaganda scheute nicht vor den übelsten Verleumdungen zurück. »Katharer werden sie nach der Katze genannt«, erklärt ein gelehrter Zeitgenosse. »In der Gestalt einer Katze nämlich erscheint ihnen Luzifer, der Teufel. Und dann küssen sie der Katze den Hintern.« Der Katzenkuss sei ihr Sakrament, denn die Eucharistie verachteten sie. In der Tat hatten die Katharer mit der Eucharistie nichts im Sinn. Nach ihrer Lehre war Jesus Christus kein Mensch, sondern ein Engel. Und Engelwesen haben kein Fleisch und Blut, die Wandlung von Brot und Wein war darum nichts als ein dicker Schwindel. Fiel aber die Eucharistie, fiel mit ihr die ganze Kirche. Und diese Vorstellung war ein Albtraum.

Elisabeth, vom Kloster Schönau in Hessen, hatte solche Panikvisionen. Mitte des 12. Jahrhunderts hat sie ihre Visionen und Auditionen aufgezeichnet. In einer Vision attackiert sie die »Guten Leute«: »Totschläger sind das, Ehebrecher, Banditen. Diese elenden Katharer! Sie reißen an meinen Wunden, trennen Leib und Blut von meinen Sakramenten. Schluss mit diesem Irrsinn! Wollt ihr nicht hören, soll euch das höllische Gewürm fressen. In alle Ewigkeit, mit Feuer und mit Schwefel! Ich, Christus, der Herr, gebiete euch Königen und Prinzen, euch Bischöfen und Äbten, euch Priestern und jedem in Amt: Macht diesen Ketzern mit aller Gewalt ein Ende!« Brandworte, denen Brandtaten folgten.

Dreizehntes Jahrhundert

Die allmächtigen Päpste und ihr kleiner Bruder Franz

Unsere Kaiser sind »würdig, über das gesamte Morgen- und Abendland zu herrschen«, befindet Anna Komnene, die geniale Geschichtsschreiberin von Byzanz. Anna Komnene schreibt im 12. Jahrhundert. Zur gleichen Zeit ruft in Frankreich, am anderen Ende des Reiches, Bernhard von Clairvaux zum 2. Kreuzzug auf.

Wie alle Byzantiner fürchtet Anna die Franken. Sie fallen wie »Heuschrecken« in das Land ein, und »auf ihren Pferden sind sie unwiderstehlich und unerträglich anzuschauen«, erzählt sie. Viele Kreuzzüge passieren die Meerenge, um ins Heilige Land ziehen. Byzanz muss alles diplomatische Geschick aufwenden, um die Frankenheere vom goldenen Konstantinopel fernzuhalten.

Benjamin von Tudela, ein jüdischer Fernreisender, ist überwältigt vom Glanz der Stadt. »Kaufleute aus allen Himmelsrichtungen kommen hierher, auf dem See- oder dem Landweg.« In der großen Kuppelkirche, der Hagia Sophia, »sind Säulen von Gold und Silber und mehr silberne Lampen, als man überhaupt zählen kann«, und die Krone der byzantinischen Herrscher »schmücken so viele unschätzbare Edelsteine, dass ihre Strahlen die Nacht zum Tag machen«. Auch die Bewohner von Byzanz sind zum Überfluss reich an edlem Gestein, »sie kleiden sich in goldbestickte Seide«, und in der Tat, »einen Reichtum wie in Konstantinopel findet man sonst nirgends auf der ganzen Welt«, weiß der weitgereiste Benjamin von Tudela zu berichten.

Westchristen überfallen Byzanz

Dreißig Jahre, nachdem Benjamin diese Sätze geschrieben hatte, im Jahr 1204, überfielen christliche Kreuzfahrer die Christenstadt. Neun Jahrhunderte Frömmigkeit hatten ihre zahllosen Klöster und Kirchen mit Kostbarkeiten gefüllt. Jetzt trieben die Franken ihre Packesel bis an die Altäre und packten auf. »Sie machten keinen Unterschied zwischen den heiligen Gerätschaften und den weltlichen, ja, sie rissen sogar die Christus-Ikonen und die Bilder der Heiligen von den Wänden und verfertigten daraus Sessel und Sitze.« Viele Augenzeugen haben die Verbrechen der unchristlichen Marodeure, ihre Massaker, schriftlich festgehalten.

Selbst arabische Historiker schildern das beispiellose Wüten der Kreuzfahrer. »Die Franken drangen in die Stadt ein und schlugen alles kurz und klein, mordeten und raubten drei volle Tage lang. Die Bewohner wurden umgebracht oder zu Bettelleuten gemacht. Eine Schar vornehmer Byzantiner suchte Zuflucht in der Hagia Sophia mit ihren Verfolgern auf den Fersen. Priester und Mönche traten ihnen mit Kreuz und Bibel entgegen, doch die Franken rührte das nicht. Sie erschlugen alle und raubten die Kirche aus.« Gingen je so viele Kunstschätze verloren wie an diesem 12. bis 14. April 1204 in Byzanz? Auf die Kleinodien der Gold- und Silberschmiede gingen die Äxte nieder, Bildwerke büßten Köpfe und Glieder ein, im Feuer schmolzen bronzene Statuen.

Die Venezianer, vermutlich die heimlichen Anstifter des ganzen Unternehmens, sicherten sich die herrliche Bronze-Quadriga aus dem 3. vorchristlichen Jahrhundert. Das Gespann fand seinen Platz über dem Portal der Markuskirche in der Lagunenstadt. Zum Glück, muss man noch sagen, anderenfalls hätten die westlichen Barbaren das vergoldete Gespann auch noch eingeschmolzen und zu Münzbarren verarbeitet.

Ziel des Kreuzzugs war eigentlich Jerusalem. Und es wird nie mehr festzustellen sein, wer auf die Idee kam, das Frankenheer auf die Goldene Stadt loszulassen. Oder welche Rolle Papst Innozenz III. dabei spielte. Es ist auch egal. Denn die Eliten von Kirche und Staat waren derart miteinander verfilzt, dass ohnehin jeder mit jedem unter einer Decke steckte. Sogar die Geistlichen der Heeresbegleitung beteiligten sich an dem Raub. Ein Klosterbruder beobachtete, wie sein Abt die ganze Kutte mit Reliquien voll stopfte. Um sein Kloster zu Colmar am Rhein zum Wallfahrtszentrum zu machen.

Seit Rom zwei Jahrhunderte zuvor dem Patriarchen von Byzanz die Kirchengemeinschaft aufgekündigt hatte, galten die östlichen Christen als Abweichler vom rechten Glauben. Und so lehrte man, wie die Juden am Rhein beim Ersten Kreuzzug, die Ungläubigen am Bosporus gleich an Ort und Stelle das Fürchten. Wozu warten, bis man im Heiligen Land angekommen war?

Die Eroberer nahmen Byzanz die Souveränität und machten daraus ein lateinisches Königreich. Ein Zwerggebilde wie alle anderen Kreuzfahrerstaaten, weil jeder jedem die Beute missgönnte. Konstantinopel, die Schutzmacht Europas im

Süden, konnte so 1453 zum Raub der Muslime werden. Bis dahin gingen zwar noch zwei Jahrhunderte ins Land, doch nur, weil auch der Islam heillos in sich zerstritten war.

Hätte Christus, auf den die Kirche wartete, sich in seiner triumphalen Kirche wiedererkannt? In ihrer Macht- und Prachtentfaltung? Er, der Zimmermannssohn? Ach, wie lange war das alles her! Wer erinnerte sich überhaupt an die Untergrundkirche zu Konstantins Zeiten? Doch so verdorben wie ihre Kirche war nicht die ganze Christenheit.

»Nackt dem nackten Christus folgen«

Protestbewegungen formierten sich im 13. Jahrhundert, inner- und außerkirchliche Oppositionsgruppen. Sie wollten zurück zu den Anfängen, »nackt dem nackten Christus folgen«, *nudus nudum Christum sequi.* Renovation, Restitution, Innovation, Regeneration machten sie zu ihren Schlagworten, Wiedergeburt und Reformation.

Die Reformation war keine spätere Erfindung der protestantischen Reformatoren. Dort brachte man die Reformation nur auf den zugespitzten Begriff *ecclesia semper est reformanda,* »die Kirche hat ständig Reformbedarf«.

Vor den Dissidenten des 12. und 13. Jahrhunderts hatte es schon innerkirchliche Reformbewegungen gegeben. Wie die von Cluny. Die »nackten Nachfolger des nackten Christus« aber folgten einem persönlichen Frömmigkeitsideal. Sie wollten zurück zu dem Christus der Bergpredigt. Zu dem Jesus, den man ins Herz schließen kann. Der den »geistlich Armen« predigte: »Ihr könnt nicht Gott dienen und dem Mammon. Ist nicht das Leben mehr als die Speise? Und ist nicht der Leib mehr als die Kleidung? Seht die Vögel unter dem Himmel an! Sie säen nicht, sie ernten nicht. Und euer himmlischer Vater ernährt sie doch. Und schaut die Lilien auf dem Feld, wie sie wachsen. Ich sage euch, auch Salomo in all seiner Pracht war nicht gekleidet wie eine von ihnen.« Die »nackten Nachfolger des nackten Christus« verstanden das als Kritik am goldenen Überfluss der klerikalen Raubkirche, welche die Kreuzzüge zu verantworten hatte, und machten das Armutsideal zu ihrem Reformprogramm.

Die Dissidenten hatten die Evangelien gründlich gelesen – was Laien nicht erlaubt oder doch nur schwer möglich war. Denn eine Bibel in der Volkssprache gab es, anders als im Osten, im Europa der lateinischen Kirche damals noch nicht.

Sie waren die »geistlich Armen«, jene religiös Diskriminierten, die Jesus angesprochen hatte. Als Laien zurückgesetzt, von den Klerikern bespöttelt, religiös verarmt. Wie damals die kleinen Leute der Jesuszeit. Also liebten die Armen ihren Jesus. Den von allem Brimborium der Priester Entkleideten, ihren Jesus, der ihnen zum Anfassen nahe war.

Franz von Assisi will ein Spiegel sein

Franz von Assisi (1182–1226) wollte immer mehr wie Jesus werden – ein Spiegel des Bergpredigers wollte er sein. Die Daten seines Lebens lassen sich dem Pauluswort zuordnen: »Seid gesinnt, wie Christus es war, der sich aller Rechte entkleidete und gehorsam war, gehorsam bis zum Tod am Kreuz.« Die Vorrechte eines Sohnes reicher Eltern gab Franz auf, wurde einer der *nudi*, die nackt dem nackten Christus folgten. Und der Bergpredigt gehorsam bis hin zum Tod, starb der Heilige von Assisi. Nackt ausgestreckt auf nacktem Boden, und, wie es heißt, mit Kreuzeswunden am Leib.

Deswegen hat die westliche Kirche ihn heilig gesprochen und verehrt seinen Namen wie keinen anderen sonst unter den Heiligen. Als er in seinen Zwanzigern war, hätte Franz, dessen italienischer Name Giovanni Bernardone lautete, an jeder Love-Parade teilnehmen können. »Er durchzog, dem Spiel und Sang ergeben, Tag und Nacht die Stadt Assisi«, dann geschah der Bruch in seinem Leben. Seine ersten Biografen versuchen wortreich jene Lebenswende zu erklären. Doch wir müssen uns mit der Tatsache des Umbruchs bescheiden. »Leichter ist es, die Haare zu zählen, als was sich im Herzen regt«, schreibt Augustinus, wenn er auf seine eigene Bekehrung zurückblickt.

Genauso war es bei Franz. Nur das Datum ist sicher, der 24. Februar 1208. Und das Jesuswort, das seinem Leben die neue Richtung gab: »Geht, sucht die Verlorenen, sagt ihnen, das Himmelreich kommt, sagt ihnen, seid bereit!« Franz war bereit, Botschafter des Himmelreichs zu sein, von einer Stunde zur anderen.

Die Kranken, die Aussätzigen, die Laien waren seine Adressaten. Umsonst hatte er's bekommen, umsonst gab er's weiter: Das Himmelreich kommt! Ein wortscheuer Mann war er: Mit Liedern, mit beredten Gesten, mit Taten statt mit Worten verkündete er Christus und sein Reich. Früher hielt Franz sich die Nase zu, wenn er einem Aussätzigen begegnete, jetzt wusch er den Kranken das faulige Fleisch. »Auf den Straßen und den Gassen der Stadt sang er Loblieder, trunken im Geist. Bei seinem Anblick machten ihm Leute, die Franziskus von früher kannten, Vorwürfe und schmähten ihn. Nannten ihn einen Schwachkopf und Narren, bewarfen ihn mit Kot und Steinen.« Es kümmerte ihn nicht.

Vor dem Stadttor von Assisi stieß Franz auf eine verfallende Kirche. Er kehrte ein, und ihn überkam eine Vision. Jesus, der Gekreuzigte, stand vor ihm: »Siehst du, wie mein Haus verfällt? Geh, richte es wieder her.« Franz nahm den Befehl wörtlich. Maurer- und Zimmermannsarbeit hatte er nicht gelernt. Doch er machte sich ans Werk. Das Material bettelte er sich zusammen, und wenn das nicht reichte, griff er dem Vater in die Ladenkasse. Nicht nur ein Mal, sondern sooft er Geld für die Kirchenrenovierung brauchte.

Es kam zur längst fälligen Abrechnung zwischen Vater und Sohn. Vater Bernardone zog Franz vor das Bischofsgericht der Stadt und verklagte den Sohn. »Vor den Augen des Bischofs, des Vaters und aller Umstehenden zog sich Franziskus nackt aus und rief: Bis heute habe ich Petrus Bernardone meinen Vater genannt. Und nun sage ich: Unser Vater im Himmel! Der Bischof aber schloss ihn in seine Arme und bedeckte Franziskus mit seinem Mantel. Von da an wurde der Bischof sein Helfer, förderte und ermutigte ihn.« Einem anderen würde ich die Geschichte nicht abnehmen. Franz aber glaube ich den provozierenden Auftritt. So war er. So sehr passt die Szene zu ihm, dass sie nicht erfunden sein kann.

Viele Bilder stellen den Heiligen in Begleitung von Tieren dar. Oft ist es ein Schaf, oder auch dazu noch ein Wolf, die an seiner Seite gehen. Ein Sinnbild des paradiesischen Friedens: Schaf und Wolf befreunden sich. Franz predigt den Vögeln, er befördert den zappelnden Fang eines Fisches zurück ins Wasser. Die Tierliebe des Heiligen aus Assisi ist legendär. Mir gefällt am besten die Hasengeschichte: »Als er einmal in der Stadt Greccio weilte, brachten ihm die Brüder einen Hasen, der in die Falle geraten war. Und als er den Hasen sah, jammerte es den Gesegneten, und er sprach: Bruder Hase, was stellst du dich auch so dumm an, komm her! Und sofort, als die Brüder das Tier freigaben, sprang der Hase in den Schoß des Heiligen. Und rührte sich nicht von der Stelle, als wüsste er, das dies der sicherste Platz von der Welt sei. Franziskus streichelte ihn liebevoll, und als sich das Tier von seinem Schrecken erholt hatte, ließ er den Hasen frei. Jedes Mal aber, wenn er das Tier absetzte, kehrte es zurück in seinen Schoß. Schließlich ließ der Gesegnete den Hasen zurück in den Wald bringen, damit er sich dort in Freiheit bewegen konnte.«

Ähnliche Geschichten erzählt man sich von vielen Heiligen. Columban redete mit Bären, Eichhörnchen versteckten sich in seiner Kutte. Sein Namensvorgänger segnete die Zugvögel. Wüstenväter, Wüstenmütter befreunden sich mit Hyänen und Löwen. Doch die Naturfrömmigkeit des Franz von Assisi ist universal.

Sonne und Mond sind seine Geschwister, das Feuer der Bruder, die Erde seine Mutter, selbst den Tod nennt er Bruder. Alles geschieht in Vorwegnahme des endzeitlichen Schöpfungsfriedens, wenn der kommende Christus den Himmel auf die Erde bringt.

Naturfrömmigkeit und Askese

Wie aber verträgt sich das, Naturfrömmigkeit und Askese? Seinen Leib schonte Franz kaum. Deshalb bekannte er angesichts seines Todes, »er habe viel gegen den Bruder Esel gesündigt, das heißt gegen seinen Leib«.

Die Asketen des Ostens »töten das Fleisch«, um ihre Seele frei zu machen, die westlichen Asketen strafen den Leib, um ihm die Hölle zu ersparen.

Für Franz trifft beides nicht zu. Askese bedeutet für ihn keine Selbstquälerei – bestimmt hat er nie einen Esel geschlagen, wie sollte er seinen Leib züchtigen und strafen? Barfuß gehen, das Geld nicht achten, mit einem Strick die grobe Kutte gürten, Nahrungsaskese, Schlafaskese, Bücheraskese sind für ihn kein Zwang. Normale Bedürfnisse haben für ihn einfach keinen Stellenwert mehr. Sie vergisst er gegenüber dem einen Bedürfnis, dem Jesusbild in sich Raum zu geben. Franz macht sich leer für den Erlöser: »Nicht ich lebe, sondern Christus lebt in mir«, das hatte auch schon Paulus gesagt.

Das ähnelt dem *wu-wei* Laotses: Nimm dich zurück, und das Tao kehrt ein! Und so großer Naturfrömmigkeit wie bei Franz begegne ich sonst nur beim Zen-Buddhismus des Fernen Ostens: »Treibe das Leersein bis zum Äußersten, und die zehntausend Geschöpfe kehren bei dir ein.« Auch bei Dogen, dem Zen-Meister Japans, sind beide eins: *Za-zen* und Naturfrömmigkeit. Übrigens sind sie Zeitgenossen, der kleine Bruder aus Assisi und Dogen (1200–1253), der erste Zen-Meister Japans.

Franz ehrt den Papst

Mit dem religiösen Establishment legte sich Franz nicht an. »Wo sie einen Priester fanden, reich oder arm, gut oder schlecht, verneigten sie sich demütig und bezeugten ihre Ehrfurcht«, erzählt man sich von den Mitbrüdern des Heiligen. Und von Franz lesen wir: »Auf den Knien versprach er dem Herrn Papst Gehorsam, voll Demut und Hingabe.« Die Macht- und Prachtkirche seiner Zeit irritierte ihn nicht. Von der Amtskirche wünschte er nur, sie solle ihn gewähren lassen, so sehr hatte er seine Frömmigkeit verinnerlicht.

»Viele scheinen Werkzeuge des Teufels zu sein, die doch noch Jünger des Herrn werden können«, schärfte er den Brüdern ein und forderte sie auf, »nicht jene zu verachten, die üppig leben und sich auffällig kleiden, denn unser Gott ist auch ihr Herr, und er ist fähig, auch jene für sich zu berufen. Niemand soll durch euch zu Zorn und Zank gereizt werden. Denn dazu seid ihr bestimmt, Verwundete zu heilen, Gebrochene zu verbinden und Verirrte zurückzurufen.« So fand der arme Franz mit der Kirche sein Auskommen.

Während man Waldenser und Katharer zur gleichen Zeit ermordete und verbrannte. Ging ihn das alles nichts an? Wirklich nicht? Franz ging mit den Seinen jedenfalls einen anderen Weg: In den Papstgetreuen will ich die »Sünde nicht sehen, weil ich den Sohn Gottes in ihnen erblicke«, schreibt er noch in seinem Testament.

Die närrischen Brüder

Der »neue Narr«, wie sich Franz von Assisi nannte, zog starke Persönlichkeiten an. Seine ersten Weggefährten kennen wir mit Namen. Es waren ausgeprägte Charaktere mit unverwechselbarem Profil. »Wir sollen durch die Welt ziehen und die Menschen ermahnen«, gab der Heilige seinen Wanderpredigern mit auf den Weg. »Mehr durch das Beispiel als durch das gepredigte Wort. Und fürchtet euch nicht, weil ihr klein und dumm erscheint.« So zogen sie aus. »Wo immer sie eine Stadt oder ein Dorf oder eine kleine Siedlung oder ein Haus betraten, dann sprachen sie den Friedenssegen darüber und bestärkten alle, den Schöpfer des Himmels und der Erde in Ehren zu halten, ihn zu lieben und seine Gebote zu achten. Manche hörten ihnen gerne zu. Andere lachten sie aus. Man bewarf sie mit Straßendreck, drückte ihnen Kinderrasseln in die Hände. Wieder andere rissen an ihren Kapuzen oder trugen die Brüder huckepack davon. Manchmal entrissen sie den Brüdern sogar die Kleider. Und dann standen die Diener Gottes nackt da.« Und so demütig und geduldig gingen sie auch miteinander um.

Hatte einer den anderen gekränkt, »warf er sich vor dem Bruder nieder und

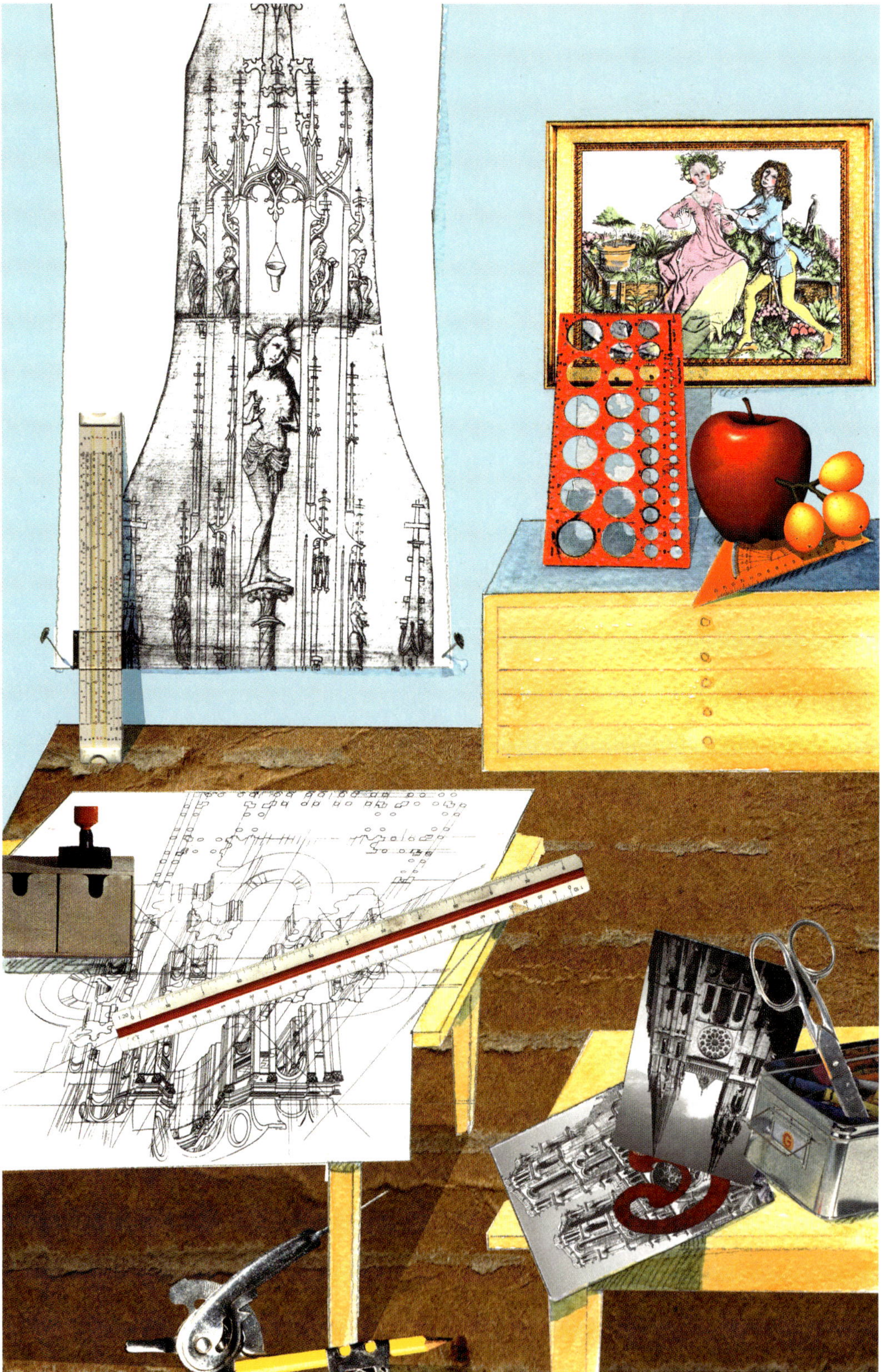

setzte sich dessen Fuß auf den Mund«. Geld war tabu. Franz verbot seinen Leuten, Münzen auch nur zu berühren.

Franziskanische Wissenschaftler haben später Europa in die Frühmoderne katapultiert. Das aber war in den Anfängen anders. »Übt man das Lernen, nimmt man täglich zu, übt man das Tao, nimmt man täglich ab«, sagte Laotse, und so sah es auch der heilige Franz. Zu einem Bruder, der gern ein Andachtsbuch besessen hätte, sagte er: »Wenn du ein Psalmbuch hast, wirst du bald ein Gebetbuch wollen, und wenn du dann ein Brevier hast, wirst du dich auf den Lehrstuhl setzen« und verschwindest hinter deinen Büchern. Gefragt, warum er, Franz, keine Bibel besitze, antwortete er, ihm genüge es, das Evangelium im Herzen zu tragen.

»So viele gibt es, welche die Wissenschaften vergöttern. Doch selig sind, die sich leer machen, und sich mit Gottes Liebe füllen lassen.« So klein, so niedrig waren die Anfänge. Saßen die Brüder zusammen, »brach Franziskus bisweilen in französische Jubellaute aus, und dann begleitete er sich pantomimisch auf der Viola, nahm ein Stück Holz von der Erde, legte es auf den linken Arm und hielt mit der Rechten einen mit einem Faden bespannten Stab. Den zog er über das Holz wie auf einer Viola und sang, die passenden Gesten dazu ausführend, auf Französisch von dem Herrn.« Aber die Bewegung der »kleinen Brüder« war verdammt zum Erfolg.

Laudato si, mi Signore

Der Erfolg stürzte die Ordensbrüder in eine Krise, und die Krise brachte den Ordensbegründer fast um. Die Zahl von Neuzugängen erforderte neue Regeln, eine Regulierung des gemeinsamen spontanen Lebens, der sich Franz widersetzte. Der Heilige wollte sich nicht verklostern lassen, Franz nahm Reißaus. Er folgte den Kreuzfahrern, um Muslime gewaltfrei zu bekehren. Er scheiterte in Marokko, er scheiterte in Ägypten. Zurück in Italien verzweifelte er an seinem Orden und zog sich von der Leitung zurück.

Das Bündnis mit dem religiösen Establishment forderte seinen Preis. Die päpstlichen Eingriffe in den Franziskanerorden mehrten sich, die Gesetzeskirche vereinnahmte die Graswurzelbewegung, und Franz litt. Mit 40 Jahren flieht er in die Einsamkeit der Berge. Um diese Zeit entsteht der berühmte *Sonnengesang,* das erste große Poem in italienischer Sprache: *Laudato si, mi Signore cum tucte le Tue creature,* »gepriesen seiest du, mein Herr, mit allen deinen

Geschöpfen«, auch den Tod vergisst Franz dabei nicht: »Gepriesen seiest du, Herr, durch unseren Bruder, den leiblichen Tod.«

Mit 44 Jahren, fast schon erblindet, ausgezehrt, unter Krämpfen stirbt Franz von Assisi einen langsamen, qualvollen Tod. Zuletzt verlangt der Sterbende, auf die bloße Erde gelegt zu werden, um eins zu werden mit dem Staub. An seinem Körper wollen seine Brüder die Blutmale des Gekreuzigten gefunden haben.

Die allmächtigen Päpste

Der Kirche war es gelungen, die Bewegung der Armen, die »nackt dem nackten Christus folgten«, entweder zu zerschlagen, oder zu integrieren, oder umzufunktionieren. Letzteres gelang Papst Honorius bei den Ordensbrüdern des Dominikus (1170–1221), sodass aus Bettelmönchen Inquisitoren wurden.

Gestärkt durch solche Siege, rühmte sich nun die Kirche der unbeschränkten Souveränität. Sie stellte die päpstliche Gewalt über die Königsgewalt in ganz Europa. Gleichzeitig entstand ein umfassend durchrationalisiertes Kirchenrecht, dessen Gültigkeit die Kirche auf dem ganzen Kontinent durchsetzen konnte. Die Reitställe der Kurie waren die größten Europas, und die berittenen Bevollmächtigten des Papstes gelangten innerhalb kürzester Zeit in die entlegensten Winkel aller Reiche. Rom hatte den Zenit seiner Macht erreicht.

Schon Karl der Große hatte es sich gefallen lassen müssen, seine Krone aus der Hand des Papstes zu empfangen. Heinrich IV. wartete barfüßig in Canossa auf die Absolution. Philipp, der König von Frankreich, und Gräfin Bertade erschienen 1104 barfuß und im Büßerhemd vor einem Kirchengremium, weil sie zehn Jahre unvermählt miteinander gelebt hatten. Sie wurden genötigt, ihre Verbindung zu lösen. Um den widerspenstigen englischen König Johann »Ohneland« zur Räson zu bringen, ermunterte Innozenz III. die Franzosen, in dessen kontinentalen Besitzungen einzumarschieren. Zugleich wurde ganz England der Bann getan. Auf diese Weise zwang der Papst den englischen König die britische Insel als päpstliche Leihgabe zu regieren. Zu ähnlichen Zugeständnissen wurden das spanische Königreich Aragon und das normannische Sizilien gezwungen.

Auch in die innerpolitischen Verhältnisse des Heiligen Römischen Reiches deutscher Nation, ihrer Schutzmacht, mischte sich die Kurie ein. Sie stärkte den deutschen Fürsten den Rücken, um die Macht des Kaisers zu demontieren. Die Kaiser, besonders Friedrich II., sahen sich genötigt, den geistlichen und weltlichen Fürsten weitreichende Hoheitsrechte abzutreten. Die Folge war die sprichwörtliche deutsche Kleinstaaterei. Deutschland war der Macht der Kirchenherrscher am meisten ausgesetzt, darum konnte sich im Reich keine starke Zentralmacht etablieren wie etwa in Frankreich oder in England.

Das größte Opfer aber brachte Italien der päpstlichen Machtpolitik. Der durch gefälschte Urkunden legitimierte Kirchenstaat, ein breiter Landstreifen von Venedig bis Rom, zerteilte die Halbinsel und verhinderte eine nationale Einigung Italiens auf Jahrhunderte.

Dabei kann nicht vergessen werden: Europa verdankt in kultureller und in politischer Hinsicht eben dieser römischen Kirche seine Existenz. Anders wären die Europäer Barbaren geblieben oder aber zu Eurabia, zu einer Provinz des Nahen Ostens geworden. Nur, was Eltern gleichermaßen schwer fällt – die nicht minder gluckenhafte Kirche versäumte es, ihre mündigen Kinder zeitig genug von der Hand zu lassen. »Wo viel Licht ist, ist starker Schatten«, heißt es bei Goethe. Das gilt ebenso für die Geschichte des Papsttums.

Die Staufer, eine »Schlangenbrut«

Wie kein anderer bekam Friedrich II. (1194–1250) die Macht der Päpste zu spüren. Der zum König 1215 in Aachen, zum Kaiser 1220 in Rom Gekrönte, erschien Nietzsche im 19. Jahrhundert als »das Genie unter den deutschen Kaisern«. Ein Zeitgenosse des Staufers bemerkte einschränkend: »Wäre er ein guter Katholik gewesen, hätte er wenige seinesgleichen gehabt.« Und ein guter Katholik im römischen Sinne des Wortes war Friedrich bestimmt nicht.

Das bescheinigt ihm sogar ein arabischer Historiker, der Friedrich persönlich begegnet war: »Aus den Reden des Kaisers ging klar hervor, dass er ein Materialist war und sein Christentum nur ein Spiel.« Aber vielleicht konnte das angesichts des Zustands der Kirche, die ihren Ursprung bei den »geistlich Armen« vergessen hatte, auch gar nicht anders sein.

Man sagt Friedrich das böse Wort nach, die Menschheit sei von drei Betrügern an der Nase herumgeführt worden, von Moses, Jesus und Muhammad. Hat der Kaiser das wirklich gesagt? Um die Existenz der Seele festzustellen, lautete ein anderes Gerücht, solle Friedrich befohlen haben, einen Todeskandidaten in einem Weinfass langsam ertrinken zu lassen, während seine Gelehrten beobachten sollten, ob dabei so ein Ding wie die Seele entwich.

Auch soll Friedrich auf einer abgeschiedenen Insel Säuglinge taubstummen

Pflegerinnen anvertraut haben – um herauszufinden, was die Ursprache der Menschen sei. Ist das alles wahr? Niemand kann es nachprüfen. Übrigens, schon der Ägyptische König Psammetich (um 500 vor unserer Zeit) soll mit zwei Neugeborenen ein ähnliches Experiment auf den Weg gebracht haben. Er fand dabei heraus, dass die älteste Sprache der Menschheit aus Kleinasien stamme, ein wissenschaftlicher Humbug.

An den wissenschaftlichen Ambitionen und Qualifikationen Friedrichs lässt sich hingegen nicht zweifeln. Sein vogelkundliches Werk *De arte venandi cum avibus* über die Falkenjagd hält auch modernen wissenschaftlichen Kriterien stand. Und plötzlich fällt Laserlicht ins 13. Jahrhundert: Europa beginnt zu experimentieren, statt mit scholastischen Definitionen zu hantieren.

Ebenso rational betreibt Friedrich seine Europapolitik. Und wer weiß, bis wohin er's noch gebracht hätte, wären nicht seine Gegenspieler, die Päpste, ihm ebenbürtig gewesen. »Ich wage es nicht, mich dem Herrn Papst in irgendeiner Weise zu widersetzen«, gestand Heinrich II., Friedrichs englischer Kollege. Friedrich wagte es. Er kämpfte mit der päpstlichen Macht und verlor. Nach zermürbenden Streitereien starb Friedrich im 56. Lebensjahr an einer Darmentzündung.

Zwei Mal hatten ihn die Päpste unter Bann gestellt. Zum Schluss hatte Innozenz IV., ein radikaler Verfechter der uneingeschränkten päpstlichen Souveränität, den römischen Kaiser kurzerhand abgesetzt. In Büßerkleidung gehüllt empfing Friedrich die Sterbesakramente und seine Absolution. Am Ende doch gut katholisch. 1250 wurde er im Dom von Palermo beigesetzt. Innozenz IV. jubelte: »Freuen mögen sich die Himmel und die Erde frohlocke!«

1268 starb Konradin, Enkel Friedrich II., König von Süditalien und Jerusalem. Die Päpste hatten ihre Schutzmacht ausgetauscht und vertrauten Frankreich die Verteidigung des Kirchenstaates an. Konradin wurde gebannt. Karl von Anjou besiegte Konradin in einer Schlacht östlich von Rom. Der Flüchtende wurde gestellt, auf dem Marktplatz von Palermo fand die öffentliche Hinrichtung des 13-Jährigen statt. Mit Konradin erlosch das Geschlecht der Staufer. Eine »Schlangenbrut« hatte Urban IV. sie genannt.

Hightech gegen Muslime

Doch das Papsttum hatte im Machtpoker überreizt. Nie wieder erreichte es eine ähnliche Machtfülle wie unter den machtstrategischen Päpsten des 13. Jahrhunderts. Denn eine neue Macht mischte sich ins Spiel: Die Wissenschaft.

Zuerst kam sie auf Papier daher. Roger Bacon (1219–1292), ein englischer Franziskaner, ließ seiner wissenschaftlichen Fantasie freien Lauf: »Es können z. B. Wasserfahrzeuge hergestellt werden, riesige Schiffe für Flüsse und Meere. Sie bewegen sich ohne Ruder, und ein einziger Mann kann sie besser lenken, als wenn sie bemannt wären. Dann gibt es auch Wagen, die sich ohne Pferde und mit ungeheurer Geschwindigkeit bewegen. Auch Flugmaschinen können gebaut werden. Ein Mann sitzt in der Mitte und bedient etwas, das die künstlichen Flügel der Maschine wie bei den Vögeln flattern lasst. Ferner kann man eine Maschine für Unterwasserfahrten auf Flüssen und Meeren bauen. Sie taucht auf den Grund ohne Gefahr für den Menschen. Noch unendlich viele andere solche Dinge können verfertigt werden: Brücken, die ohne Pfeiler Flüsse überspannen, und so weiter.« Für sein Hightech-Projekt suchte Bacon Unterstützung bei der Kurie. Solche Maschinen könnten jederzeit gebaut werden, versicherte er dem Papst. Und man könnte sie gegen die Ungläubigen einsetzen. Damit werde die Kirche künftigen Gefahren besser begegnen, besonders dem im Osten drohenden Antichristen. Darum sei es geboten, »die Wissenschaften zu fördern und die Geheimnisse der Natur zu erforschen«. Forschung, geboten aus christlicher Verantwortung. Unterseeboote, Flugmaschinen, Kraftfahrzeuge – Hightech gegen Muslime und den Antichristen.

Roger Bacon war kein Fantast. Er war ein Visionär. Bacon experimentierte mit intelligenten Konstruktionen, er sah das Teleskop voraus, man will ihm sogar die Erfindung des Schießpulvers in Europa zuschreiben. Und damit haben sich dann die Christen tatsächlich den Weg zur Weltherrschaft freigeschossen.

Ein frommer Computer

Ein anderer Franziskaner, Raimundus Lullus (1232–1316) auf Mallorca, widmet seine ganze Kraft der Konstruktion eines intelligenten Mechanismus, der maschinell die christlichen Glaubenswahrheiten beweisen soll – um sie den ungläubigen Muslimen zu demonstrieren. Manche sehen in der komplizierten Apparatur eine Vorform des Computers. Wie dem auch sei, Europa beginnt im 13. Jahrhundert einen intellektuellen Sonderweg einzuschlagen, der zu einer permanenten Wissensrevolution führt.

Universitäten werden jetzt wie im Fließbandverfahren gegründet: Bologna, Paris, Oxford. Sie verweltlichen das Wissen, indem sie das Bildungsmonopol der Kirche aufzubrechen beginnen. Marco Polo berichtet von seiner Reise in den Fernen Osten. Seine Informationen über chinesische Technologien werden begierig aufgenommen und verleihen dem wissenschaftlich-technischen Interesse vermehrten Anschub. Und die fernöstliche Perspektive entzaubert den globalen päpstlichen Machtanspruch. Die Welt war größer als das christliche Europa.

»Auch eine Frau kann Gott sein«

Eine neue Art von religiöser Selbstvergewisserung untergräbt das Religionsmonopol der Kirche. Neben und nach der Armutsbewegung entsteht in Europa der Pantheismus: Gott existiert als das Alles-in-Allem. Wenn Gott aber alles ist, dann ist er auch in jedermann und jeder Frau, und es braucht keine Vermittler mehr zwischen ihm und den Gläubigen. Die Kirche hat ausgedient. Das jedenfalls war die Meinung der »Rieser Ketzer« im deutschen Schwabenland.

Und das führte sie zu radikalen theologischen Konsequenzen: »Wenn Gott alles in allem ist, dann ist alles in allem Gott. Daraus folgt, dass es Teufel in Wirklichkeit nicht gibt, auch keine Dämonen, auch keine Hölle oder das Fegefeuer. Und was man Engel nennt, das sind in Wahrheit die menschlichen Tugenden. Und sexuelles Begehren stammt nicht vom Teufel, sondern ist natürlich. Sünde ist nur, was man für Sünde hält. Die Würde des Menschen ist unantastbar. Auch eine Frau kann Gott sein. Die Eucharistie ist sinnbildlich zu verstehen, nämlich als die Erhöhung des Menschen. Weiß sich der Mensch eins mit Gott, muss er weder Buße tun noch um Bußgesinnung beten. Der mit Gott vereinte Mensch steht über den Zehn Geboten. Weil Gott alles in allem ist, soll allen alles gemeinsam gehören. Gutes zu tun muss Selbstzweck sein, man soll sich nicht den Himmel damit verdienen wollen. Alles Tun soll allein Gott loben. Das Leiden von Christus dient nicht der Erlösung, sondern ist Anstoß zum Guten. Die Auferstehung der Toten geschieht schon hier und jetzt.« Aufklärung, mitten im Mittelalter. Man glaubt, Aliens wären im Schwabenland gelandet.

Die Zitate stammen aus dem Gerichtsprotokoll eines Inquisitionsverfahrens, das die Kirche unter Vorsitz von Albertus Magnus 1270 gegen die Rieser Freigeister anstrengte. Den »Brüdern und Schwestern vom freien Geist«, die an keine Höllenstrafen glaubten, machte der Stockmann die Hölle heiß. Die Idee der religiösen Autonomie jedoch überlebte, trotz Folter und Verfolgung.

Vierzehntes Jahrhundert

Demokratie in der Kirche?

Die schwäbischen Freigeister dachten radikal: »Auch eine Frau kann Gott sein!« So frei sind wir heute noch nicht einmal. Freiheit wurde damals neu erfunden. Überall in Europa. Die Bürger der Städte des 13. und 14. Jahrhunderts trotzten ihre Freiheiten den Stadtherren ab. Ihren Bischöfen oder den weltlichen Stadtherren. »Stadtluft macht frei!« Dieser Grundsatz wurde damals geprägt. Tausende zogen in die Städte, um die Luft des freien Bürgers zu atmen und die neuen bürgerlichen Rechte für sich in Anspruch zu nehmen.

Stadtluft macht frei

Das neue Selbstbewusstsein schuf sich eine neue Architektur. In italienischen Städten sprossen wie Wälder die Türme empor. In Bologna, Lucca, Pavia machten die Hochhäuser der Adeligen den Kirchtürmen Konkurrenz. Bis zu 100 Meter hoch ragten sie in die Wolken. Auch in Süddeutschland, in Regensburg zum Beispiel, demonstrierten die Bürger mit Adels- und Patriziertürmen ihr neues Freiheitsgefühl. Und die hoch entwickelte Wirtschaftsregion Flanderns brachte den »Belfried« hervor, ein freistehendes oder mit einer Halle verbundenes Hochhaus, in dem die Stadtschöffen zusammentraten. Zur Spitze des Belfrieds im belgischen Brügge steigt man 366 Stufen empor, mit 47 Glocken ist der Glockenstuhl bestückt.

Auch die neuen Stadtglocken sind Sinnbilder der städtischen Freiheit. Sie läuten die Neuzeit ein. Noch folgen Kloster- und Kirchenglocken dem alten Zeittakt der klösterlichen Gebetszeiten. Da sind die Stunden »ungleich«, im Sommer doppelt so lang wie im Winter. Die Stundenschläge der Stadtuhren dagegen geben den Zeittakt mit »gleichen« Stunden vor. Statt mit Gebeten messen sie die Zeit mit Geld.

Die Kirche muss ihr Macht- und Religionsmonopol Stück für Stück aufgeben. Doch will sie lange nicht wahrhaben, was die Stunde geschlagen hat. Dass die öffentlichen Uhren plötzlich anders gehen. 1370 befiehlt Karl V. von Frankreich, dass sich fortan alle öffentlichen Uhren der Stadt Paris nach dem Stundenschlag des königlichen Palastes zu richten hätten

Marsilius, Vordenker der Demokratie

Der Erste, der daraus staatsrechtliche Konsequenzen zog, war der italienische Philosoph Marsilius von Padua (1280–1343). Marsilius fordert die Gewaltenteilung. Die weltliche Herrschaft soll nicht länger vom Papst verliehen werden, wie es in dem Papstdekret von 1302 noch heißt: »Die geistliche Macht setzt die weltliche ein.« Vielmehr besteht der Staat, betont Marsilius, kraft eigenen Rechts.

Seit der Mensch das Paradies verließ, seit der erste Brudermord geschah, zwingt die Not den Menschen, sein Überleben durch Vereinbarungen sicherzustellen. Das Volk wählt seine Repräsentanten und gibt ihnen die Befugnis, auf dem Weg des Gesetzes ein friedfertiges Miteinander seiner Bürger notfalls auch zu erzwingen. Gesetzgebende Gewalt geht also vom Volk aus. Es kann seinen Herrscher mittels Stimmabgabe frei wählen.

Nicht anders kann es im kirchlichen Bereich sein, erklärt Marsilius. Oberste Instanz der Kirche muss ein von Priestern und Laien besetztes Gremium sein, ein Konzil, das die Kirchenleitung wählt. Wenn die Päpste ihre unhinterfragbare Autorität von Petrus ableiten, berufen sie sich betrügerisch auf die Bibel. Geistliche Würde besitzen nach biblischem Wortlaut nämlich »alle Priester in gleicher Weise«. Und zwar bilden alle Christen zusammen eine Körperschaft. Zusammen sind sie ein Leib, darum nennt auch die Bibel die Kirche sinnbildlich die »Braut von Christus«. Und an der Braut von Christus versündigen sich die Päpste, sie »reißen ihr die Glieder vom Leib, denn die wahren Mitglieder der Kirche, die Armen und Niedrigen, verstoßen sie. Und zeigen damit, dass sie keine Diener von Christus sind, sondern dessen Feinde.« Das schreibt Marsilius von Padua im Jahr 1324.

Gesunden kann die Christenheit erst, wenn der permanente Machtmissbrauch des Papsttums aufhört. Jesus jedenfalls hat auf alle weltliche Macht verzichtet. In staatliche Angelegenheiten hat er sich, anders als die Päpste, niemals eingemischt. Im Gegenteil, er hat seinen Jüngern untersagt, sich als Herren aufzuspielen. Marsilius zitiert dazu die Bergpredigt: »Ihr wisst, die Fürsten halten ihre Völker nieder, und die Mächtigen tun ihnen Gewalt an. So aber soll es bei euch nicht sein!« Also verlangt Marsilius eine strikte Trennung von Staat und Kirche. Zu ihrer beider Besten. Denn das Gerangel zwischen Päpsten und Königen trägt nur Unfrieden unter die Menschen.

Marsilius sieht sich als *Verteidiger des Friedens*, und das ist auch der Titel seiner revolutionären Schrift. Ob er glaubte, er werde mit seiner Schrift etwas erreichen? Ich denke, diese Frage hat er sich nicht gestellt. Marsilius war Philosoph, und Philosophen glauben an die Macht von Ideen.

Europas demokratische Traditionen

Ein vielfältiges Mitspracherecht praktizierte man immer schon in christlichen Landen. Von der Hauskirchenzeit an. Auch im Mittelalter wurde ständig gewählt und abgestimmt. Die isländischen Bauern votierten per Abstimmung für den christlichen Glauben. Bürger wählten die Stadträte, Schöffen und Geschworene, die Stadträte wählten den Bürgermeister, Könige wurden gewählt, Kontrollgremien beschnitten die Kaisermacht. Klöster wählten ihre Äbtissinnen oder ihren Abt, Bischofssitze wurden durch Wahlen besetzt, in früheren Zeiten war sogar die ausdrückliche Zustimmung des Volkes gefordert, und das Kollegium der Kardinäle wählte den Papst.

Abgestimmt wurde zum Beispiel mittels farbiger Bohnen, die man in den Wahlsäckel warf, oder auch schriftlich, doch nicht immer geheim. Meist genügte die einfache Mehrheit. Raimundus Lullus, der Erfinder des mechanischen »Glauben-Computers«, stellte 1299 in seiner Schrift *Über das Wahlverfahren* ein System vor, das allen modernen Ansprüchen genügte: Allgemein und unmittelbar musste die Wahl sein, und der Abstimmungsvorgang sollte geheim verlaufen, frei und gleich.

Gewählt wurde immerzu in Europa. Allerdings, die Idee der Volkssouveränität des Marsilius war neu in christlichen Landen. Doch sie hatte eine lange Tradition.

Im 5. Jahrhundert vor unserer Zeit ließ der altgriechische Dichter Aischylos Apoll die Athener mahnen: »Zählt sorgfältig, Bürger, was an Stimmsteinen fiel, und hütet euch, beim Auszählen zu betrügen.« Und Pallas Athene, die Schutzherrin der Stadt, bekräftigt: Abstimmung und Wahlen zeichnen die Griechen vor allen anderen Völkern aus. Schon ein Jahrhundert vor Aischylos hatte das Orakel von Delphi den Führern Athens geraten: »Entscheidung und Bestätigung soll dem Volk zustehen.« Parallel dazu hieß es im ältesten Rom: Das Volk ernennt einen König, und dem Senat obliegt es, die Wahl zu ratifizieren.

Diesen Grundsatz der Volkssouveränität machte sich Aristoteles in seiner Staatsrechtslehre zu eigen. Dort schreibt er: »Der Bürger wird dadurch definiert, dass er teilnimmt an Rechtsverfahren und an der Regierung.« Auf beides muss sich der Bürger verstehen, aufs Regieren wie aufs Regiertwerden. Beides im Wechsel. So Aristoteles, und auf ihn als Kronzeugen berief sich Marsilius.

In philosophischer Hinsicht wog das Wort des Aristoteles viel. Im Staatsrecht dagegen beherrschte Platon das Feld. Und bei Platon ging die Macht nicht vom Volk aus, sondern kam von oben, von ganz oben: »Ein Gott, ein König, ein Recht, ein Glaube«, sagte man später in Frankreich. Das brachte Platons Staatsrecht auf den Punkt. Es war von den Herrschern aus konstruiert und religiös abgesichert. Eine Rotation der Ämter, zum Beispiel, wie sie Aristoteles vorsah, war Platon fremd. Platons Verfassung war patriarchal, um nicht zu sagen, totalitär. Das kam bei Kalifen, Päpsten und bei allen autokratischen Herrschern besser an als das demokratiefreundliche Modell des Aristoteles.

Der plädierte für eine »Misch-Verfassung«: Radikaldemokratie führt zum Chaos, Monarchie endet leicht in einer Diktatur, und die Herrschaft des Adels erzeugt Sozialneid. Am besten von jedem etwas. Wie es heute noch die britische Verfassungswirklichkeit darstellt. An Ähnliches mag auch Marsilius von Padua gedacht haben. Obwohl es schon recht basisdemokratisch klingt, wenn Marsilius allein die »Gesamtheit der Bürger oder ihr wichtigster Teil« als zuständiges Organ des Gesetzgebungsverfahrens bezeichnet. Nun, so oder so, Marsilius von Padua handelte sich mit seiner Friedensschrift *Defensor pacis* jede Menge Ärger ein.

Canossa wiederholt sich nicht

Marsilius versetzte Johannes XXII. in Rage. Der Verfasser des *Defensor pacis* wurde auf der Stelle exkommuniziert. Das betreffende Schreiben vom 23. Oktober 1327 nennt ihn einen »Teufelssohn«, einen »frivolen Lügner«, einen »Lästerer« und verurteilt ihn als »Anführer einer ketzerischen Vereinigung«. Die durch nichts begründeten Anschauungen des Buchs widersprächen der Bibel, und sie gefährdeten den katholischen Glauben. Das taten sie wirklich. Marsilius von Padua hatte die Allmacht des Papstes auf dem Papier so demontiert, dass rückblickend die ganze

Geschichte der Päpste als ein einziges Betrugsmanöver erscheinen musste. Der Brandstifter musste brennen, Marsilius samt seiner Friedensschrift.

Der suchte bei dem deutschen König Ludwig IV. in München Zuflucht. Auch Ludwig war ein Gebannter. Die Päpste hatten sich über Jahre massiv in innerdeutsche Thronstreitigkeiten eingemischt. Ständig mit dem Ziel, ihren Wunschkandidaten an die Spitze des Reiches zu befördern. Die Kurie griff sogar aktiv in die Besetzung des Wahlkollegiums ein, schürte die Unstimmigkeit unter den deutschen Fürsten. Doch Ludwig konnte sich halten. Er war zwar gebannt, aber immer noch im Amt.

Die Päpste waren mittlerweile von Rom nach dem französischen Avignon umgezogen und hatten sich dort häuslich eingerichtet. Ein Eingeständnis ihrer Schwäche. Sie hatten vor den intriganten Machtspielen der römischen Machtcliquen kapitulieren müssen und retteten sich ins Ausland.

Ludwig nahm den gebannten Marsilius auf, ein bewusster Affront gegen den Papst, und damit nicht genug, machte Ludwig den Gebannten auch noch zu seinem politischen Berater. Mit ihm zog er 1327 nach Rom. Dort ließ er sich vom weltlichen Magistrat der Stadt zum Kaiser krönen. Umgehend erklärte die Kurie das Krönungsverfahren für illegitim. Doch die deutschen Wahlfürsten schlugen sich auf die Seite des Kaisers. Sie stellten offiziell fest, dass der von ihnen Erwählte keiner päpstlichen Bestätigung bedurfte.

Eigentlich hätte Johannes XXII. jetzt über ganz Deutschland das »Interdikt« verhängen müssen. Dann wäre der Klerus in deutschen Landen verpflichtet gewesen, alle kirchlichen Amtshandlungen auszusetzen: Keine Ehe wäre mehr eingesegnet worden, kein Kind hätte die Taufe empfangen, kein Sterbesakrament die Sterbenden trösten dürfen, alle Kirchentüren wären geschlossen gewesen. Doch vor einer so dramatischen Zuspitzung des Streites scheute die Kurie zurück. Die Angelegenheit blieb in der Schwebe.

Marsilius verbrachte seine Tage weiter als Ludwigs Berater in München und starb daselbst. Mit dem Sakrament versehen. Wenig später starb auch Ludwig IV. Bis zuletzt gebannt und doch im Amt. Die Päpste hatten ihren Bannstrahl zu oft geschleudert, er zündete nicht mehr. Canossa war Geschichte.

Päpste in Avignon

Nach dem Sieg über die Staufer verfiel die päpstliche Macht. Mit dem Umzug nach Avignon 1309 waren die Päpste die erpresserischen Adelscliquen Roms los und hatten sich in ihrer französischen Residenz zugleich dem Zugriff des Heiligen Römischen Reiches entzogen.

An Avignon mit seinen 22 Brückenbogen erinnert das französische Tanz- und Kinderlied *Sur le pont d'Avignon.* Zwölf Päpste residierten zwischen 1300 und 1370 in der Stadt. Und wie im Kinderlied drehte sich das Papsttum um sich selbst. Es hielt sich weiterhin für den Nabel der Welt. Währenddessen erzählte Marco Polo in Venedig von seinen fernöstlichen Abenteuern. Dem Großkhan von China hatte er im Auftrag der Kurie ein Fläschchen heiliges Öl und Briefe des Papstes überbracht. Doch von den Traumtänzern im fernen Avignon hatte der große Kublai Khan noch nie etwas gehört.

Die Kurie baute Avignon aus. Sie errichtete ein überdimensionales Palais und befestigte die Stadt mit dem heute noch vorhandenen Ringwall. Aber um ihr Leben brauchten die Päpste in Frankreich nicht zu bangen. Das Haus der Kapetinger, das Frankreich von den Karolingern bis zur Französischen Revolution über 800 Jahre regierte, fühlte sich dem Erbe Karls des Großen verpflichtet. Und für den gab es nur eine Christenheit, die römisch-katholische. Die »allerchristlichsten Herrscher« nannten sich die Kapetinger und sahen in dem Volk, das sie regierten, Gottes eigenes Volk: *Une dieu, un roi, une foi, une loi.* Wenn auch kein Papst in dieser Gleichung vorgesehen war, verhielten sich Frankreichs Könige immer loyal gegenüber den Nachfolgern des Petrus. Loyal, aber auch nicht mehr. In ihre Politik ließen sich die Kapetinger vom Heiligen Stuhl nicht hineinreden. Dennoch, mit einem gewissen Recht nannte Papst Johannes Paul II. im Jahr 1980 Frankreich die »älteste Tochter der Kirche«.

Die Päpste waren klug genug, den Kapetingern eine Sonderrolle zuzugestehen. Die französische Kirche als heimliche Nationalkirche gewähren zu lassen. Kapetinger und Päpste begegneten sich auf Augenhöhe. Gelegentliche Ausrutscher wie im Jahr 1104, als Philipp und Bertrada in Büßergewand vor der Konklave standen, oder die unglücklichen Versuche von Bonifatius VIII., sich in die französische Steuerpolitik einzumischen, waren schnell vergeben und vergessen. So was passierte nun mal, gelegentlich, selbst unter Freunden. Für das gute Einvernehmen zwischen Thron und Altar sprechen auch die Zahlen: Sieben der Avignon-Päpste und 111 von 134 ernannten Kardinälen waren Franzosen.

Die Kurie: ein Finanzkonzern

In Avignon organisierte sich die Kurie zum ersten europaweit agierenden Finanzkonzern. Verstarb im nördlichen Estland zum Beispiel ein Bischof, fiel sein hinterlassenes Vermögen an die Kurie. Die Einnahmen des verwaisten Besitzes gingen ebenfalls nach Avignon: Die Erträge aus Wasser-, Weg- und Mühlensteuern, die Abgabe des Zehnten, Pachtlanderträge, Zolleinkünfte und vieles mehr. Mit der Wahl eines Bischofs waren dann abermals neue Gebühren fällig. Und weil die polnischen Könige ihre Herrschaft als päpstliches Lehen führten, zahlten auch sie alljährlich für ihre Kronrechte nach Avignon. In England wurde der »Silberdenar des Heiligen Petrus« als Häusergebühr erhoben, ebenso in anderen nördlichen und östlichen Ländern. Außerdem waren Gebühren für kirchliche Dienstleistungen unterschiedlichster Art zu entrichten – kurzum, wie alle Finanzbehörden war die Kurie höchst erfinderisch, immer neue Geldquellen zu erschließen, die Gold und Silber in die päpstlichen Schatullen spülten.

Geld hinterlässt Spuren. Petrarca, der italienische Dichterfürst, kannte den päpstlichen Hofstaat aus eigener Anschauung. Erbittert schrieb er 1352: »Mit Gold wird hier Christus verkauft!« Und Birgitta, der schwedischen Heiligen, erschien Christus und tadelte Papst Clemens: »Du vergiftest die Seelen! Schlimmer als Luzifer. Du bringst mich um, ziehst mich mit hinein in deine üblen Machenschaften. Seelen, die dir anvertraut sind, verdirbst du durch dein schlechtes Beispiel!« So war es in der Tat. Die intrigante Finanzmoral Avignons untergrub die allgemeine Moral.

Birgitta von Schweden (1302–1373) hatte acht Kinder zur Welt gebracht. Nach dem Tod ihres Mannes begab sie sich auf Reisen und landete in dem von den Päpsten aufgegebenen Rom. In einem Brief schildert sie die römischen Verhältnisse: »Kirchen dienen als Latrinen, wilde Hunde streunen darin umher, in Rom hält man sich nicht mehr an die Fastentage, Priester leben öffentlich mit ihren Mätressen zusammen und verteidigen sich mit dreister Stirn: Heiraten dürfen wir ja nicht, denn wir unterstehen dem Kirchenrecht.« Birgitta wie auch Katharina aus Siena bestürmten den Papst, den Sitz der Kurie nach Rom zurückzuverlegen.

Gregor XI. kamen die beiden Frauen wie gerufen. Seit er sein Pontifikat antrat, suchte er die Kurie dem Einfluss der französischen Krone zu entziehen. Die Rückkehr nach Rom setzte er schließlich gegen die Mehrzahl der Kardinäle durch. 1377 zog Gregor XI. in Rom ein. Im Folgejahr wählten die französischen Kardinäle einen Gegenpapst, der in Avignon residierte. Die beiden Päpste in Rom und Avignon belegten sich gegenseitig mit Bannflüchen.

Der Schwarze Tod entvölkert Europa

Fast vierzig Jahre, von 1378 bis 1417, teilt das »Große Schisma« Europa. Später kommt noch ein dritter Papst hinzu. Jeder hat seine eigene Verwaltung, jeder wacht eifersüchtig über sein Einflussgebiet, jeder sucht jedem das Wasser abzugraben. Und Europa sitzt auf dem Trockenen. Was ist nun mit dem großen Satz »Die römische Kirche hat nie geirrt«? Niemand weiß mehr, woran er ist. An wen er sich halten soll. Äbte und Gegenäbte, Bischöfe und Gegenbischöfe bekämpfen sich voll Hass. Nur das Recht des Stärkeren gilt. Muss der einfache Christenmensch da nicht an Gott und der Welt verzweifeln?

Dabei hätten die Menschen gerade jetzt des Beistands der Kirche bedurft. Denn seit Mitte des Jahrhunderts geht die Pest in Europa um. Sie breitet sich in Wellen aus, kommt in immer neuen Schüben zurück. Bis tief hinein ins nächste Jahrhundert.

Hermann Hesse hat in seinem Roman *Narziss und Goldmund* den damaligen Schrecken nachempfunden: »Eltern hatten die Kinder und Gatten ihre Frauen verlassen, wenn sie krank geworden waren. Die Pestknechte und Spitalbüttel herrschten wie Henker, sie raubten in den leergestorbenen Häusern, ließen nach ihrer Willkür die Leichen unbeerdigt, bald rissen sie die Sterbenden, noch ehe sie ausgeatmet hatten, aus den Betten auf die Leichenkarren. Geängstigte Flüchtlinge irrten einsam umher, verwildert, jede Berührung mit Menschen meidend, von Todesfurcht gejagt. Andere taten sich in aufgepeitschter, erschreckter Lebenslust zusammen, hielten Zechgelage und feierten Tanz und Liebesfeste, bei denen der Tod die Fiedel strich. Verwahrlost, trauernd oder lästernd, mit irren Augen hockten andere vor den Friedhöfen.« Und der italienische Renaissanceautor, der große Giovanni Boccaccio, beschreibt das Grauen als Augenzeuge: »Für die große Menge an Leichen, die täglich und fast stündlich bei jeder Kirche zusammengetragen wurden, reichte der geweihte Boden zur Bestattung nicht aus. Deshalb hob man auf den Kirchhöfen, als alles belegt war, tiefe Gruben aus und warf die hinzukommenden Leichen zu Hunderten hinein. Aufgehäuft wie bei einer Schiffsladung, Schicht auf Schicht, mit ein wenig Erde bedeckt, bis die Grube randvoll war.« Innerhalb von zwei Generationen verliert Europa die Hälfte seiner Bewohner.

Von ihrer Kirche im Stich gelassen, nehmen es die Menschen selbst in die Hand, den Himmel zu erweichen. Mit Kreuz und Kerzen, mit eisendurchflochtenen Peitschen ziehen erst Hunderte, dann Tausende in Prozessionen durchs Land, entblößen auf öffentlichen Plätzen den Oberkörper und geißeln sich. Sie wollen die Sünden der Christenheit abbüßen, damit ihnen die Pest, die sie als Strafe Gottes empfinden, erspart bleibt. »Dass Gott das große Sterben wende« ist ihre Losung. Von Ungarn, von Österreich ausgehend breitet sich die Bußbewegung nach Polen aus, ergreift die deutschen Lande, Nordfrankreich, die Niederlande und gelangt bis nach London. Chroniken sprechen von Hunderttausenden. Betend, singend, büßend marschieren Männer wie Frauen mit, gekleidet in Kapuzenmäntel und spitze Hüte, mit roten Kreuzen gezeichnet.

Avignons Päpste ächten die Büßer. Sie diffamieren die Geißler als Häretiker, Feinde der Kirche, unterstellen ihnen Mord, Raub und Totschlag. Doch jede neue Pestwelle treibt die Büßer erneut auf die Straßen, um Gottes Zorn zu besänftigen. Die Pestbeulen gelten als »Gottesmale«, *God's token,* als Gottes Rache an der sündigen Welt. An der sündigen Kirche.

Der Bevölkerungsrückgang schwächt die Wirtschaft, die Wanderbewegungen verschärfen die Krise. Felder fallen brach, ganze Dörfer verschwinden, der Handel bricht zusammen. »Man konnte ein Pferd, das 40 Schilling wert war, für 6 Schilling und 8 Pence haben«, notiert ein englischer Chronist. Das ganze Preisgefüge gerät durcheinander. Und die Pest trifft natürlich besonders die Armen. Nach einem der Seuchenzüge schreibt ein französischer Bürger: »Die Krankheit hat bisher immer nur die armen Leute befallen. Möge Gott sich damit zufrieden geben.« Die Folge ist ein gravierender Mangel an Arbeitskräften.

»Als Adam grub und Eva spann, wo war da der Edelmann?«

In England geben Großgrundbesitzer den arbeitsintensiven Getreidebau auf. Sie spezialisieren sich auf Weidewirtschaft, besonders auf die weitflächige Schafzucht. Die Vertreibung von Kleinpächtern und die Aufgabe ganzer Dörfer sind die Folge der Rationalisierungsmaßnahmen.

Das provoziert 1381 einen Aufstand der Bauern. Wat Tyler und der Prediger John Ball stellen sich an die Spitze der Revolte. Am 7. Juni predigt John Ball vor Aufständischen am südlichen Themseufer Londons: »Als Adam grub und Eva spann, wo war da der Edelmann?« Den Bauern voran marschiert er nach London. Die Aufrührer stürmen Gefängnisse, verbrennen Akten und Schuldarchive, sie plündern die Häuser der Reichen. Vor den Mauern von London beziehen sie ein Feldlager und verlangen, vom König gehört zu werden.

Richard II. wird mit einer Flut von Forderungen überschüttet. Tyler verlangt die Gleichstellung aller Menschen mit Ausnahme des Königs, Kirchenbesitz soll enteignet und unter die Bedürftigen verteilt werden, Tyler klagt eine Bodenreform ein, er fordert die Abschaffung der Leibeigenschaft.

Noch während der Anhörung wird Wat Tyler von Londons Bürgermeister erstochen. Seine Leute nehmen Reißaus. Unter ihnen ist auch der aufsässige Priester John Ball. Er wird gefasst, als Verräter verurteilt. Vor den Augen des Königs knüpft ihn der Henker auf, reißt ihm die Eingeweide aus dem Leib und vierteilt den Prediger der Armen. Nicht besser ergeht es den übrigen Aufständischen. Vor den Mauern Londons werden Wälder von Galgenhölzern in den Boden gerammt. »Schließlich, eingedenk Gottes Gnade, und als der König sah, dass er zu viele seiner Bauern verlor, hatte er Mitleid und gewährte den Überlebenden Pardon. Unter der Bedingung, nie wieder zu rebellieren. Obendrein musste jeder der Begnadigten sich mit 20 Schilling freikaufen, um die Kasse des Königs zu füllen.« Nun saßen die Armen erst recht in der Schuldenfalle.

Wycliffe, der englische Reformator

Man forschte nach Hintermännern des Aufstands. Und hatte bald den Schuldigen ausgemacht: John Wycliffe (1320–1384), Oxford-Professor und Pfarrer von Lutterworth. Eigentlich hatte Wycliffe einen guten Namen. Als theologischer Gutachter hatte er das Parlament gegen Ansprüche der Kurie verteidigt. Es ging dabei um viel. Nämlich um acht Tonnen Silber, welche die englische Krone der Kurie schuldig geblieben war. Das rechnete Urban V. dem König Edward III. vor.

Johann Ohneland hatte unter Druck England zum päpstlichen Lehen umwidmen müssen. Symbolisch legte Johann seine Krone auf die Erde, der päpstliche Legat stieß sie mit einem Fußtritt um, hob sie danach aus dem Staub und setzte sie Johann auf. Damit war die päpstliche Lehnsherrschaft über die englische Krone besiegelt. Johann verpflichtete sich, für die ihm verliehene Herrschaft einen jährlichen Betrag zu entrichten. Das war vor 150 Jahren.

Aber seit 35 Jahren hatte England seine Zahlungen eingestellt. Urban erinnerte Edward daran und forderte ihn unter Strafandrohung auf, den Rückstand zu begleichen. Das Parlament hätte den Betrag bewilligen müssen. Doch, beraten

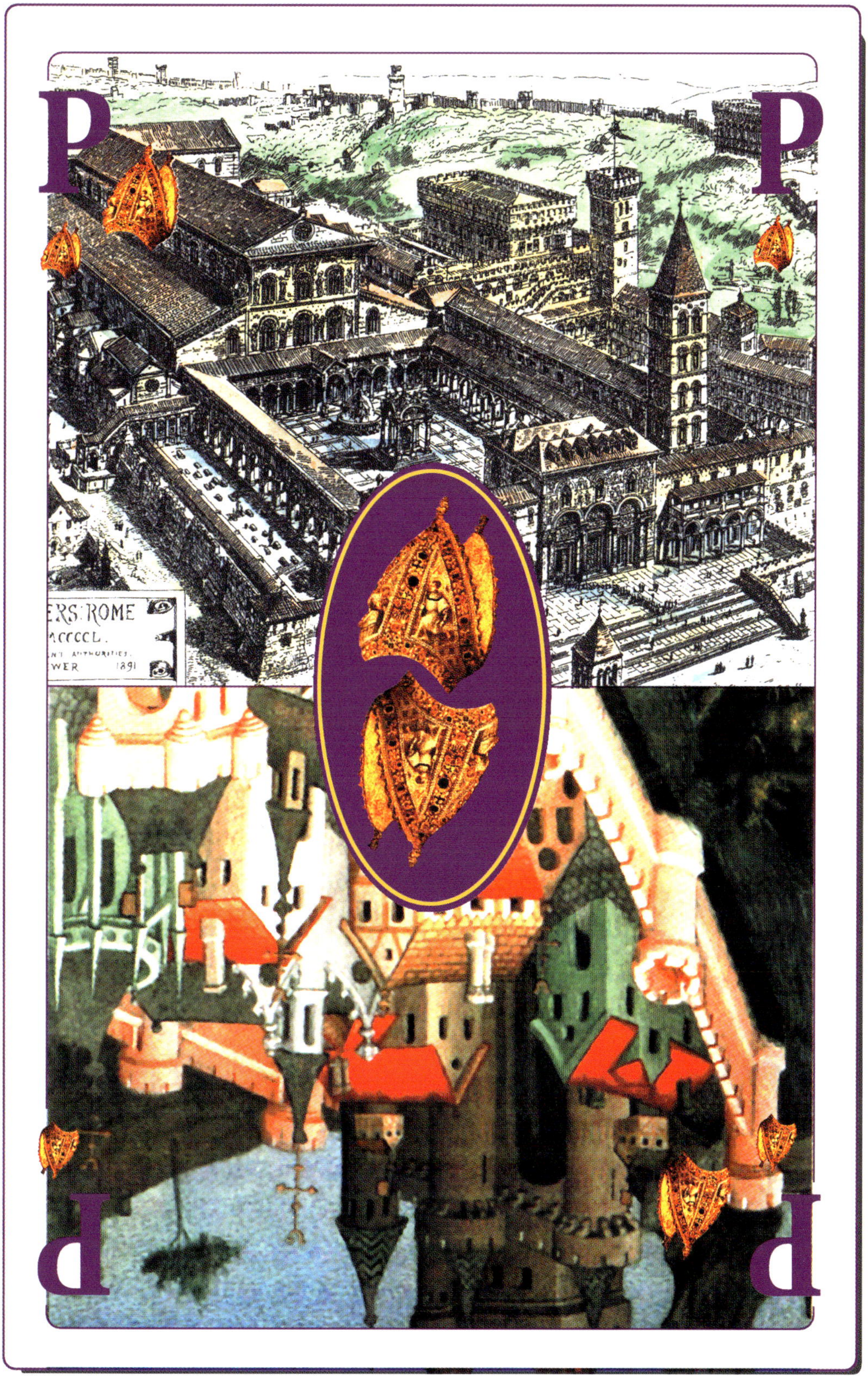
P
P
ERS: ROME
1891

von Wycliffe, weigerten sich die Adelsvertreter, den Forderungen der Kurie nachzukommen. Urban musste zur Kenntnis nehmen, dass ihm ein neuer Vertragspartner gegenüberstand. Statt der Einzelperson des Königs ein Gremium, das Parlament. Mit dem mochte der Papst sich nicht anlegen. Er zog seine Forderung zurück.

Das war der Anfang von Wycliffes öffentlicher Karriere. Er legte mit einer Schrift nach. Darin machte er sich für die staatliche Unabhängigkeit von der Kirche stark. Und ging so weit zu behaupten, die kirchlichen Liegenschaften gehörten von Rechts wegen der englischen Nation. So gewann Wycliffe die Gunst des Hofes. Doch der Bischof von London erhob Anklage gegen ihn – den aufsässigen Theologen, der offensichtlich ein Geistesverwandter des Marsilius von Padua war. Nur das bewaffnete Eingreifen des Adels in das bischöfliche Gerichtsverfahren verhinderte Wycliffes Verurteilung.

Wycliffe demontiert den Papst

Doch jetzt war die Kurie am Zug. Gregor XI. verurteilte eine Anzahl der Thesen Wycliffes als staats- und kirchengefährdend. Das offizielle Schreiben, die »Bulle« (das heißt: das besiegelte Dekret) nannte Wycliffe in einem Atemzug mit dem »perversen« Marsilius, der die Trennung von Staat und Kirche gefordert hatte. Auch Wycliffe bekam sein Fett weg. Die Bulle beschimpfte den Oxford-Professor als »abscheulichen« Psychopathen, dessen »Gespei« wie eine »tödliche Pestilenz« die menschliche Gesellschaft gefährde.

Es folgte ein neuer Prozess. Doch der Adel und die Londoner Bürger stellten sich ein weiteres Mal vor Wycliffe. In seiner schriftlichen Rechtfertigung verteidigte dieser die Kirche der Armen: »Jesus hatte nichts, wohin er sein Haupt legen konnte, wieso wohnt sein Stellvertreter in einem Palast?« Im Einzelnen führte der Professor aus: Dem Papst kommt keine politische Autorität zu, Päpste sind Sünder wie andere Menschen auch, die Kurie hat keinen Anspruch auf Englands Besitztümer. Priester sind nicht von der Bibel legitimiert, Sünden zu vergeben, weder ihnen noch dem Papst steht das Recht zu, Menschen aus der Kirche auszuschließen. Die Eucharistie, wie sie die päpstliche Kirche begeht, ist gotteslästerlich. »Wie kannst du Priester, Gottes Geschöpf, den Schöpfer erschaffen?«, fragte Wycliffe erbost.

Die Hilfestellung durchs Parlament stärkten ihm den Rücken. Seine Anhänger durchzogen predigend die Insel und verbreiteten Wycliffes Gedanken. Ohnmächtig mussten die romtreuen Bischöfe der Insel zusehen, wie sie die Kanzeln besetzten. Man nannte seine Prediger die »Lollarden«, die Herkunft des Wortes ist umstritten. Die Priester der Armen lebten in Armut, mussten kein Gelübde ablegen, agierten ohne institutionelle Einengung. Jeweils zu zweit, barfuß, in dunkelrote Kutten gekleidet, gingen die Lollarden von Hof zu Hof, von Dorf zu Dorf und verkündeten auf den Marktplätzen die frohe Botschaft der Bibel statt das Evangelium des Papstes. Ihr braucht keine Kirche, keine Vermittlung, riefen sie ihren Zuhörern zu: Folgt der Bibel, alles andere könnt ihr vergessen. Heiligenverehrung, Sakramente, Beichte, Eucharistie – für euren Glauben seid ihr selber zuständig!

Die erste Bibel in englischer Sprache

Eine Laienbibel aber existierte nicht. Also machten sich Wycliffe und seine Lollarden daran, die lateinische Bibel ins Englische zu übersetzen. Der romtreue Klerus schrie auf: »Das Kleinod der Kirche, ein Spielzeug der Laien!« Wycliffe ließ sich nicht beirren. Der Erfolg gab ihm Recht. Niemals zuvor fand die Bibel in der Volkssprache solch eine weite Verbreitung wie in England. Aus der Predigerbewegung wurde eine Bibelbewegung. Noch heute existieren von der Lollarden-Bibel 150 Exemplare, handgeschrieben, und bezeugen die Popularität der »Bibel-Männer«, wie Wycliffes Lollarden vom Volk genannt wurden. Die Übersetzung des *Neuen Testaments* hatte einen nachhaltigen Einfluss auf die englische Sprache: wegen ihrer Klarheit, Schönheit und wegen ihres kraftvollen Ausdrucks.

Nach dem Bauernaufstand von Wat Tyler fiel Wycliffe beim Adel in Ungnade. Vergeblich beteuerte der Pfarrer von Lutterworth seine Unschuld. Man sah in ihm den geistigen Vater der rebellierenden Bauern. Natürlich war diese Anschuldigung nicht so einfach aus der Welt zu schaffen. John Ball reimte: »Als Adam grub und Eva spann, wo war da der Edelmann?« Kam der Prediger Ball nicht vielleicht aus dem Nest von Wycliffes Lollarden?

Die Aufständischen hatten Wycliffe links überholt, und damit musste er leben. Aber lange hatte er nicht mehr zu leben. Zurückgezogen in seine Pfarrei starb Wycliffe drei Jahre nach dem Aufstand. In Lutterworth wurde er begraben. Die Lollarden arbeiteten seit dem Bauernaufstand im Untergrund. Sie wurden verfolgt, und England, das bis dahin die Inquisition nicht kannte, führte die Todesstrafe für Häretiker ein. 1427 exhumierte man Wycliffes Leiche, verbrannte die Knochen und warf die Reste des Reformators ins Wasser.

Fünfzehntes Jahrhundert

Gutenberg, Kolumbus und die Folgen

Von Roger Bacon, dem Hightech-Philosophen, stammt die erste überlieferte Rezeptur zur Herstellung von Schwarzpulver (1233), dessen Entladung »unter Blitzen und Donnern« geschah. Wer das Schießpulver als Erster erfunden hat, wird wohl für immer ein Geheimnis bleiben. Waren es die Chinesen, Koreaner oder die Araber? Die Europäer jedenfalls machten aus dem explosiven Gemisch eine strategische Wunderwaffe.

Die ersten Kanonen tauchten 1314 oder 1319 im heutigen Belgien auf, und die erste genau datierbare Handfeuerwaffe liegt im Germanischen Museum von Nürnberg. Die so genannte »Tannenbergbüchse« wurde nach ihrem Fundort benannt, einem 1399 zerstörten Raubritternest an der Hessischen Bergstraße.

»Wollte Gott, diese unseligen Geräte wären niemals erfunden worden«, schreibt ein französischer Kommandeur. Und Martin Luther klagt: »Hätte Adam dergleichen Instrumente gesehen, die seine Kinder aufeinander richten, er wäre vor Schmerz vergangen. Ich bin sicher, es handelt sich um eine Erfindung des Teufels.« Aber nein, es waren Menschen vom Schlag des Roger Bacon, Hightech-Bastler.

Um 1500 übertraf die europäische Artillerie an Feuerkraft alles, was man bis dahin in Asien oder im Orient an ferntragenden Explosivgeschossen ins Feld geführt hatte. Ein gigantischer Mörser schoss 1453 den Osmanen die Mauern von Konstantinopel sturmreif. Gegossen worden war das Ungetüm von einem europäischen Experten, dem ungarischen Ingenieur Urban, bedient wurde es von Nichtmuslimen. Und die Schiffsartillerie verwandelten Europas Flotten zu schwimmenden Festungen. Weder Chinesen noch Muslime waren ihnen gewachsen. Die Herrschaft über die Meere fiel an die Christen.

Vergeblich versuchten die Muslime dagegenzuhalten. Die Lateiner waren ihnen im technischen Know-how überlegen. Der Glockenguss, aus dem das Gussverfahren für die Artillerie hervorging, hatte in Europa Tradition. Und nicht zu vergessen, auch Gutenberg arbeitete mit gegossenen Lettern, eine aufwändige Präzisionsarbeit. Muhammad aber entschied sich für den Muezzin statt für die Glocken. Und Bronzestatuen, wie sie zum Beispiel in dieser Zeit Donatello schuf, waren im Islam, wie alles figürliche Gestalten, tabuisiert. Bacon behielt Recht. Die Kanonen der Christen vertrieben die Muslime aus Spanien. Hightech gegen die Ungläubigen wurde zur Missionswaffe der Christen.

Im 15. Jahrhundert befindet sich Europa im Aufbruchsfieber. Tausende von Windmühlen, die mit Windenergie statt mit Wasserkraft arbeiten, säumen die Grachten der Niederlande. Nikolaus von Kues, der Philosoph von der Mosel, entwirft eine Vielwelten-Astronomie. Nikolaus Kopernikus stellt das geozentrische Weltbild auf den Kopf und die Sonne in den Mittelpunkt des Weltalls. Kolumbus landet in Amerika. Vasco da Gama umsegelt den Planeten. »Arabische Ziffern« (von Arabern aus Indien importiert) verdrängen das Rechnen mit den unhandlichen römischen Zahlen. Leonardo da Vinci malt 1497 sein großes Abendmahl. Ja, und in Italien züchtet man Artischocken, Karotten, Brokkoli, Blumenkohl und grüne Bohnen.

Ein expansives Weltgefühl, Sturm und Drang, erobert den kleinen Kontinent. Der Mensch protestiert, revoltiert gegen die naturhaften Zwänge. Er »wird zum Nachahmer seines Schöpfers, eine Einsicht, die früheren Zeiten verschlossen war«, stellt der Astronom Johannes Kepler voller Stolz und dankbar fest. Im Islam würde eine derartige Äußerung als Gotteslästerung geahndet.

»Wir sind Gottes Enkel«

In einem literarischen Streitgespräch protestiert Johannes von Tepl um 1400 gegen den Tod seiner jungen Frau: »Tod, sei verflucht! Unverschämter Übeltäter!« Der Tod verteidigt sich: Der Mensch ist doch ein »Gefäß der Sünde«, ein »Stinkhaus und Kotfass«, was überhebt er sich, »deine Klage ist ohne Reime!« Johannes hält dagegen. Er hatte ein Recht darauf, mit der Frau, die er liebte, glücklich zu sein. »Sollten alle irdischen Dinge so böse, schnöde und untüchtig sein, wie du sprichst, müsste Gott sie ja schlecht erschaffen haben. Ich aber habe gelernt, dass Gott alle Dinge gut geschaffen hat. Darum führe ich bei Gott, meinem Heiland, gegen dich Klage, Herr Tod!« In dem Protest scheint eine Mentalität auf, die den Pestgeißlern noch ganz und gar fremd war.

Und Pico della Mirandola lässt 1486 Gott dem Adam sagen: Alle Geschöpfe habe ich geschaffen, um mir zu gehorchen. »Dich aber Mensch, habe ich in die Mitte der Welt gestellt, damit du dein Leben selbst gestaltest. Wie ein Former, ein Bildhauer deiner selbst.« Es ist das triumphale Zeitalter der italienischen Porträtmaler. Tausendfach in Palazzos, Kirchen und in den Villen wohlhabender Bürger zur Schau gestellt, verleihen ihre Bildwerke dem flüchtigen menschlichen Spiegelbild den göttlichen Gestus der Ewigkeit. Das hatte man in Ost und West bisher noch nicht gewagt. Der Mensch als Selbstgestalter, Selbstverbesserer – am Horizont steht das 3. Jahrtausend. In dem die plastische Chirurgie ihren Kunden anbietet, sich »frei eine Gestalt auszusuchen, die ihnen am besten gefällt«, um noch einmal Pico zu zitieren.

Und Leonardo da Vinci stimmt zu: »Wegen der Kunst können wir Gottes Enkel genannt werden.« Bei Nikolaus von Kues ist es die Kreativität, die erfinderische Schaffenskraft, die den Menschen zum »Ebenbild Gottes« macht: Wie der Mensch sich seine Welt im eigenen Kopfe schafft, erschafft sich auch der Mensch als sein eigener Schöpfer. Nirgends sonst in den religiösen Traditionen der Menschheit trifft man auf so hochfliegende Wunschbilder.

Ein Konzil setzt drei Päpste ab

Die Papstkirche ist durch das Doppel- und Dreifach-Papsttum in einen desolaten Zustand geraten. Ohne Hilfe von Laien kann sie sich nicht aus dem Sumpf befreien.

Das ist die Lage der christlichen Kirche am Anfang des 15. Jahrhunderts: Hundert Jahre Verwirrung, vierzig Jahre innerkirchlicher Kirchenkampf, drei Päpste nebeneinander, gegeneinander, die sich gegenseitig die Existenzberechtigung absprechen.

Wie durch ein Wunder kommt es zu einer parteiübergreifenden Initiative. Ein Konzil tritt von 1414 bis 1418 in Konstanz am Bodensee zusammen. Ein Laie, König Sigismund, hat die Vollversammlung der Kirchen einberufen, er ist der Schutzherr des Konzils, und Sigismund, ein freier Geist, erweist sich als dessen klügster Taktiker.

Nach drei Jahren ringt man sich zu einem einvernehmlichen Entschluss durch: Das Konzil schickt die drei konkurrierenden Päpste in die Wüste. Kein Kardinalskollegium, ein Konzil, besetzt mit Klerikern und Laien, wählt das neue Oberhaupt der Kirche. Es ist Martin V., ein Kardinal aus einer römischen Adelsfamilie. Die Einheit der Kirche ist wiederhergestellt.

Mit Hilfe von außen, eigentlich ein Skandal. Darum hat der neu gewählte Papst nichts Dringenderes zu tun, als umgehend das Konzil aufzulösen. Die innere Reform der Kirche an »Haupt und Gliedern« bleibt auf der Strecke. »Leib von Christus« nennt sich die Kirche. Dem könnte nur eine radikale Abmagerungskur helfen, doch der Leib von Christus sitzt weiter in seinem Dreck und Speck. Die Kirche gibt sich nach wie vor wie sie ist, unersättlich, auch unter Martin V., ihrem vom Konzil ernannten Papst.

Jan Hus, der böhmische Reformator

Den schärfsten Kirchenkritiker steckte man gleich zu Anfang des Konzils ins Feuer. An ihn, Jan Hus (1370–1415), den böhmischen Theologen und Kirchenreformer, erinnert im Herzen Prags ein übergroßes Denkmal. Heute ein Treffpunkt für Touristen, die sich auf seinen Stufen niederlassen.

Prag, zur Zeit des Reformators, war ein goldenes Kleinod unter den Kronen des Heiligen Römisches Reiches. Im Jahr 1348 errichtete Karl IV. dort die erste Universität Mitteleuropas. Prag galt als der »universalste« Studienplatz, der Tausende von Studenten und eine Fülle namhafter Professoren anzog.

Böhmen, umgeben von Randgebirgen, wurde von den großen Fern- und Handelsstraßen gemieden. Doch sein Erz- und Silberbergbau machte das Land wohlhabend und reich. Besonders die Kaiserstadt. In ihr hatte die Kirche das Sagen. Mit 76 Kirchen und Kapellen, 24 Klöstern, 1 200 hochrangigen Klerikern und 40 Pfarreien war die Stadt überversorgt mit kirchlichen Dienstleistungen. Würfelnde Mönche in den Kneipen, kirchliche Würdenträger, die ihre herausgeputzten Konkubinen ausführten, Scharen von aufdringlichen Bettelmönchen führten zu Spannungen in der Stadt.

Als die Schriften Wycliffes ihren Weg nach Böhmen fanden, organisierte sich Widerstand. »Einer unter den Böhmen hatte in England studiert und war in der Stadt Oxford auf einige Bücher gestoßen, die der Ketzer Wycliffe gemacht hat. Die schrieb er ab und brachte sie nach Prag. Darin waren einige Kapitel gegen die Priester, auch gegen den Zustand der Christenheit, auch gegen die Obrigkeit. Als Hus die Bücher Wycliffes bekannt wurden, nahm er sie gierig auf. Er hielt auch ein wichtiges Predigtamt in der Kirche von Prag, die man Bethlehem nennt. Dort fing er an zu sagen von dem Wycliffe. Dem hingen bald einige Priester an und lobten ihn und wickelten darein auch die Gelehrten und Frommen und bellten wie die Hunde gegen alles Priestertum und beschlossen, sie wollten wie die Waldenser lehren und predigen.« Mit diesen Worten schildert eine Nürnberger Chronik die Anfänge der hussitischen Bewegung.

Der Prager Erzbischof schritt ein. Er erwirkte eine päpstliche Bulle gegen die »Wycliffiten« von Prag. Bücher wurden verbrannt, Hus und die Hussiten erhielten Predigtverbot, der Prediger wurde mit Acht und Bann belegt.

In der Goldenen Stadt brach die Revolution aus. Die Bürgerschaft ergriff leidenschaftlich Partei für den Prediger der Bethlehems-Kirche. Hus setzte seine Predigten fort. Johannes XXII., später vom Konstanzer Konzil abgesetzt, belegte Prag mit dem großen Bann: Die Kirchen wurden geschlossen, alle Kirchendiener wurden suspendiert. Doch die Hussiten gaben immer noch nicht auf. Und als Johannes XXII. in Böhmen auch noch Kreuzzugsgebühren erheben wollte, kochte die Volkswut über.

Angesichts der Unruhen erklärte sich nun auch die Karls-Universität gegen Hus. Schließlich verließ der Prediger die Stadt und begab sich in den Schutz böhmischer Adeliger. Jetzt griff Kaiser Sigismund ein. Er forderte Hus auf, nach Konstanz zu gehen, um dort in offenem Disput seine Thesen zu verteidigen. Freies Geleit und unbehinderte Rückkehr wurden ihm zugesichert.

Die Nürnberger Chronik listet 24 der ketzerischen Thesen der Hussiten auf, so unter anderem: »Der Papst sei nur ein Bischof wie jeder andere. Man solle alle Bilder aus den Kirchen entfernen. Die Priester müssen arm sein. Wer predigen wolle, dem solle es erlaubt sein, er sei Laie oder Priester. Es sei eine Ursache zu lügen, dass die Leute dem Priester ins Ohr beichten, es sei genug, wenn man in seinem Herzen Gott bekenne. Das Gotteshaus sei die ganze Welt. Die aber Kirchen bauen, wollen Gott in einen Winkel zwingen. Es soll niemand die Heiligen anrufen, denn die können nicht helfen. Zum letzten, man solle das hochwürdige Sakrament nicht halbieren, sondern in beiderlei Gestalt als Brot und Wein austeilen.« Hus konnte nicht hoffen, das Konzil werde sich seine Thesen zu eigen machen. Darum schlug er die Einladung aus.

Erst als der Kaiser ihm feierlich gerechte Anhörung und freie Rückkehr nach Böhmen versprach, willigte er ein. Trotz allem, der Reformator glaubte an das Gute in der Kirche. Das hätte er besser nicht getan. Kaum hatte Hus in Konstanz seine ersten Kontakte geknüpft, ergriffen ihn die Dominikaner und setzten ihn in ihrem Kloster fest.

Die Inquisition schlägt zu

Das Volk nannte die Dominikaner *Canes Domini*, die päpstlichen Spürhunde. Als der Orden anfangs des 13. Jahrhunderts gegründet wurde, hatte die Kurie den Dominikanern die Inquisition anvertraut. Und die zur Ketzerjagd abgestellten Ordensbrüder hatten in den christlichen Landen aufgeräumt. In ungezählten Prozessen hatten sie aufgegriffene Katharer liquidiert, auch den »Brüdern und Schwestern vom freien Geist« machten sie den Garaus.

Eine Chronik schildert das gängige Prozessverfahren: »Jedem Verleumder wurde geglaubt, kein Verteidiger war zugelassen. Der Beschuldigte musste gestehen, dass er ein Ketzer sei. Dass er Kröten in die Hand genommen, Leichen und andere Monster geküsst hatte. Viele Katholiken aber wollten lieber unschuldig verbrennen als Verbrechen einzugestehen, die sie nie begangen hatten.« Die *Canes Domini* von Konstanz waren also erfahrene Leute.

Bei Tage in Fesseln, bei Nacht an die Mauer gekettet, verbrachte Jan Hus sieben Monate im Kerker. Währenddessen verhörte ihn ein Richter-Kollegium des Konzils. Unter anderem beschuldigte man den Prediger, wie Wycliffe das »Sakrament des Altars« entwertet zu haben. Der Oxforder Professor hatte bestritten, dass unter den Händen des Priesters Brot und Wein zum Sühneopfer gewandelt werde. Sprach man den Priestern diese Wandlungskraft ab, war der Unterschied zwischen Klerikern und Laien aufgehoben. Und damit war der ganze Bestand der päpstlichen Kirche in Frage gestellt. Das hatte Wycliffe in England tatsächlich getan: »Wie kannst du, ein Geschöpf Gottes, deinen Schöpfer erschaffen?«, hatte er spitz gefragt.

Vergeblich verlangte Hus, vor dem Konzil seine Rechtgläubigkeit verteidigen zu dürfen. Der Kaiser hatte ihm eine faire Diskussion zugesagt, doch daraus wurde nichts. Die Richter hatten ihr Urteil schon gesprochen. Genervt von endlosen Debatten über das weitere Prozedere in der Papstfrage, musste das Konzil sich seine Handlungsfähigkeit beweisen. Es verwarf Wycliffes Lehren, befahl dessen sterbliche Überreste zu exhumieren und verurteilte Hus zum Tod auf dem Scheiterhaufen.

Jan Hus stirbt den Flammentod

Ein anwesender Böhme hat die Ereignisse des 6. Juli 1415 festgehalten. Detailliert, seitenlang. Mir wird davon schon beim Lesen übel. Die infamen, weil rechtgläubigen Grausamkeiten stellen noch die Leiden der frühchristlichen Märtyrer in den Schatten. Ohne Priestergewand führte man Hus in feierlicher Prozession, das Kreuz voran, zu seinem Hinrichtungsort außerhalb der Stadt, gekrönt mit einer »Schandkrone«, die mit drei Dämonen ringsum bemalt war, und als sie ihm seine Kleider ausgezogen hatten, banden sie ihn mit Stricken an eine Säule. Um den Körper des Magisters schichtete man Holzbündel, mit Stroh vermischt, bis unter sein Kinn. »An Holz waren es zwei Fuhren.« Dann zündeten die Henker den Prediger an. »Er sang darauf mit lauter Stimme zuerst: Christus, Sohn des lebendigen Gottes, erbarme dich meiner! Zum zweitenmal: Christus, Sohn des lebendigen Gottes, erbarme dich meiner! Und beim dritten Mal: Der du geboren bist aus Maria, der Jungfrau! – und als er zum dritten Mal begonnen hatte zu singen, schlug ihm alsbald der Wind die Flamme ins Gesicht. – Da sie unter den Organen sein Herz gefunden hatten, verbrannten sie es besonders. Alles zusammen luden sie auf einen Wagen und versenkten es in den nahen Rheinfluss daselbst.« Danach ging das Konzil zur Tagesordnung über. Die Reform der Kirche war abgehakt. Jetzt konnte man sich der leidigen Drei-Päpste-Frage widmen.

Am 17. Dezember 1999 sprach Papst Johannes Paul II. vor einem internationalen Symposium sein Bedauern über die Hinrichtung des Prager Predigers aus: »Heute, am Vorabend des Heiligen Jahres, drängt es mich, mein tiefes Bedauern über den grausamen Tod von Jan Hus auszudrücken.« Er würdigte dessen »moralische Standfestigkeit angesichts von Feindschaft und Tod« – und hätte Johannes Paul II. den Prediger selig gesprochen, wäre das eine große Geste gewesen.

Gutenberg und die Folgen

Mitte des 15. Jahrhunderts fand die Demokratie einen Hightech-Bundesgenossen: Um 1455 druckte Johann Gutenberg in Mainz am Rhein seine erste Bibel. Von da an wurden Bücher zu Massenprodukten. Die Informationsgesellschaft formierte sich, das Informationsmonopol der Kirche war Vergangenheit. Mit einem Schlag. Das neue Druckmedium wurde zur Botschaft, sie verhieß, jedem Bürger jegliche Information jederzeit zugänglich zu machen. Wer noch nicht selbst lesen konnte, ließ sich vorlesen oder fragte den Gelehrten, den Hausvater, die Hausmutter oder den Dorfprediger um Auskunft. Eine Informationsrevolution mit unabsehbaren gesellschaftlichen Folgen brach sich Bahn. *The medium is the message* – das hatte selbst Roger Bacon nicht vorausgeahnt.

Druckergesellen zogen in die Ferne, ließen sich bei günstigen Aussichten nieder und eröffneten neue Werkstätten. Um 1 500 unterhielten bereits 236 Städte eine eigene Druckerei. Bis dahin waren 2 Millionen Bücher gedruckt und verkauft – und die Länder Europas zählten damals gerade erst gegen 70 Millionen Einwohner. Im folgenden Jahrhundert summierten sich die Neuerscheinungen auf 200 Millionen Exemplare, bei ungefähr 100 Millionen Einwohnern. Theoretisch hätte also um 1600 jeder europäische Bürger zwei Bücher besessen. Eine rasante Erfolgsgeschichte, ganz ähnlich wie die Erfindung des Computers im 20. Jahrhundert.

Woher hatte Gutenberg seine revolutionäre Idee? Vielleicht aus dem Fernen Osten? In China und Korea lässt sich der Druck mit beweglichen Lettern schon ein paar Jahrhunderte vor Gutenberg nachweisen. Doch die fernöstliche »Bilderschrift« war zu kompliziert, um sie auf das neue Medium zu übertragen. Gedruckte Bücher blieben im Fernen Osten bibliophile Raritäten.

Europa war glücklicher. Das lateinische Alphabet war wie geschaffen für die neue Form des Buchdrucks, mit der man ganze Buchseiten aus einzelnen Buchstaben, Lettern, zusammensetzen und auf Papier abdrucken konnte. Europa war ein Buchkontinent und ist es geblieben, dank Gutenbergs Erfindung.

Die Breitenwirkung des Buchs verdankt der Kontinent den Christen. Bei den Frauen und Männern der Hauskirchenzeit beschlagnahmte die römische Inquisition regelmäßig Schriften und Bücher, in den Klöstern wurden sie später massenhaft vervielfältigt. »Ein Kloster ohne Bücherschrank ist wie eine Burg ohne Waffen«, sagte man. Bücher waren zuerst nur für den lateinkundigen Klerus gedacht. Doch dann erschienen handschriftlich vervielfältigte Bücher in den Volkssprachen. Psalmen-, Gebetsbücher und schließlich bei Wycliffe und seinen Lollarden ganze Bibeln. Kurzum, Europa hatte nur auf Gutenberg gewartet und geriet jetzt in einen wahren Leserausch.

Der Islam kam dabei erneut ins Hintertreffen. Er verpasste die Informationsrevolution, verpasste dann auch die Informatik. Als endlich auch im Osmanischen Reich die erste Druckerpresse arbeitete, 1825, tauschten europäische Wissenschaftler sich bereits tausendfach über Fachzeitschriften aus. Der Islam wurde zum Verlierer der Wissensgesellschaft, mit allen beklagenswerten Folgen bis in die Gegenwart.

Dabei besaßen die Muslime auf dem Höhepunkt ihres Wissenschaftsbetriebs vom 10. bis zum 12. Jahrhundert Bibliotheken mit Millionen von Büchern. Von solchen Wissensschätzen konnte Europa damals nur träumen! Mit Gutenberg kehrte sich das Verhältnis um. Es ist ein Rätsel, warum die kulturelle Entwicklung des Islams plötzlich stagnierte. In den westlichen Staaten ist der Buchmarkt durchlässig für Abermillionen von Veröffentlichungen in allen Sprachen. Doch ein Bildungsbericht der Vereinten Nationen schätzt, dass in den vergangenen Jahrhunderten gerade mal 10 000 Bücher ins Arabische übersetzt wurden. Eine Leitkultur wurde zur Leidkultur, arabisch bedeutet heute arm und abgehängt.

Warum die Muslime den Anschluss an den Buchdruck verloren, lässt sich allerdings beantworten. Der Koran war Muhammad sozusagen handschriftlich ausgehändigt worden, durfte deswegen auch nur in Schreibschrift weiterverbreitet werden. Genau wie die Tora. Die handschriftlich angefertigten Schriftrollen sind bis heute der Schatz jeder Synagoge. Koran und Tora werden betend abgeschrieben, vervielfältigt, nur so kam den heiligen Büchern Heiligkeit zu. Druckmaschinen aber beten nicht.

Den Christen war das egal. Ihre Theologie war nicht so strikt an Buchstaben gebunden wie im Islam und Judentum. »Der Buchstabe tötet, aber der Geist macht lebendig«, darauf hatte schon Paulus gepocht. Koran und Tora dagegen sind bis heute Gegenstand der Volksfrömmigkeit. Ihre Buchstaben genießen die andächtige Verehrung der Gläubigen: Im Judentum feiert man den Tag der *Simchat Tora*, der Torafreude, der Islam begeht ein eigenes Koranfest im 12. Monat des muslimischen Kalenders. Zu solchen kultischen Würden hat es die Bibel im Abendland nie gebracht. Man nannte sie wohl »heilig«, fasste sie auch in prunkvolle Einbände, illustrierte ihre Texte mit erlesenen, goldglitzernden Bilderzyklen, doch man feierte dem Buch keine Feste wie etwa den Märtyrerreliquien. Also stand einer massenhaften Verbreitung der Bibel seit Gutenberg nichts mehr im Wege.

»Der Amerikaner, der den Kolumbus zuerst entdeckte«

Dank neuer Technologien macht Europa in dem Jahrhundert von Jan Hus einen gewaltigen Schritt in die Zukunft. Es überwindet nun auch die Weite der interkontinentalen Meere.

Portugal versucht, im Osten jenseits von Afrika das märchenhafte Indien zu erreichen. Kolumbus wählt 1492 die westliche Richtung. Nach zwei Monaten kommt noch immer kein Land in Sicht. Die Besatzung murrt: »Umkehren, nach Hause zurückkehren!« Und Kolumbus schreibt ins Logbuch: »Wasser, Wasser, wir fahren in die Ödnis hinein.« Am Abend des 9. Oktober erscheint ein

Vogelschwarm am Himmel, im Wasser treibt ein Zweig mit frischen Blättern. Am Freitagmorgen, dem 12. Oktober, setzt Kolumbus seinen Fuß an Land und nimmt es für die spanische Krone in Besitz.

»Überall finden sich kleine Waldungen mit hohen blühenden Bäumen. Auch große Seen sind vorhanden. Umringt und überhangen mit Grün, ein lieblicher Anblick. Alles sieht frisch und so grün aus wie ein Apriltag in Andalusien. Und der Vogelgesang ist so bezaubernd, dass man am liebsten sich nicht von der Stelle rühren möchte. Schwärme von Papageien verdunkeln den Himmel. Die Vielfalt der gefiederten Gesellen ist weitaus größer als in unseren Landen. Und wir begegnen Tausenden von verschiedenen Fruchtbäumen, mit einem wunderbaren, entzückenden Duft«, heißt es im Logbuch.

Doch wo sind die Schätze Indiens? Wo bleiben die in Seide, mit Gold und Edelsteinen geschmückten Inder? »Die Eingeborenen scheinen hier recht arm zu sein. Sie alle gehen völlig nackt, sogar die Frauen. Waffen besitzen sie nicht, und sie kennen kein Eisen. Ich denke, die Leute würden gute Arbeitskräfte abgeben. Und ich glaube, sie wären auch leicht zu Christen zu machen, denn offenbar haben sie keine Religion«, befindet Kolumbus.

Weiter landeinwärts rufen Männer und Frauen beim Anblick der stählern glitzernden Weißen: »Schaut euch diese Männer an! Sie kommen vom Himmel! Bringt ihnen Speise und Nahrung!«

Schon bald werden sie es besser wissen. Die Weißen gebärden sich, als seien sie der Hölle entstiegen. Lichtenberg, der deutsche Aufklärer des 18. Jahrhunderts, notiert: »Der Amerikaner, der den Kolumbus zuerst entdeckte, hatte eine böse Entdeckung gemacht.« Amerika wird zur Kolonie der mit Hightech aufgerüsteten Europäer.

Kolumbus wollte Indien zum Christentum bekehren

Wie war Kolumbus auf die abwegige Idee verfallen, Indien im Osten zu suchen? Es war kein flüchtiger Einfall. Jahrelang hatte er die Majestäten Portugals angefleht, eine Expedition auszurüsten, um sein Traumziel zu erreichen. Bei der spanischen Krone fand er Gehör, endlich, nach so vielen Jahren. Aus welchen Quellen speiste sich so eine manische Besessenheit?

Gewiss wollte der Mann sich einen Namen machen. Zum Grande aufsteigen, in Grandezza leben. Doch das wollten viele und sind nicht bis nach Amerika gekommen. Kolumbus war darüber hinaus ein Visionär, ein christlicher natürlich. Ihn trieb es nach Indien, »um dort die Fürsten und die Bevölkerung in Augenschein zu nehmen und zu erforschen, auf welche Weise sie zu unserem Glauben bekehrt werden können«, schrieb er an die spanischen Hoheiten.

Beim Studium esoterischer Bücher glaubte Kolumbus herausgefunden zu haben, dass die Rückkehr von Christus für das Jahr 1656 zu erwarten war. Das würde er selbst nicht mehr erleben. Doch wie alle Missionare wollte Kolumbus »dem Herrn den Weg bereiten«, die letzten Bollwerke des Satans beseitigen, die dem Reich Gottes noch im Weg standen.

Menschenopfer ohne Zahl

Dieser endzeitliche Druck bedrängte die christlichen Missionare von jeher, der Eschatologie schuldet Europa seine globale Expansion. Sie trieb im 16. Jahrhundert Franz Xavier auf dem Ostweg nach Indien und schließlich nach Japan und weckte in ganz Europa Begeisterung für die Fernostmission. Als Vasco da Gama 1498 Indien erreichte und von feindseligen muslimischen Kaufleuten gefragt wurde, was in Teufels Namen er hier zu suchen hätte, antwortete er: »Ich suche Gewürze und Christen.« Um beides ging es auch Kolumbus. Goldene Dublonen hoffte er mit indischen Waren zu verdienen und mit Bekehrung der Ungläubigen das Himmelreich. Eins widersprach dem anderen nicht.

Auch Hernando Cortés, der 1519 das Hochland von Mexiko betrat, bereicherte sich guten Gewissens an Montezumas Schätzen angesichts der menschenopfernden Priester.

»Mit Feuersteinmessern sägten die Azteken ihnen die Brust auf, rissen ihnen das noch zuckende Herz heraus und boten es den Götzen, die dort gegenwärtig waren, dar. Dann stießen sie die Körper die Stufen hinunter. Unten warteten weitere blutrünstige Priester, die ihnen Arme und Beine abschnitten und die Gesichter abhäuteten. Diese gerbten sie dann wie Handschuhleder und bewahrten sie auf, um mit ihnen Feste zu feiern, wobei sie Saufgelage veranstalteten und dabei das Fleisch verschlangen.« Wir haben keinen Grund, an solchen Schilderungen zu zweifeln. Kein Volk der Erde hat in einem solchen Ausmaß Menschenopfer praktiziert wie die Azteken, sagen die Archäologen. Oder doch?

Auch die Christen haben ihrem Gott Brandopfer dargebracht. Abertausende von Ketzern, Juden und sonstigen Andersgläubigen. Die Azteken betäubten ihre Opfer, bevor sie ihnen das Herz aus dem Leib rissen. Gibt es sonst noch Unterschiede?

Nicht eingerechnet die Millionen von Indios, die infolge der europäischen Invasion ihr Leben ließen. Durch eingeschleppte Krankheiten, ausgepowert als Minenarbeiter in den Silberbergwerken, durch Arbeitszwang auf den Haziendas. »¡Andale! ¡Andale! ¡Apurate!« Schneller! Mehr Eile! war das Todeslied der Arbeiter in den Silberbergwerken der Neuen Welt. Dazu addieren sich Millionen Afrikaner, die auf den neuen Kontinent verschleppt wurden, nachdem den Eroberern die Indios unter den Händen wegstarben. Und ständig ist religiöse Arroganz im Spiel. Erwählungsbewusstsein im Namen der wahren Religion, koste es, was es wolle, die Menschen aus den Fängen des Teufels zu befreien.

Die Christen der Hauskirchenzeit rühmten sich mit Recht ihrer »unblutigen Gottesverehrung«. Und hätte es nicht immer wieder einzelne protestierende Priester gegeben, die sich an das frühchristliche Vermächtnis erinnerten, wäre Mittel- und Südamerika nicht zur »zutiefst katholischen Region der Welt« geworden: Beinah die Hälfte aller Katholiken lebt heute in Lateinamerika. Doch es brauchte ein halbes Jahrtausend, bis 2002 der erste Indio, Juan Diego, heilig gesprochen wurde. In seiner Ansprache sagte Johannes Paul II.: »Mexiko braucht die Indios. Gott unterscheidet nicht nach Rasse und Kultur.« Wäre das nur den europäischen Invasoren auch so klar gewesen.

Sechzehntes Jahrhundert

Luther, Zwingli, Calvin – Reformation in Westeuropa

Auf dem *Carrera de Indias*, dem Indienkurs, begann im 16. Jahrhundert das Silber der Azteken und das Gold der Inkas nach Europa zu fließen: 18 000 Tonnen Silber, 200 Tonnen Gold in den anderthalb Jahrhunderten nach Kolumbus. Im spanischen Sevilla schlossen Fernhändler Optionsverträge ab, heute »Futures« genannt. Verträge auf künftig zu lieferndes Edelmetall, gegen finanzielle Beteiligung an der Schiffsausrüstung. Sevillas Kaufleute kontrollierten die Hälfte des Welthandels.

Futures auf den »Schatz der Kirche« händigte die Kirche längst schon gegen Bares aus. In einem irischen Kloster entdeckte man in unserer Zeit bei Restaurationsarbeiten ein Skelett, das in seiner rechten Hand einen versiegelten Brief hielt. Adressiert von »Patrick, Prior des Klosters von Lifford, an seinen Freund und Förderer St. Petrus, den Türhüter des Himmels« stand auf dem Pergament geschrieben. »Wir bestätigen hiermit, dass am heutigen Tag der Diener Gottes, Daniel Rathor, heimgegangen ist. Wir ersuchen Dich, St. Petrus, ihn alsbald in das Reich Gottes einzulassen. Wir haben ihn von all seinen Sünden freigesprochen und haben ihm unseren Segen erteilt. Seinem freien Zutritt steht also nichts im Wege. Wir haben diesen Geleitbrief Daniel Rathor kraft gültigen Kirchenrechts ausgestellt. Lifford, 13. Juni 1341.« Es ist das kanonisch approbierte, gegen finanzielle Zuwendung zu erlangende Ablassrecht, auf das sich der Abt von Lifford beruft: auf den Erlass von Sünden gegen Geld.

Himmlische Aktienpakete zu verkaufen

Es ist auch heute noch rechtens. Im *Katechismus der katholischen Kirche* (1993) ist zu lesen: »Der Ablass wird gewährt durch die Kirche, die für den betreffenden Christen eintritt und ihm den Schatz der Verdienste Christi und der Heiligen zuwendet.« Der im Himmel deponierte zinsbringende Schatz war unerschöpflich. Wer hätte auch den Verdiensten des Gottessohnes und seiner Heiligen Grenzen setzen wollen?

Die Monetarisierung des Kirchenschatzes in Form von Futures, zukünftig einzulösenden Beteiligungsrechten, gegen klingende Münze ausgehändigt, war unter den Theologen nie unumstritten. Schon Abälard bemerkte kritisch: »Manche Kleriker täuschen ihre Beichtkinder aus Habgier in der Weise, dass sie ihnen für einen bestimmten Ablass an Geld die Strafen ihrer Bußleistung erlassen oder herabsetzen. Und so dienen sie nicht dem Willen des Herrn, sondern der Macht des Geldes.« Doch die marktschreierischen wandernden Ablassverkäufer übertönten die leisen Stimmen der Mäßigung.

Das Verlangen nach Heilsgewissheit, die Furcht vor diesseitigen und jenseitigen Sündenstrafen, war in jenen Zeiten der neuen Unübersichtlichkeit unmäßig angewachsen. Da brachte eine verbriefte Sicherheitspolice Erleichterung. Für die meisten der Laien war der Ablassbrief vielleicht sogar das erste bedruckte Stück Papier, das sie nach Hause trugen. Das half ihnen, dem faulen Zauber zu glauben.

Wie viel besser hatten es da Muslime oder Juden. Schon die Rezitation der heiligen Texte, das Einhalten der Gebetsrituale genügte, um der Anwartschaft aufs Paradies sicher zu sein.

Den Christen nahmen höchstens eine Pilgerreise oder andere Bußleistungen den Druck von der Seele. Ein mit Geld abzuleistendes Bußverfahren war natürlich noch einfacher. Es kam dem weit verbreiteten Bedürfnis nach einer übersichtlich gestalteten Sündenkontenführung entgegen.

Besonders, wenn es so emotional dem Publikum dargeboten wurde, wie der Dominikaner Tetzel seine himmlische Ware unter die Leute brachte: »Du sollst wissen, wer gebeichtet hat und zerknirscht ist und Geld in den Kasten legt, der wird vollkommene Vergebung aller seiner Sünden haben. Was steht ihr also müßig? Lauft alle um das Heil eurer Seele!« Und nicht genug damit, die Gläubigen konnten per Ablasskauf auch noch die Strafqualen ihrer verstorbenen Lieben im Fegefeuer lindern: »Hört ihr nicht die Stimme eurer toten Eltern und anderer Leute, die da schreien und sagen: Erbarmt euch doch meiner! Wir haben euch gezeugt, ernährt und ihr seid so grausam und hart, dass ihr uns in der heißen Flamme verschmachten lasst!« Was wäre die Werbeindustrie glücklich, mit so schwerem Geschütz auffahren zu können. Und drohte Tetzel auch noch: »Keine Messen, keine Predigten, keine Gebete, keine Sakramente, keine Fürbitten helfen euch«, gab es kein Halten mehr.

Jeder Widerstand war gebrochen, aber zu welchem Preis! Der Totalausverkauf aller Güter, die den Gläubigen bis dahin heilig gewesen waren, musste zu einer völligen Entwertung des Glaubens führen.

Luthers 95 Thesen

So sah es Martin Luther (1483–1546). Der Verkauf des kirchlichen Tafelsilbers brachte ihn in Rage. Der Wittenberger Mönchs-Professor brachte 1517 aggressive Gegenthesen zum Ablasshandel zu Papier, 95 an der Zahl, verschickte sie zur Begutachtung an mehrere Adressaten. Kaum vierzehn Tage später waren die Thesen in ganz Deutschland verbreitet, so Luther, »denn alle Welt klagt über den Ablass«. In Nürnberg wurden die 95 Thesen ins Deutsche übersetzt und gedruckt, dann in Wittenberg, Leipzig und Basel. Hier einige Auszüge:

»21: Es irren die Ablassprediger, die sagen, dass der Mensch durch päpstlichen Ablass von aller Strafe frei werde. 24: So wird der größte Teil des Volkes betrogen. 27: Menschentand predigen Leute, die sagen: Wenn der Groschen in dem Kasten klingt, die Seele in den Himmel springt. 37: Jeder wahre Christ, ob lebendig oder tot, ist im Besitz des ihm von Gott gewährten Anteils an allen Gütern von Christus, auch ohne Ablassbriefe. 43: Lehren soll man die Christen, dass wer den Armen gibt, besser tut, als wenn er Ablassbriefe kauft. 82: Warum macht der Papst das Fegefeuer nicht ganz leer aus heiliger Liebe?«

Ging es Rom nur noch ums Geschäft? Um »Geld«, »Reichtum«, um »Kauf«? Zwanzigmal begegnen uns diese Worte in den Thesen. Luther konnte nicht glauben, dass die Geldgeschäfte der Kirche mit dem Segen des Papstes erfolgten. Zu einer öffentlichen Diskussion unter kirchlichen Würdenträgern, wie es sich Luther gewünscht hatte, kam es nicht. Die Obrigkeit hielt sich bedeckt und leitete die 95 Thesen weiter nach Rom: Die päpstliche Heiligkeit würde schon wissen, wie solcher Verirrung widerstanden werden musste.

Also legte Luther nach. Ein gutes Jahr nach seinem Thesenpapier gab er eine Schrift in Druck: *Vom Ablass und der Gnade*. Das Büchlein wurde zum Bestseller der Reformationsgeschichte. Mit über 20 Nachdrucken wurde es überall im Reich aufgelegt. In der Schrift und den anschließenden Diskussionen über die Zuständigkeit von Konzilien, über den Missbrauch der päpstlichen Gewalt und über das Recht der freien Predigt fielen die entscheidenden Stichworte des Kirchenkampfs: Luther forderte jetzt offen die »Reformation« der Kirche.

»Glaubst du, so hast du«

Die zu erneuernde Kirche soll sich auf ein dreifaches Allein stützen: *Sola scriptura, sola gratia, sola fide.* »Auf die Bibel allein, auf die Gnade allein, auf den Glauben allein« müssen die Christen bauen, diesem dreifachen Allein nur dürfen sie trauen. Die Beziehung zu Gott steht auf Kommunikation, nicht auf Manipulation. »Glaubst du, so hast du«, das ist Luthers Theologie.

Es war naiv von Luther zu glauben, er könne die Kirche ausbremsen. Große Imperien von solchem Gewicht wie die Kirche reagieren schon kraft ihrer eigenen Masse zögerlich auf Wendemanöver. Und selbst angenommen, der Papst oder ein Konzil wäre willens gewesen, die Kirche total zu renovieren, wie hätte das praktisch ausgesehen? Allein der Immobilienbesitz der Kirche war gewaltig – 20, 30 Prozent aller Liegenschaften? Oder gar noch mehr? Und was geschah mit den Abertausenden von Klöstern? Und mit den Reliquien, den Heiligen der Kirche? Wie sah der Festkalender einer erneuerten Kirche aus? Oder, wie hätte die Kirche sich überhaupt aus ihren Finanzgeschäften zurückziehen können, ohne dass Europas Wirtschaft kollabierte? Und wie viele von den 100 Millionen Bewohnern Europas standen in kirchlichen Diensten? 10 Millionen? 20 Millionen? Wie verpasste man denen ein neues Innenleben? *Sola scriptura, sola gratia, sola fide?* Nein, Luthers Radikalreformation war utopisch. Sie eins zu eins umgesetzt hätte bedeutet, dass die Kirche sich in die Hauskirchenzeit zurückbegeben hätte. Luther hätte damit leben können, aber Europa?

In diesen Dimensionen hat Luther allerdings nie gedacht. Doch die Kurie tat es. Und die musste es tun. Luther dagegen ging die ganze Tragweite seines Unternehmens erst nach und nach auf. Wie im Tran, sagte er später, sei er ins Amt gekommen. »Hätte ich aber gewusst, was ich jetzt weiß, sollten mich nicht zehn Rosse gezogen haben.« Das Innenleben des Wittenberger Querkopfes liegt vor uns wie ein offenes Buch. Zwanzig Jahre haben Studenten jedes Wörtchen des Doktors, das sie erhaschten, festgehalten. Seine Späße, Lebensweisheiten, Zeitgeschichtliches, Philosophisches, die Erinnerungen des Wittenbergers an seine Kindheit.

»Ich bin eines Bauern Sohn. Mein Vater, Großvater, Ahnherr sind rechte Bauern gewesen. Meine Eltern haben mich so hart gehalten, dass ich darüber ganz verschüchtert wurde. Meine Mutter verprügelte mich einmal wegen einer einzigen Nuss, dass mir dabei das Blut kam. Durch ihre strenge Erziehung trieben sie mich schließlich ins Kloster. Dass ich Bakkalaureus und Magister wurde, dann den Doktorhut ablegte und Mönch wurde, und dass ich danach dem Papst in die Haare geriet und er mir, und dass ich eine entlaufene Nonne zur Frau nahm, wer hat das in den Sternen gelesen? Wer hätte mir das vorausgesagt?« All diese Lebensabschnitte sind reich und überreich dokumentiert. Doch wann genau und wie und wo es zu seinem reformatorischen Durchbruch kam, ist Luthers Geheimnis geblieben.

Gott gegen Gott, Luthers Theologie

Er kannte die Drucke, die Christus auf dem Regenbogen thronend als Weltenrichter darstellten, unter ihm die Hölle der Verworfenen, die sich auf Ewigkeit in Qualen wanden. Es kann sein, dass solche Bilder ihn mehr erschreckt haben als andere Zeitgenossen. Dann aber begegnete er der Bibel, dem 22. Psalm, der die Worte des sterbenden Christus enthält: »Mein Gott, mein Gott, warum hast du mich verlassen?« Der Regenbogen-Richter hatte sich mit der gottverlassenen Menschheit solidarisiert, aus dem Richter war ein Heiler, sein Heiland geworden. Dann fand der Mönch bei Paulus das Wort: »So werden wir Gott gerecht, ohne des Gesetzes Werke, allein durch den Glauben!« Ohne des Gesetzes Werke – ohne sich als braves Kind aufführen zu müssen, einfach so, durch Kommunikation, nicht Manipulation. Da sei es ihm wie Schuppen von den Augen gefallen, sagte, schrieb, predigte Luther später wieder und wieder.

Ein halbes Jahrhundert nach dem Wittenberger Mönch lässt Shakespeare seinen Hamlet sagen: »Bei Gott – sollt jeder nach Verdienst behandelt werden, wer müsste nicht die Peitsche schmecken!« Bei Luther liest sich das so: »Wenn es am Verdienst hinge, wären wir ständig in Gefahr der ewigen Verdammnis.« Gott jedoch rechtet nicht mit Menschen, er glaubt an sie.

Es genügt, sich glaubend auf ihn einzulassen, *sola fide*, auf den Gott, der mit dem gekreuzigten Sohn uns seinen Glauben beweist. »Glaubst du, so hast du.« Rational ist das *sola fide* nicht, das wusste der Wittenberger: »Wenn ich unendliche Welten hätte, so gäbe ich sie alle her, um ganz zu verstehen, was ich lehre.«

An dem »ohne des Gesetzes Werke« ist dagegen nichts Geheimnisvolles, es ist total rational: »Erzwungene Werke gefallen Gott nicht.« Das bedeutete für Luther und seine Zeitgenossen: Es braucht keine Heiligen, keine Reliquien, keine Bußwerke, keine Wallfahrten sind nötig, kein Ablass muss her, auch fromme Verdienste retten nicht. Ohne Ritual und Moral wird man Gott gerecht, wenn man sich nur auf den glaubenden Gott einlässt. Gott der Heiland gegen

Gott den Richter, Christus gegen Moses: »Wenn Christus kommt und redet mit dir wie Moses: Was hast du getan?, so schlage ihn tot. Wenn er aber wie dein Heiland mit dir redet, dann recke beide Ohren.« Das ist das reformatorische Prinzip. Es spielt Gott gegen Gott aus, den offenbaren Christusgott gegen den verborgenen, unheimlichen Richtergott.

Wie bei den Manichäern, wie bei den Bogomilen, wie bei den ketzerischen Katharern. Nur mit dem einen, allerdings gewaltigen Unterschied, dass Luther den verborgenen, den Gott des Gesetzes nicht verteufelt. Denn der ist zugleich der Schöpfer. Und Schöpfung ist Wohltat, bei keinem mittelalterlichen Theologen so sehr wie bei Luther.

»Sich freuen ist nichts Böses. Schön Gestalt ist ein gutes Werk Gottes. Ich kann mich nicht genug wundern über ein Ei. Gott hat den Menschen zur Gesellschaft, nicht zur Einsamkeit geschaffen. Bist du niedergeschlagen, fliehe die Einsamkeit. Eva fiel in Sünde, als sie allein im Paradiesgarten spazieren ging.« Solche Sprüche kommen aus seinem Mund, tausendfach variiert.

Eigentlich sind es drei Götter. Den Heiland-Gott verteidigt Luther 1521 auf dem Reichstag zu Worms. Dem Kaiser ins Gesicht soll er damals getrotzt haben: »Hier stehe ich, ich kann nicht anders.« Den Paradies-Gott findet Martin in Katharinas Armen: »Es ist kein lieber Ding auf Erden als Frauenliebe, wem sie kann zuteil werden.« Und den Sinai-Gott kehrt er 1525 gegen die aufsässigen Bauern des Thomas Müntzer heraus: »Ich M. Luther, habe im Aufruhr alle Bauern erschlagen. Denn ich habe sie totschlagen heißen. All ihr Blut ist auf meinem Hals.« Der Sinai-Gott gewinnt nach dem Bauernkrieg immer mehr Gewalt über Luther.

Spätestens seit 1525 weiß er, dass er sich übernommen hat. Die Reformation ist an ihre Grenzen gestoßen.

Luther im Deutschen Bauernkrieg

Jetzt ereilt Luther das Schicksal aller Reformatoren. Franz von Assisi überholten die Radikal-Franziskaner, die Fraticelli: Sie widerriefen alle Kompromisse, die der Heilige Stuhl Franz abgedrungen hatte. Wycliffe überholten die Lollarden, John Ball, der Reimer, im englischen Bauernaufstand. Auch die Hussiten entzweiten sich, die Taboriten riefen den altchristlichen Kommunismus aus. Und Luther muss nun ohnmächtig mit ansehen, wie Thomas Müntzer (1489–1525) die unzufriedenen Bauern und Arbeiter hinter sich bringt.

Müntzer spitzt die reformatorische Theologie auf den Klassenkampf zu. Für das Armen-Evangelium ist er am Ende bereit, über Leichen zu gehen. Da weiß Luther, dass er verloren hat. Er ruft das Gesetz zu Hilfe, die Fürsten und ihr »blutrünstiges Schwert«. Danach ist Luther nicht mehr der, der er war.

Aus dem hageren Mönch wird ein übergewichtiger Mann, der sich am liebsten unter der Erde gesehen hätte: »Ich will mich in einen Sarg legen und den Maden einen feisten Doktor zu essen geben.« Wäre es nur so gekommen! Denn jetzt fällt Luther mit seinem Sinai-Gott auch noch über die Hexen her. Und über die Juden: Die Synagogen soll man ihnen verbrennen, den Rabbinern die Lehre verbieten, Fürsten und Städten empfiehlt er, arbeitsfähigen Juden Dreschflegel, Hacke, Axt und Spaten in die Hand zu drücken, Geldhandel sei ihnen zu verbieten, die jüdischen Gebetbücher will Luther beschlagnahmen lassen. So weit waren nicht einmal die Päpste gegangen! Luther ist jetzt päpstlicher als der Papst.

Der wahre Luther ist im Bauernkrieg gestorben, der Wittenberger spielt ihn nur noch. Und der ist erleichtert, als er mit 63 Jahren das Spiel hinter sich gebracht hat. In seinem Sterbezimmer findet sich ein Zettel mit einem letzten Eintrag von Luthers Hand: »Wir sind Bettler, das ist wahr.« Wie traurig, dass ein großes Leben so klein enden musste.

Was von Luther blieb, hätte mehrere Leben füllen können. Er hat die Kirche von ihrem Allmachtswahn erlöst, er hat sie zurück zur Bibel gebracht, und den Deutschen hat Luther mit seinen Schriften die Muttersprache gegeben. Nur wenige Tote haben es zu mehr Präsenz unter den Lebenden gebracht als er, dem niemand das in den Sternen gelesen hatte.

Von Wittenberg sprang die Reformation über in die Schweiz. Und über die Schweizer Reformatoren, Zwingli und Calvin, gelangte die Reformation nach Westeuropa, England, und von dort zu den Neuengland-Staaten von Nordamerika. Das Luthertum selbst blieb ein lokales, mitteleuropäisches und skandinavisches Ereignis. Erst Zwingli und Calvin gaben der Reformation ein globales Gesicht.

Zwingli in Zürich, ein politischer Reformator

Ulrich oder Huldrych Zwingli (1184–1531) wollte keine Kopie des Wittenbergers sein, und das war er auch nicht. Schon das gesellschaftliche Umfeld seiner Reformation unterschied sich extrem von dem Luthers. Der musste sich zeitlebens mit den deutschen Fürsten herumärgern, Zwingli blieb das erspart. Es hat nie einen Schweizer König gegeben, nicht einmal einen Fürsten im Alpenland. Nominell war die Schweiz Bestandteil des Heiligen Römischen Reiches deutscher Nation. Doch schon im 13. Jahrhundert hatten die Kantone, zusammengeschlossen zu einer Eidgenossenschaft, ein beträchtliches Maß an Autonomie gewonnen. Ein republikanisches Gemeinwesen war im Entstehen, durch ein Netzwerk von gegenseitigen Eiden und Verträgen der Städte, Gemeinden und Kantone zusammengehalten, deren Gremien frei gewählt wurden. Man agierte nach innen wie nach außen sozusagen auf Blickkontakt, in einer ständigen Gratwanderung zwischen Anarchie und Despotismus. Offiziell wurde die Schweiz erst unter Napoleon zur Republik ausgerufen. Das heißt, die Bürger entschieden sich für eine Staatsform, bei der die Regierenden nur für einen bestimmten Zeitraum gewählt waren. Doch faktisch existierte die Eidgenossenschaft schon zu Zwinglis Zeit als republikanisches Gemeinwesen. Als Institution ohne Institutionen, und dafür gibt es, soviel ich weiß, kein anderes Beispiel in der Geschichte.

So wurde aus Zwinglis Reformation sofort ein Politikum – besser gesagt, sie war von Anfang an auch ein politisches Ereignis. Das Zwingli-Denkmal in Zürich zeigt den Reformator bewaffnet mit Bibel und Schwert, und das trifft die Sache genau. Zwingli war politischer Reformator oder reformatorischer Politiker, jedenfalls beides in einem.

Das ist ein gewaltiger Unterschied zu Luther. Der fragt: Wie kriege ich einen gnädigen Gott? In seinen 67 Thesen, Zwinglis Reformprogramm von 1523, heißt es: Wie werden alle Christen Brüder? Das findet man bei Luther so programmatisch nirgends herausgestellt. Luther, der geniale Einzelgänger, hat den Einzelnen im Blick, Zwingli die Bruderschaft, Luther geht es um das persönliche, Zwingli um das soziale Gewissen. Dabei sind beide, der Züricher und der Wittenberger, einig in ihrer Grundsatzprogrammatik: *sola scriptura, sola gratia, sola fide*, dem dreifachen Allein. Wie Luther lehnt auch Zwingli den Ablass ab, bricht mit dem Papsttum, predigt die Bibel und sonst nichts.

Zwingli bewundert Erasmus

Ulrich Zwingli kommt aber auf einem anderen Weg zur Reformation als Martin Luther. Theologie, Luthers Hauptstudienfach, studiert Zwingli nur am Rande. Ihn interessieren die Humanwissenschaften. Die antiken Klassiker, die freien Künste, das Studium der Sprachen.

Dabei begegnet er dem großen Erasmus von Rotterdam (1466–1536) in Basel. Erasmus fordert schon lange innerkirchliche Reformen. Er macht sich über die Theologen lustig, die darüber diskutieren, »ob Gott auch die Gestalt einer Frau, eines Esels, eines Kürbisses hätte annehmen können, um sich schließlich als Kürbis ans Kreuz schlagen zu lassen« – Narren, die über ihren törichten Disputen die Beschäftigung mit dem Evangelium oder mit Paulus völlig aus den Augen verlieren. Nein, von Luther hält der große Humanist nichts. Der ist ihm zu grob, zu wenig liberal. Und einen Bruch mit der Papstkirche vermeidet Erasmus sorgsam. Die Wahrheit kommt auf leisen Füßen, das ist sein Motto, aber niemand kann sie aufhalten.

Zwingli wiederum geht das zu langsam. Mit 35 Jahren ist er zum Prediger am Züricher Großmünster gewählt. Er predigt, *sola scriptura*, die Bibel und nichts als die Bibel. Und er beschäftigt sich mit Luthers Schriften, die mittlerweile auch Zürich erreicht haben.

Im selben Jahr geht die Pest in der Stadt um. Ein Viertel der Bevölkerung fällt ihr zum Opfer. Auch Zwingli erkrankt. »Hilf, Herr Gott, hilf in dieser Not! Ist es mein Heil, zieh aus den Pfeil!«, klagt er. Dank der Pflege seiner ihm noch nicht angetrauten Frau Anna überlebt der Prediger. Und weiß, ihm wurde die Gesundheit wiedergeschenkt, damit er sein Leben neu in Gottes Dienst stelle: So will ich dein Lehr predigen noch mehr, »denn vormals je, wie es auch geh!« Wie es auch geh – wird es ihm ergehen wie Luther? Den der Papst bannte und der nach dem Reichstag zu Worms spurlos verschwand – man munkelt, sein Leichnam sei in einer Silbermine aufgefunden worden.

Ein Wurstfrühstück und seine Folgen

Zwingli springt über den Schatten des milden Erasmus und provoziert die Öffentlichkeit. Mit Würstchenessen, während der heiligen Fastenzeit.

Am 9. März 1522 setzt man sich in einer Druckerei zu einem deftigen Frühstück zusammen. Der Skandal wird publik, und der Magistrat ordnet eine Untersuchung an. Zwei Wochen darauf nimmt Zwingli öffentlich Stellung, mündlich und schriftlich: »Kurz und einfach gesagt, willst du gern fasten, dann tu das. Willst du dabei auf Fleisch verzichten, dann iss auch kein Fleisch. Doch lass mir dabei und jedem Christen freie Wahl!« Zwinglis Leute und seine Gegner prügeln sich. Nach Anhörung des Predigers beschließt der Rat, in der Fastenfrage nur noch gelten zu lassen, was die Bibel sagt. Das ist der

Durchbruch. Im Sommer darauf erlaubt der Magistrat die evangelische Predigt.

Die Kurie erteilt Zwingli Kanzelverbot und fordert Zürich auf, den Prediger mit Acht und Bann zu belegen. Der Stadtrat aber steht zu seinem Prediger und setzt Zwinglis Programm durch. Der »päpstliche Unrat« verschwindet aus den Kirchen, Reliquien wandern ins Feuer, Prozessionen und Heiligenverehrung werden abgeschafft, der Rat hebt das Eheverbot für Priester auf. Zwingli ersetzt die Messfeier durch einen schlichten Kommunions-Gottesdienst. Alles verläuft gewaltlos, alles wird legalisiert durch Magistratsbeschlüsse. Zürich demonstriert seine Unabhängigkeit. Andere Städte, Bern und Basel, schließen sich an. Nur die Kantone im Inneren des Landes bleiben katholisch.

Zwingli, der Realpolitiker

Zwingli aber will möglichst viele Menschen ins Boot holen, möglichst alle. Seine Prediger schwärmen aus in die widerspenstigen Kantone: Uri, Unterwalden, Luzern und Zug. Die verbitten sich die Einmischung in ihre inneren Angelegenheiten, sie wehren sich gewaltsam gegen die aufdringlichen Prediger. Im Kanton Schwyz verbrennt man sogar einen von Zwinglis Leuten.

Zwingli rät 1529 zur bewaffneten Intervention. »Jetzt gilt es standhaft zu sein und ohne Furcht zu den Waffen zu greifen«, schreibt er den zögernden Bernern. »Wenn wir jetzt nachgeben, wird die Wahrheit des Evangeliums und das Leben der Prediger nicht mehr sicher sein.« Zürich erklärt den Waldkantonen den Krieg.

Hoch zu Ross rückt Zwingli mit aus. Geharnischt, den Helm auf dem Kopf, das Schwert zur Seite. Mit ihm marschieren noch andere Prediger an der Spitze von Zürichs Streitmacht. Wollte Zwingli tatsächlich mit Gewalt der frohen Botschaft den Weg bereiten? Wie Muhammad? Der hatte »auf der Spitze vom Schwert« seinen ungläubigen Landsleuten in 19 Feldzügen den Koran präsentiert. War Zwingli also ein zweiter Thomas Müntzer, der als christlicher Mullah die Bauern anführte?

Wieder wird der Unterschied zu Luther klar. Der lehrte: »Man muss diese beiden Reiche mit Fleiß unterscheiden. Eins, das fromm macht, das andere, das äußerlich Frieden schafft.« Und weiter: »Es ist des weltlichen Regimentes Werk, dass es aus wilden Tieren Menschen macht. – Aber ich will nicht, dass mit Gewalt und Totschlag für das Evangelium gestritten wird.« Seine erklärten Gegner waren die gewaltbereiten religiösen Scharfmacher. Religion und Politik blieben für Luther zeitlebens zwei Paar Schuh.

In den nächsten Jahrhunderten gewann Luthers Idee von der Entstaatlichung der Religion an Boden. Die westlichen Staaten machten das Prinzip der Gewaltenteilung zum Ausgangspunkt ihrer liberalen Verfassungen. Den christlichen Extremisten ging in Europa die Luft aus – von dem traurigen Beispiel Nordirlands abgesehen.

Ganz konnte Luther sein Prinzip der Gewaltenteilung jedoch nicht durchhalten. Besonders als die altgläubigen Fürsten gegen die Protestanten zu den Waffen aufriefen. Aber ständig und immer wieder zögerte Luther lange, den evangelischen Fürsten wenigstens das Recht auf Selbstverteidigung zuzugestehen. Und geradezu undenkbar ist es, dass er sich wie Zwingli an die Spitze eines Heeres gestellt hätte.

Natürlich hält auch Zwingli Schwert und Bibel in getrennten Händen. Doch im Herzen des Eidgenossen besteht ein fließender Übergang zwischen beiden. Luthers strikte Unterscheidung kann Zwingli nicht nachvollziehen. Schließlich sind die altgläubigen Kantone in seinen Augen die eigentlichen Missetäter. Denn sie enthalten ihren Bürgern das Recht der freien Religionswahl vor. Und nur das will Zwingli von ihnen erzwingen.

Es bleibt 1529 bei bloßen Drohgebärden. Man rauft sich sogar zu dem einhelligen Beschluss zusammen, dass »niemand zum Glauben gezwungen soll werden«, keine Partei soll »der anderen ihren Glauben weder schmähen noch strafen«. Das Prinzip der Glaubensfreiheit, das im Römischen Reich erst 1648 nach dem bitteren Dreißigjährigen Krieg anerkannt wird, gewinnt zum ersten Mal in Europas Geschichte Gestalt. In den Schweizer Kantonen.

Im Jahr 1531 kam es dann doch zur Schlacht. Ein Stein zerschmetterte Zwinglis Kopf, er lag schwer verwundet unter den Toten. Als die siegreichen Innerschweizer das Schlachtfeld abschritten, erkannte ihn ein Hauptmann und durchbohrte Zwingli mit dem Schwert: »Stirb, du sturer Ketzer!« Man vierteilte den Körper, verbrannte ihn, vermischte die Asche mit Schweinemist und verstreute sie.

Nur gerade das Alter von 47 Jahren hatte Zwingli erreicht. Ein tragisches Ende für einen so großen Mann. Knapp zehn Jahre hatte er als Reformator gewirkt, und was hätte die Welt noch Großes von ihm erwarten dürfen! Denn unter allen Reformatoren war Zwingli der weitsichtigste.

Zusammen mit Hessens Landgrafen, einem Freund Luthers, hatte Zwingli jahrelang versucht, eine politische Allianz der protestantischen Fürsten und

Reichsstädte zu schmieden. Gegen den Kaiser. Denn »Kaiser und Papsttum sind beide von Rom!« Das Bündnis kam nicht zustande. Weil Luther, der sich mit Zwingli wegen dessen Abendmahlslehre überworfen hatte, jeden weiteren Kontakt mit dem Schweizer ablehnte.

Die Täufer wollen keine halbe Reformation

Auch Zwingli musste bald nach der Einführung der Reformation in Zürich erleben, dass er den radikal Gesinnten nicht weit genug ging. Er nannte sie »Anabaptisten«, »Nochmaltäufer«, »Wiedertäufer«, das aber war eine gezielte Verleumdung. Denn die »Täufer«, wie sie sich selbst nannten, erkannten nur eine einzige Taufe an. Die aber durfte nur aufgrund einer eigenen, persönlichen Entscheidung empfangen werden. Als Erwachsenentaufe, genau wie in der Hauskirchenzeit. Nicht wie bei den Papisten, die unmündige Kinder einem fremdbestimmten Ritual unterwarfen. Also zurück zu den Anfängen, zurück in die erste Zeit des Christentums?

In der Tat, so wollten es die Täufer. Biblisch wollten sie sein, wortwörtlich, ganz und gar radikal. »Ihr sollt nicht schwören, sagt einfach: Ja, ja; nein, nein! Jedes weitere Wort ist vom Bösen«, hatte Jesus in seiner Bergpredigt gelehrt, also verweigerten die Täufer jede Eidesleistung. »Mein Reich ist nicht von dieser Welt«, sagte Jesus im Johannes-Evangelium, also wollten die Täufer mit dem Staat nichts, aber auch gar nichts zu schaffen haben. Wehrdienst zu leisten, kam für sie nicht in Frage, und öffentliche Ämter wollten sie auch nicht bekleiden. Allenfalls waren die Täufer bereit, wenigstens der Obrigkeit Steuern zu zahlen.

Viele früh- und spätchristliche Protestierer hassten den Staat als Teufelswerk. So weit wollten die Täufer jedoch nicht gehen. Sie lehnten den Staat *sola scriptura* ab, weil sie mit der Bibel unterm Arm keine Kompromisse eingehen wollten.

Weil die Täufer streng biblisch argumentierten, konnte Zwingli ihnen nicht beikommen. Also bannte er sie und verfolgte die absolut friedfertigen Leute. Ihren Führer Felix Manz ließ er aufgrund eines Magistratsbeschlusses in der Limnat ertränken. Das waren die ersten von vielen Verfolgungen, welche die Täufer im Lauf der nächsten Jahrzehnte und Jahrhunderte erdulden mussten. »Wundert euch nicht, wenn euch die Welt hasst«, lasen sie bei Jesus, und das tröstete sie. »Denn mich haben sie zuerst gehasst.«

Die Täufer haben ihre Verfolgungen überlebt, sie wurden die erste Freiwilligkeitskirche, nachdem Konstantin das Christentum zur Staatsreligion erhoben hatte. Und sie breiteten sich wie ein Wildfeuer aus. Zuerst in der Schweiz, dann im Elsass und in Süddeutschland, über England erreichten sie sogar die Kolonien in der Neuen Welt.

Als »Baptisten« haben sie Geschichte gemacht und waren wegweisend für das religiöse Arrangement der USA, die keine Staats- oder Volkskirche, sondern nur Freiwilligkeitskirchen kennen. Gegenwärtig zählt der Baptistische Weltverband 45 Millionen Gläubige in 200 000 Gemeinden. Der sonst so weitsichtige Zwingli hatte die Beharrlichkeit der Züricher Baptisten gründlich unterschätzt. Ihre spirituelle Kompetenz war zukunftsweisend.

Calvin und die »Stadt auf dem Berge«

Die Reformation, von Luther als Seelsorger begonnen, von Zwingli als politischem Visionär fortgeführt, befestigte und vollendete Johannes Calvin (1509–1564), der Theologe und Lehrer.

Alle drei waren über ein inneres Durchbruchserlebnis zu Reformatoren geworden. Luther: »Nun fühlte ich mich ganz und gar neugeboren.« Zwingli, dem Schwarzen Tod entronnen, weihte sein Leben fortan der reformatorischen Predigt. Und Calvin schrieb rückblickend: »Durch eine spontane Bekehrung machte Gott mein Herz zahm und gefügig. Es überkam mich ein überwältigendes Verlangen nach wahrer Frömmigkeit.« Manches trennte die drei Reformatoren, doch Bekehrte waren sie alle drei.

Mit dem ausgehenden Mittelalter hatte sich das seelische Klima geändert. Bisher war das Christentum wahr, weil es schon immer da gewesen war. Das genügte jetzt nicht mehr. Christlicher Glaube sollte eine Sache von persönlicher Überzeugung sein. »Denn was ist schlimmer als Ungewissheit?«, fragte Luther.

Calvin fand seine Gewissheit im »inneren Zeugnis des Geistes«, das er zum Kernpunkt seiner Lehre machte. »Es ist unerlässlich, dass derselbe Geist, der einst durch den Mund der Propheten sprach, auch unser Herz durchdringt, um uns zu überzeugen.« Um sich sicher zu sein, dass der Heilige Geist tatsächlich von einem Mensch Besitz ergriffen hatte, musste auch das äußere Leben heilig sein.

Ein heiliges Leben verlangte Calvin zuallererst von sich selbst. Niemand drang stärker auf heiligenmäßige Anstrengung, auf korrekte Pflichterfüllung, niemand nahm die Herausforderung nach einem gottgeheiligten Leben entschiedener an als er, der Magister von Genf.

Die gleiche Anstrengung verlangte Calvin von den Bürgern der Stadt. Genf, die Stadt am See, sollte zu einer »Stadt auf dem Berge« werden. Die Genfer sollten so leben, *comme si tout le monde les regardoit*, als wären die Augen der ganzen Welt auf sie gerichtet. Institutionen ähnlich wie der »Wächterrat« in der iranischen Verfassung überwachten das Leben der Stadt. Den gewählten geistlichen Wächtern fiel die Aufgabe zu, »über den Lebenswandel jedes Einzelnen zu wachen«, und bei ihrer Wahl war darauf zu achten, »dass jedes Stadtviertel berücksichtigt wird, damit sie überall ihre Augen haben können«.

Geahndet wurden Trunkenheit, Fluchen und abergläubische Praktiken, Ehebruch, Misshandlung der Ehefrau, zu lockere Kleidung, unzüchtige Gesänge, Glücksspiele, unterlassener Kirchenbesuch – kurzum alles, wodurch »das Wort Gottes durch böse Gerüchte« entehrt wurde. Genf sollte zu einem Gotteslabor werden. Das stärkste Zeugnis der Hauskirchengemeinden war das Blutmartyrium, unter Calvin wurde das Martyrium eines heiligen Lebens zum Glaubenszeugnis.

Damit hatte sich Calvin weit von Luther entfernt. Der schrieb eine Generation zuvor: »Es liegt nicht so viel an der Lebensführung wie an der Lehre. Wenn auch das Leben nicht rein ist, kann doch die Lehre wohl rein bleiben. Mit dem Leben muss man Geduld haben.« Geduld mit dem Leben, Geduld mit sich und anderen hatte Calvin keine. Das wusste er auch. Sterbend bat der 54-Jährige die Genfer Stadtväter um Vergebung für seine Heftigkeit, und er dankte ihnen, dass sie ihn all die Jahre geduldig ertragen hatten.

Die Genfer Akademie

Wie hatte Genf sich auf diesen Mann einlassen können? Über zwei Jahrzehnte? Das ist eine wichtige Frage, doch sie ist verkehrt gestellt. Johannes Calvin, Jean Cauvin mit seinem französischen Namen, war genau der richtige Mann, zur richtigen Zeit, am richtigen Ort. In einer aufstrebenden Stadt, mitten im wirtschaftlichen Umbruch. »Sorgt nicht um den anderen Morgen, es ist genug, dass jeder Tag seine eigene Plage habe«, das stand in der Bibel. Danach hatte man bisher gelebt, mittelalterlich, von der Hand in den Mund. Doch das genügte heute nicht mehr. Gestern war man froh ums nackte Überleben, heute wollte man besser leben. Europa befand sich auf Wachstumskurs. Der Geldhandel blühte, und man tätigte Zukunftsinvestitionen. Bald würde man von dem Bankenviereck Genf, Paris, London, Amsterdam sprechen. Schon jetzt, zu Calvins Zeiten, ging Genf mit seiner Messe in Führung vor Neapel.

Geldgeschäfte brauchen Leute, die nicht in den Tag hinein leben. Die über Selbstdisziplin, eine hohe Arbeitsmoral verfügen. Die in die Zukunft investieren, sich Zucht und Ordnung abverlangen, und so ein Mann war Calvin.

Sein Wochenarbeitsplan sah siebenmaliges Predigen, drei Vorlesungen an der von ihm geschaffenen Akademie vor, Teilnahme an Sitzungen der verschiedenen Gremien und Wächterräte, Kontakte mit den städtischen Ämtern. Das alles neben einer immensen schriftstellerischen Tätigkeit. Dabei hatte Calvin »einen mageren, zur Schwindsucht neigenden Körper und wachte oft noch die Nacht hindurch«. Die Reformation hatte die Klöster abgeschafft, Calvin machte die Welt zum Kloster. Zuletzt noch, sterbenselend, ließ er sich zur Kanzel tragen.

Genau solche Leute bildete die Genfer Akademie heran. Karrierebewusste, disziplinierte, betriebsame Hausväter und Unternehmer. Die wachsende Bürokratie verlangte ebenso wie die expandierende Kapitalwirtschaft Leute mit calvinistischem Persönlichkeitsprofil, und Calvin lieferte sie.

Genf wusste also, was es an seinem heiligmäßigen Prediger hatte. Vorbei waren die Tage, da man in den Tag hinein lebte. Europa befand sich im Übergang zur Lohnarbeit: »Der eine gibt Geld, der andere tut die Arbeit.« Man sprach noch nicht vom menschlichen Kapital, betrachtete aber schon den Menschen als Geld.

Peterskirche in Rom geweiht

Wer noch nicht begriffen hatte, dass fortan in Europa ein neuer Wind wehte, der musste in diesen Jahren Rom besuchen: Die Päpste machen die Ewige Stadt zu einem architektonischen Wunderwerk, das selbst die Pracht der Antike überstrahlt. Am 18. April 1506, Calvin ist noch nicht geboren, wird der Grundstein zur neuen Peterskirche gelegt, am 18. November 1626 feiert man die Einweihung. Dazwischen liegt die Amtszeit von 20 Päpsten. Zukunftsplanung, um Christus, dem Herrn, bei seiner Wiederkehr einen glänzenden Empfang zu bereiten. Und während Calvin Genf zur »Stadt auf dem Berge« macht, wird Michelangelo als Architekt der Peterskirche unter Vertrag genommen. Michelangelo ist 71 Jahre alt. Und St. Peter ist nur eins seiner Bauvorhaben. Mehr als 17 Jahre, unter sechs Päpsten, arbeitet Michelangelo an dem gewaltigen Gotteshaus. Bis zu seinem Tod. Er stirbt 1564, im Todesjahr Calvins. Künstler aller Zeiten bewundern fortan seine Fresken, seine Statuen, die schwebende Kuppel von St. Peter. Bereits zu Lebzeiten huldigt man ihm als dem »Göttlichen«. Sogar sein Grabmal hat Michelangelo selbst gestaltet. Calvins Grab dagegen ist verschollen. Doch wie Michelangelo ist Calvin einer der großen Baumeister. Ohne seine geistige Architektur ist nicht Europa, ist erst recht nicht Amerika zu denken.

Die calvinistische Reformation Europas

Nicht Luther gehörte die Zukunft. Der lebte fast noch mittelalterlich, ließ den morgigen Tag für sich selber sorgen: »Während ich hier mein gut Wittenbergisch Bier trinke, sorgt der heilige Geist dafür, dass das Evangelium in der Welt läuft.« Das *testimonium spiritus sancti internum*, das innere Zeugnis des Geistes, ließ Calvin indes keine Zeit zum Durchatmen. Der Lehrer war ständig im Dienst. Ein Workaholic, kein Biertrinker wie Luther. Darum gehörte Calvins Kirche, der »Reformierten Kirche«, die Zukunft.

Mit dem Federkiel, einem Bogen beschriebenem Papier, hatten die Aufbrüche und Umbrüche des 16. Jahrhunderts begonnen, mit Luthers 95 Thesen. »Hätte ich gewusst, da ich anfing zu schreiben, was ich jetzt erfahren und gesehen habe, so hätte ich fürwahr stille geschwiegen. Denn ich wäre nimmermehr so kühn gewesen, dass ich den Papst und schier alle Menschen hätte angegriffen und sie erzürnt. Aber Gott hat mich hinan geführt wie einen Gaul, dessen Augen geblendet sind«, sagte er am Abend seines Lebens. Und er hatte längst noch nicht alles gesehen.

In Schottland erzwangen Anhänger des calvinistischen Predigers John Knox 1567 die Absetzung der katholischen Königin Maria. In den Niederlanden führten Protestanten von 1566 bis 1609 einen langen blutigen Krieg gegen die katholische Krone. In Frankreich erreichten die hässlichen Kämpfe zwischen den katholischen und protestantischen Ligen ihren Höhepunkt in dem Massaker der Bartholomäusnacht am 24. August 1572. Bis zu 10 000 Protestanten wurden damals umgebracht.

Was hätte Luther zu all dem gesagt? Er sah sich als Wegbereiter: »Ich muss Klötze und Stämme roden, Dornen und Hecken weghauen, die Pfützen ausfüllen und bin der große Holzfäller, der Bahn brechen und zurichten muss.« Und er sagte: »Es soll recht bleiben, was ich lehre und schreibe, sollte auch alle Welt darüber bersten.« Das tat sie auch. Doch nicht die katholische Kirche.

Zu spät, um die Entzweiung abzuwenden, begann im Gefolge der Reformation eine katholische Erneuerungsbewegung. Sie wurde von dem Konzil in Trient auf den Weg gebracht (1545–1563). Bei seiner Eröffnung sagte der Venezianer Cocco: »Ich möchte sagen, die Ketzerei des Luthers haben eigentlich wir selbst verursacht. Durch unser verdorbenes und verkehrtes Verhalten.« Doch jetzt gilt es, »die Ketzerei auszurotten, in der katholischen Kirche wieder Frieden herzustellen«. Die in Trient versammelten Würdenträger packten ihre Aufgabe entschlossen an. Es gelang ihnen, die Kirche neu zu beleben. Religiöse Autonomiebestrebungen wurden verworfen. Die Konzilsväter erließen scharfe Gesetze gegen die Korruption, ließen Ausbildungsstätten für Prediger errichten, und sie beseitigten eine ganze Reihe kirchlicher Übelstände. Zum Beispiel die Auswüchse des Ablasswesens. Man verteidigte wortreich die päpstlichen, von den Protestanten kritisierten Lehrmeinungen und das Konzil bestätigte, gegen das dreifache Allein Luthers, den Universalanspruch der päpstlichen Kirche. Damit gelang es dem Konzil von Trient, die Kirche neu zu positionieren.

Zum Glück! Ohne eine gekräftigte, mit neuem Selbstbewusstsein ausgestattete, katholische Kirche als ihrem kritischen Gegenüber wären die Protestanten wahrscheinlich ausgebrannt wie eine Wunderkerze.

Siebzehntes Jahrhundert

Hexenverbrennungen und der Dreißigjährige Krieg

Blickten die griechischen Athos-Mönche zum gestirnten Himmel hinauf, sahen sie Abrahams Schoß über sich. Oben im Sternenlicht erwarteten ihre heimgegangen Brüder den Auferstehungstag. Jeder Stern war eine Bruderseele. Heimatlich vertraut war den Gläubigen der Kirche das große Weltgebäude. Über dem Sternenzelt schwebte der Thronhimmel Gottes. So fern und doch so nah. Denn Gott war unendlich viel größer als die begrenzte endliche Schöpfung.

Giordano Brunos Multiversum

Darum musste Giordano Bruno (1548–1600), der Philosoph der Unendlichkeit, brennen. Zwischen den Häusern des Campo de Fiori, auf der anderen Seite des Tibers, ein paar hundert Schritte vom Vatikan gelegen, steckte man den Ketzer am 17. Februar 1600 ins Feuer. Danach gingen auf den Stufen der Peterskirche Brunos Bücher in Flammen auf.

In seinem Buch *Über das Unendliche, das Universum und die Welten* (1584) hatte Giordano Bruno geschrieben: »Gott rühmen zahllose Sonnen, nicht nur eine einzige Sonne, nicht nur eine einzige Welt. Sondern Tausende und Abertausende, sogar eine Unendlichkeit von Welten rühmen ihn. Und alle diese Welten enthalten Tiere und Bewohner, genau wie unsere eigene Erde. Denn alle diese Welten sind nicht schlechter oder von Natur aus anders als hier unsere Erde.« Ob und wiefern das stimmte, war nicht nachzuprüfen. Doch schon der Gedanke an Giordano Brunos Unendlichkeit ließ die Glaubenshüter des Vatikans erschauern.

Wo war in Brunos Vielwelten-Welt der Mittelpunkt von allem? Wo war Gott? Gott, der viel größer sein musste als die Welt? Gott kam nicht vor, zumindest nicht so, wie die Kirche es festschrieb. Also musste der Ketzer brennen, was sonst? Anders brach die heile Welt der Christen zusammen.

Mit Brunos Beispiel vor Augen schwor Galileo Galilei 33 Jahre darauf der Lehre des Kopernikus ab. Er wurde begnadigt, zu lebenslänglichem Hausarrest verurteilt. Man hatte Galilei die Konsequenzen seiner Lehre vor Augen geführt: »Wenn die Erde ein Planet ist und nur einer unter vielen Planeten, wie hätten dann auf der Erde jene großen Dinge geschehen können, die unser christlicher Glaube lehrt? Wenn nämlich noch andere Planeten existieren, dann müssen auch die bewohnt sein. Denn Gott erschafft nichts Nutzloses. Aber wie können die Bewohner anderer Planeten von Adam abstammen? Oder wie soll man sich vorstellen, dass auch sie in Noahs Arche waren? Und wie hätte Christus die Bewohner anderer Welten erlösen können?« Galilei wird sich selbst ähnliche Fragen gestellt haben, aber er äußerte sich nie öffentlich dazu. Und das war wohl auch besser so.

Denn die kirchliche Lehre war klar. Petrus Lombardus hatte sie um 1150 in die Worte gefasst: »Der Mensch ist geschaffen, Gott zu dienen. Und die Welt ist um des Menschen willen geschaffen, dass sie ihm diene. So hat der Mensch seinen Platz im Mittelpunkt der Welt, dass er Gott diene und die Welt ihm dabei zudienste sei.« Das war die offizielle kirchliche Lehre. Und die Christen teilten diese Lehre mit den Juden, auch mit den Muslimen. Für alle drei Religionen war der Mensch, war sein Planet Erde unbestritten der kosmische Mittelpunkt von allem.

Schon Celsus, der altgläubige Philosoph des 2. Jahrhunderts, hatte sich über die egozentrischen Vorstellungen der Christen lustig gemacht: »Sie sind wie Regenwürmer, die sich in einem kotigen Winkel versammeln und behaupten: Wir sind es, denen Gott alles zuerst offenbart hat, wegen uns vernachlässigt er die Welt und die Bahn der Himmelskörper, uns nämlich regiert er allein – erst kommt Gott, danach kommen wir, alles ist zu unserem Dienst bestimmt.« Das hätte auch Giordano Bruno aus Nola, östlich von Neapel, schreiben können. Um den bornierten Kirchenglauben ins Lächerliche zu ziehen.

Bruno, ein Bruder des *Kleinen Prinzen*?

Bruno war damals der Einzige, der sich von dem herrschenden geozentrischen, anthropozentrischen Weltbild distanzierte, in dem Mensch und Erde unangefochten im Mittelpunkt standen. In seinem Dialog *Über das Unendliche* bezieht er dafür auch kräftig Schelte: Er sei ein »Hornochse, Huren-Zuträger, Flickschuster« und noch mehr dergleichen muss er sich anhören. Natürlich sei er auch ein »Umstürzler, der Ketzerei verdächtig«! Bruno selbst allerdings nannte sich *Philotheos*, einen Liebhaber Gottes, und das war er auch.

Wenn er in Gedanken das unendliche Multiversum durchreiste, sang er Hymnen: »Mein Schutz bist du, Unendlichkeit, du meine Wonne, du mein Herzensteil. Furchtlos spanne ich die Flügel aus, spalte die Himmel und werfe ins Unendliche mich.« Ein philosophischer Minnesänger, getragen von ozeanischen Gefühlen, die er Gott nannte.

Anderen wurde schwindlig vor so viel Unendlichkeit. Der große Johannes Kepler bekannte: »Mir bereitet schon der bloße Gedanke dunkle Schauer, mich in Brunos unermesslichem All herumirrend zu finden.« Als Astronom wusste Kepler, dass die Erde ein Raumschiff war. Doch mit der Unendlichkeit konnte er sich nicht befreunden. Auch für uns heutzutage sind die Gedanken Brunos zu groß, noch immer viele Male zu groß.

Wir nennen die Sterne weiterhin »Sterne«, weil uns in den Jahrhunderten nach Bruno noch immer kein besseres Wort eingefallen ist. Dabei sind die Glitzerdinger doch Sonnen, wie jeder weiß. Glühende, herrliche Bestien. Gar nicht sternschnuppenartig. Gar nicht fix und fertig an den Himmel genagelt. Der sich auch nicht nur über uns, sondern genauso gut unter unseren Zehen befindet. Und immer wieder »geht die Sonne auf«, gehorchen Zunge und Augen weiter den vorkopernikanischen Sprech- und Sehgewohnheiten.

Bruno, der »Unendlichkeitsschwärmer«, so nannte ihn Kepler, kommt wie von einem anderen Planeten. Vielleicht war er ein Bruder des *Kleinen Prinzen*, von dem Antoine de Saint-Exupéry erzählt? »Man sieht nur mit dem Herzen recht«, sagte der Kleine Prinz. Und Giordanos Herz umschloss eine unzählbare Vielfalt von Welten.

Das Verfahren gegen Bruno kam nach acht Jahren Haft zum Abschluss. Der Prozess ist heute nicht mehr zu rekonstruieren, weil die Akten, anders als im Fall Galilei, nicht mehr greifbar sind. Es bleibt also unsicher, was die Anklagepunkte des Inquisitionsverfahrens im Einzelnen waren.

Doch gewiss passte den kirchlichen Verfassungsschützern Brunos ganze Denkrichtung nicht, die eben überall ein Welt- und Gottesbild voraussetzte, das sich mit der Kirchenlehre nicht vereinbaren ließ.

War das Universum nämlich ohne Anfang, dann hatten Adam und Eva auch nicht von der verbotenen Frucht gegessen, und die Lehre von der Erbsünde war gegenstandslos geworden. Und fehlte der Geschichte das Ende, wäre die Lehre vom Endgericht Gottes über die Menschheit hinfällig, der so genannte »Jüngste Tag« zu einer Fiktion geworden. Damit entfiel gleichzeitig die Fegefeuer- und Höllenlehre der Kirche, und ein »Himmel« war in dem unendlich offenen Universum natürlich auch nicht mehr zu verorten. Die gesamte kirchliche Morallehre, verbunden mit Beichte, Buße, Ablass oder Vergebung, wäre hinfällig. Was konnte man in dem selbst bewegten Ein und Allem des Giordano Bruno schließlich überhaupt noch Sünde nennen?

Im Jahr 1889 wurde Giordano Bruno an seiner Hinrichtungsstätte, dem Campo de Fiori, ein Denkmal errichtet. Der Vatikan versuchte, das Projekt zu hintertreiben. Vergeblich. Leo XIII. musste sich mit einer verbalen Attacke gegen den Toten begnügen: »Bruno war unaufrichtig, verlogen, total egoistisch, er ließ keine andere Meinung gelten, er war ausgesprochen bösartig.« Und noch hundert Jahre nach Leo XIII., als Johannes Paul II. der Stadt Nola einen Besuch abstattete, verhängte man das dortige Denkmal mit einer Plane, um dem Papst den Anblick zu ersparen. Oder umgekehrt?

Galilei wurde päpstlicherseits 1992 rehabilitiert. Freilich, ohne postume Entschuldigung. Immerhin, seitdem darf sich die Erde auch im Namen der Kirche um ihre Achse drehen. So weit ist man bei Bruno noch nicht. Im Heiligen Jahr 2000 erklärte ein Vertreter des Vatikans wenigstens das »tiefe Bedauern« der Kirche über Brunos Verurteilung. Das Dokument versucht nicht, Brunos Ideen zu würdigen (der Einstein vorweggenommen hatte), da sie »mit der christlichen Lehre unvereinbar« seien. Doch es sei wichtig, aus dem Fall Bruno zu lernen, nämlich darauf zu achten, »Christus mehr treu« zu sein. So der Sprecher des Vatikans. Buße tilgt, nach gut katholischer Lehre, die »Überreste der Sünden«. Ob denn auch Sprechblasen genügen?

Die Niederlande erfinden Europas Zukunft

Die Prozesse gegen Bruno und Galilei führten zu einem heillosen Ansehensverlust des Vatikans. In den entwickelten Regionen Europas herrschte Aufbruchsstimmung. Die Kirche allerdings, so schien es, war im Mittelalter stehen geblieben.

Während der Renaissance hatte der Heilige Stuhl die bedeutendsten Künstler und Gelehrten nach Rom gezogen. Sie hatten der Ewigen Stadt unvergleichlichen Glanz verliehen. Rom war damals wieder zu dem geworden, was es einst gewesen war, der Mittelpunkt des Weltkreises.

Nach Bruno und Galilei rückte das geistige Zentrum Europas nach Norden, in die Stadtregionen jenseits der Alpen. Es waren zum Beispiel die Niederlande, die Europas Tor zur Zukunft weit aufstießen. Ausgerechnet sie, die Bewohner jenes von der Natur so stiefmütterlich bedachten Landes.

Holland ist ein auf dem Wasser schwimmendes, zu drei Vierteln des Jahres überschwemmtes Terrain, ein »undankbares Land« – mit solchen Wendungen beschrieben Ausländer des 17. Jahrhunderts die Provinzen der Niederlande. Grund und Boden reichten nicht einmal, »um Hähne und Hühner zu füttern«, spottete Daniel Defoe, der Autor des *Robinson Crusoe*. »Auf der dem Meer zugewandten Seite von unfruchtbaren, immer wieder überspülten Dünen gesäumt, von Flüssen und Kanälen durchschnitten und zudem häufig von Überschwemmungen heimgesucht, eignet es sich eigentlich für Weideland, und das macht seinen ganzen Reichtum aus«, bestätigte ein Franzose.

Diese Reisenden sahen die Niederlande mit den Augen der großen Territorialmächte. Der Reichtum des Landes aber waren seine Menschen. Und die waren längst in der Moderne angekommen. Schon 1500 lebten 40 Prozent der Einwohner Flanderns und Hollands in Städten. Und in denen regierte seit dem 17. Jahrhundert der Geist Calvins. Jede dieser Städte verwaltete sich selbst, besaß die Steuerhoheit, verfügte über eine eigene Rechtsprechung.

Verfassungsrechtlich gesehen waren die Niederlande ein Teil des Heiligen Römischen Reiches, dessen Krone im 16. Jahrhundert an Spanien gefallen war. Spanien aber war weit weg. Zwischen Amsterdam und Madrid lagen 1 800 Kilometer, zu Pferd brauchte man dafür einen Monat. Am äußersten Rand des Reiches gelegen, hatten sich die Niederländer von der Zentralgewalt weitgehend unabhängig gemacht. Eine autonome Region war entstanden. Man lebte, ähnlich wie die Schweizer Eidgenossen, auf Blickkontakt miteinander. Die ständige Mühe, das Land gegen Sturmfluten und Überschwemmungen verteidigen zu müssen, hatte die Bürger auf Gedeih und Verderb aneinander gekettet. Eine Zentralgewalt konnte diesen Schutz nicht gewährleisten, wohl aber die Kooperation seiner Bürger.

Der niederländische Befreiungskrieg

Genau dazu passte der am Gemeingeist orientierte Protestantismus der Reformierten Kirche. Der Übergang zur Reformation geschah in dem Grachtenland nicht in einem einzigen Schritt. Einen Reformator vom Format Calvins oder

Luthers haben die Niederlande nicht hervorgebracht. Doch das Druckgewerbe florierte in den Stadtlandschaften der Niederlande wie nirgends sonst. Kunst und Wissenschaft fanden hier ein dauerhaftes, sicheres Domizil. Petrus Plancius, ein reformierter Theologe, verfertigte 1598 den ersten Himmelsglobus, der auch die Sternbilder der südlichen Hemisphäre verzeichnete. Man war auf dem Laufenden, man war informiert. Bibelübersetzungen, Flugblätter, die Schriften der Reformatoren fanden reißenden Absatz. Und die sonst in Europa mit Feuer und Schwert bekämpften Täufergemeinden fanden in den Niederlanden Zuflucht.

Sieben Jahrzehnte versuchte die spanische Krone, das »schwimmende Land« im Norden zu befrieden, genauer, es wieder unter Spaniens Herrschaft zu bringen. Immerhin überstieg das Steueraufkommen der Niederlande den Wert der Silberförderung in der Neuen Welt um ein Vielfaches. Die Ketzer im Norden wieder dem heiligen katholischen Glauben zuzuführen, sahen die spanischen Monarchen auch deshalb als ihre heilige Pflicht an.

Jedoch, der Landweg von Genua im Süden bis nach Utrecht im Norden war lang. Und er führte an der Grenze zu Frankreich entlang, das die Truppen des spanischen Erzfeindes nicht ungehindert passieren ließ. Der Seeweg freilich war noch riskanter. Denn die kleinen Niederlande verfügten über das größte Schiffskontingent Europas. Bei Havanna kaperte 1628 die Niederländische Westindien-Kompanie eine ganze Silberflotte der Spanier. Und so gelang es der spanischen Krone nur, die Südprovinzen der Niederlande, das heutige Belgien, unter seiner Botmäßigkeit zu behalten.

Die sieben Nordprovinzen, angeführt von Holland, erklärten 1581 ihre Unabhängigkeit, ohne aus ihrem Staat einen Staat zu machen. Und diese Dezentralisation der Macht schuf Freiräume für den Einzelnen. Dem Bemühen der reformierten Geistlichkeit, aus den Niederlanden ein zweites Genf zu machen, war darum nur mäßiger Erfolg beschieden. Doch die reformierten Protestanten erreichten, dass ihre Konfession vom Staat bevorrechtigt wurde. Die katholischen Bürger mussten mit einem Nischendasein vorlieb nehmen. Immerhin wurden sie nicht besonders schikaniert.

Leben und leben lassen ist auch heute die Devise der Vereinigten Niederlande, und an Toleranz kann sich kein anderes Land mit ihnen messen. Ich denke, die Toleranz ist in den Niederlanden erfunden worden. »In dieser Republik kann kein Mensch sich rechtens beschweren, in seinem Gewissen unter Druck gesetzt zu werden«, bemerkte schon 1672 ein Engländer bewundernd.

Rembrandt in Amsterdam

Das 17. Jahrhundert war das Jahrhundert Rembrandts (1606–1669) in den Niederlanden. Der Maler war Mitglied der Reformierten Kirche, er lebte in Amsterdam – und hätten irgendwo anders seine Bilder entstehen können? Rembrandt malte, gravierte, zeichnete und hinterließ ein bewundernswertes, unübertroffenes Vermächtnis.

Ein Drittel seiner Werke widmet Rembrandt biblischen Themen. Sein ganzes Opus aber ist eine spirituelle Botschaft. Ein Kommentar mit Pinsel, Stift und Kaltnadel zu dem Jesuswort: »Kommt her zu mir alle, die ihr mühselig und beladen seid, ich will euch erquicken.« Auf dem Gebiet der schönen Künste konnte der Protestantismus dem Katholizismus nie das Wasser reichen, weder in seiner lutherischen, erst recht nicht in seiner reformierten Ausprägung. Man kann durchaus von einer künstlerischen Unproduktivität des Protestantismus sprechen. Seine Stärke liegt nicht im Visuellen, sondern sie liegt im Wort, in der Musik. Rembrandt van Rijn ist die große Ausnahme.

Zu Rembrandts Zeiten wurden die Niederlande zum Rettungsboot für Verfolgte und Vertriebene aus aller Herren Länder. Hier im Grachtenland fanden sie Zuflucht vor Hungersnöten, Kriegen und religiöser Verfolgung. Amsterdam machte sich in besonderer Weise um jene Menschen verdient, die unfreiwillig zum Treibgut der Geschichte wurden. Die Stadt wuchs in nur einem Jahrhundert von 50 000 auf 200 000 Einwohner an. Hinter ihren Mauern fanden französische Hugenotten, die wegen ihres protestantischen Glaubens ihr Land verlassen mussten, Flamen, Juden, Deutsche, Wallonen, Engländer und Portugiesen ein neues Zuhause. Straße an Straße lebten sie mit den holländischen Bürgern zusammen, fanden Lebensunterhalt in der Stadt und brachten es nicht selten zu Wohlstand. Man findet sie alle, die Exulanten und Emigranten ungnädiger Vaterländer, bei Rembrandt wieder. Besonders in seiner berühmtesten Grafik, dem *Hundertguldenblatt.*

Hugo Grotius entwirft das Völkerrecht

In Holland geboren wurde Hugo Grotius (1583–1645), aus dessen Arbeiten das moderne Völkerrecht hervorging. Hugo war ein intellektuelles Wunderkind. »Du bist viel zu gescheit, um eine Papistin zu sein«, soll der 12-Jährige seiner Mutter vorgehalten haben. Um ihr gleich darauf anzuraten, die Konfession zu wechseln. Freilich, viele seiner späteren Freunde waren katholisch, und Grotius selbst hielt es mit den Liberalen.

Auf dem Höhepunkt seiner Karriere warf man ihm vor, »der Regierung und den Staatsgesetzen zuwider« allerhand Neuerungen angestiftet zu haben. Mit 35 Jahren wurde er zu lebenslänglicher Festungshaft verurteilt. Die Haftbedingungen waren komfortabel. Grotius konnte weiterhin literarisch tätig bleiben. Dank der Hilfe seiner Frau, die ihn besuchte und mit immer neuen Bücherkisten versorgte. Versteckt in so einer Kiste gelang Grotius die Flucht.

Die Familie nahm ihren Wohnsitz in Frankreich, wo man den Rechtsgelehrten mit offenen Armen empfing. In Paris brachte er sein Hauptwerk über das Internationale Recht zu Papier: »Wie keine Gemeinschaft ohne Recht bestehen kann, so muss das Recht auch die Beziehung der Völker untereinander regeln«, schrieb er 1625. Und dieses Recht soll überkonfessionell gestaltet sein, indem es auf natürliche Rechtsnormen zurückgreift, die allen Völkern gemeinsam sind. *Pacta sunt servanda,* Verträge müssen eingehalten werden, ist eine der wichtigsten Normen des Völkerrechts. Krieg kann nur ein letztes Mittel der Staaten sein, ihre Interessen zu wahren – doch selbst im Krieg sind die Menschenrechte zu achten!

Heute befindet sich in Den Haag, nahe der Geburtsstadt von Grotius, der Sitz des »Internationalen Gerichtshofs«. Er ist das Rechtsprechungsorgan der Vereinten Nationen und entscheidet in Rechtsstreitigkeiten zwischen ihren Mitgliedsländern. Besser kann man das Andenken des großen Völkerrechtlers nicht ehren.

Baruch de Spinoza verwirft das jüdische Erbe

Auch Juden boten niederländische Städte Zuflucht vor Verfolgung und Schikane. Zu ihnen gehörten die Eltern des Baruch de Spinoza (1632–1677), die aus Portugal nach Amsterdam flüchteten.

Spinoza aber trennte sich mit einem dramatischen Schritt von der Synagoge. Wie vor ihm schon Uriel Acosta, der die Unsterblichkeit der Seele leugnete, über die Buchstaben des Talmud die Naturgesetze stellte. Acosta wurde verbannt und erschoss sich. Im Jahr 1640, da war Spinoza acht. Auch Spinoza wurde als 24-Jähriger mit dem Bannfluch belegt: wegen »abscheulicher Ketzereien und schwarzer Taten«.

Gesteinigt wurden Acosta und Spinoza allerdings nicht. Der Synagoge war seit den Tagen des Römischen Rechts die Verhängung von Kapitalstrafen untersagt. Doch der Synagogenbann war nichts weniger als ein Todesurteil – für die Juden Amsterdams existierte der gebannte Spinoza nur noch als eine Art Zombie. Ein Untoter unter den rechtgläubig Lebenden.

Was jene »abscheulichen Ketzereien« waren, wüssten wir gern, doch das lässt sich heute nicht mehr klären. Sicher ist, dass Spinoza in den Kreisen christlicher Dissidenten und Freidenker weiterhin seine Ideen vortrug. Die unterstützten den Geächteten finanziell und drängten ihn, seine Gedanken über Gott und die Welt zu Papier zu bringen.

Dachte er schon als junger Mann so radikal, wie es aus seinen späteren Schriften hervorgeht? Dann musste die Synagoge dem freidenkerischen Spinoza tatsächlich das Hausrecht entziehen. In seinen Büchern verabschiedet sich der Gebannte tatsächlich von allen althergebrachten Religionsformen. Vom Glauben der Juden, der Christen und der Muslime.

Indem er in einem gewagten Gedankenschritt Gott und die Natur völlig miteinander konfiguriert. Unendlich, allmächtig, ewig, allgegenwärtig, selbstbewegt, sich selbst genug ist nicht Gott außerhalb der Natur, sondern diese selber, die Natur, ist Gott. *Deus sive natura*: Gott und Natur sind für Spinoza austauschbare Begriffe. Die zwei Seiten derselben Münze: »Die Gottesliebe der Seele ist Teil der unendlichen Liebe, in der sich Gott selbst liebt.« Platz für eine unsterbliche Seele gibt es in Spinozas System nicht. »Der freie Mensch denkt nicht an den Tod. Seine Weisheit besteht nicht im Nachdenken über den Tod, der Weise denkt über sein Leben nach.« Spinoza verpflichtet sich damit der totalen Diesseitigkeit.

Vorstellungen wie die der Rabbiner, Gott liebe Israel mehr als alles sonst in der Welt, oder, wie im Talmud zu lesen, Gott habe die Welt ganz allein nur für Israel geschaffen, sind für Spinoza kindische Einfälle. Und die angeblichen Beweise für Gottes Existenz außerhalb der Welt beweisen ihm nur eins, »dass die Natur und die Götter ebenso verrückt wie die Menschen sein müssen«. Klar, wenn Dreiecke denken könnten, würden sie sich Gott genauso, eben als ein Dreieck vorstellen.

Um seine Religionskritik auf den Punkt zu bringen, legt Spinoza noch einmal nach. Er beweist den Rabbinern anhand von ungezählten Widersprüchen in der Hebräischen Bibel, dass die Heilige Schrift Menschenwerk sei. Weder ein Gott habe sie diktiert, noch habe Moses sie verfasst. Vermutlich sieht Spinoza in der Hebräischen Bibel eine Art Heldenepos wie Homers *Odyssee*. Kritisch gelesen können die so genannten Moses-Bücher dem Wahrheitssucher durchaus von Nutzen sein. Aber wer sie buchstäblich nimmt, hat die Tora nicht verstanden.

Bruno und Baruch sind geistesverwandt

Baruch de Spinoza und Giordano Bruno waren Geistesverwandte. Ob Spinoza die Schriften des Nolaners kannte? So viel Übereinstimmung hätte beide glücklich gemacht, denn beide waren davon überzeugt: Gott hatte sich nicht exklusiv einem Volk oder der Gattung Mensch offenbart. Sondern die ganze Welt war sein Heiliges Buch.

Dabei sind beide Philosophen ganz unterschiedliche Temperamente. Bruno ist Hymnendichter, ein Liedermacher zum Lob der Unendlichkeit, Giordano ist Visionär. Nichts kann er beweisen. Spinozas Philosophie dagegen geht streng lehrbuchmäßig vor. Wie Lehrsätze der Geometrie leitet er eine Schlussfolgerung von der anderen ab. Alles will er beweisen.

Beide erreichen aber auf verschiedenen Wegen dasselbe Ziel: Sie bekennen den Gott, der sich im Universum offenbart und dabei doch unendlich verborgen bleibt.

Spinozas Philosophie blieb von den Zeitgenossen fast unbeachtet. Auch wer zu früh kommt, den bestraft das Leben. Verehrt wurde Baruch de Spinoza später von den deutschen Aufklärern. »Er beweist nicht Gott, das Dasein ist Gott. Und wenn ihn andere deshalb als gottlos schelten, so möchte ich Spinoza den gottgläubigsten, ja den allerchristlichsten Menschen nennen und preisen«, schrieb auch Goethe einem Freund.

Und die modernen Bibelwissenschaften sehen in Spinoza ihren großen Anreger. Mit Recht. Die Bibelwissenschaften verdanken seinem kritischen Geist ihr Handwerkszeug.

Spinoza konnte von Glück sagen, dass er in den Niederlanden mit dem Leben davonkam. Der Staat, die freisinnigen Stadtregenten, gaben den Ton in der Niederländisch Reformierten Kirche an. Die Regenten aber duldeten alle möglichen Dissidenten. Spinoza ist nur das prominenteste Beispiel dieser beispiellosen Liberalität.

Seinen Lebensunterhalt verdiente Spinoza mit dem Schleifen optischer Gläser. Für Mikroskope und Teleskope – wie gut passte das zu seiner glasklaren Philosophie! Er starb mit 46 Jahren, vermutlich wie seine Mutter an Schwindsucht. Einstein schrieb 1946: »Spinoza ist einer der tiefsten und reinsten Menschen, die unser jüdisches Volk hervorgebracht hat.«

Die Hexenwaage in Oudewater

Das erste Mikroskop und das erste Teleskop wurden beide in den Niederlanden montiert. Ohne Teleskop wäre Galilei zum Beispiel nicht zu denken gewesen, und das Gerät hatte aus den Niederlanden den Weg nach Padua gefunden. Die Liste der wissenschaftlichen Errungenschaften in diesem »Goldenen Zeitalter« des Grachtenlandes ist damit noch längst nicht abgeschlossen. Es waren wirklich goldene Zeiten, in jeder Beziehung!

Umso bestürzender war es, nach Osten hinüber ins Reich zu schauen. Von dort kamen die Juden Ost- und Mitteleuropas ins Land. Sowie religiös Verfolgte oder Wirtschaftsflüchtlinge aus allen Nationen, die sich in den Niederlanden ein besseres Leben erhofften.

Selbst Frauen landeten in Holland. In Oudewater bei Utrecht stand die kaiserlich lizenzierte *Hecksenwaag*, dort wurden amtlich die als Hexen bescholtenen Frauen gewogen. Von den nachfahrenden Frauen wusste man, dass sie nicht zu viel Pfunde auf den Besenstiel bringen durften. Wer in Oudewater gewogen, nicht zu leicht befunden wurde, hatte Glück. Ihnen wurde amtlich bescheinigt, keine Teufelsbuhlerin zu sein. Geprüft nach Maß und Gewicht. Im Jahr 1613 untersagten die Vereinigten Niederlande dann offiziell sämtliche Hexenverfahren, das war ein gewaltiger Schritt auf den modernen Rechtsstaat zu.

Spinoza glaubte nicht an Hexen. Außerhalb von Gott konnte nichts existieren. Wie sollte es da Hexen geben? Für die Mehrzahl seiner Zeitgenossen aber war neben Gott noch viel Platz: »Es gibt mehr Dinge zwischen Himmel und Erde als die Philosophie sich träumen lässt«, sagt Hamlet bei Shakespeare. Und davon waren alle, allesamt überzeugt.

Potentaten und Feldherren hielten sich Astronomen, Astrologen. Jeder trug irgendwo am Leib versteckt ein Amulett. Oder kannte ein Sprüchlein, um schädliche Geister abzuwehren. Doch die abergläubischen Praktiken erklären nicht, warum es im 17. Jahrhundert zu den großen Hexenprozessen kam. In Irland, in Spanien machten die Leute nicht weniger von magischen Praktiken Gebrauch als im übrigen Europa. Trotzdem gab es in beiden Ländern so gut wie keine Hexenprozesse.

Historiker haben in den jüngsten Jahrzehnten ganze Berge von Prozessakten durchgearbeitet. Sie kommen zu dem Ergebnis, dass es in den Jahren zwischen 1400 und 1800 etwa 70 000 Hexenhinrichtungen gab. 40 000 davon entfallen allein auf das Heilige Römische Reich, aber das war natürlich auch am bevölkerungsstärksten.

Und warum passierten die Hexenprozesse nun gerade am Beginn der Neuzeit und nicht etwa mitten im so genannten »finsteren Mittelalter«? Sondern zur Zeit von Kepler, dem Astronomen, der an bemannte Raumflüge dachte und doch an Hexen glaubte? Genau wie sein Zeitgenosse Francis Bacon. Der war englischer Lordrichter und erwarb sich einen großen Namen als methodischer Wissenschaftler – aber auch für Sir Francis war Hexenkraft real und kausal. Wie passt das zusammen? Fragen über Fragen.

Die verkehrte Welt der Hexen

Und vor allen Dingen: Wieso traf es gerade die Frauen? Und mit ihnen ausgerechnet die Katzen? Weil sich Frauen und Katzen ein Stück unverfälschter, ungezähmter Natur bewahrt hatten?

Bereits Gregor IX. verunglimpfte Katzen als Teufelsluder. Und wie zäh sich üble Nachreden halten! Bis heute gelten in westlichen Ländern schwarze Katzen als Boten drohenden Unheils: Kreuzt eine schwarze Katze deinen Weg, pass auf, das Vieh ist mit der Hölle im Bund. Schwarze Katzen, befand Papst Gregor 1233 in einem offiziellen Dekret, seien Inkarnationen des Satans. Den vom katholischen Glauben Abtrünnigen erscheine dieser als »schwarzer Kater in der Größe eines mittelmäßigen Hundes«, und auf sein Geheiß gäben sich die Abtrünnigen »der abscheulichsten Unzucht hin«, vertauschten sogar »den natürlichen Geschlechtsverkehr mit dem unnatürlichen«. Infolge des päpstlichen Votums wurden bald darauf quer durch Europa schwarze Katzen gejagt, zu Tausenden lebendig verbrannt, ersäuft und erhängt. Wie danach die Hexen.

Zwar las man schon in der hebräischen Tora: »Hexen sollst du nicht am Leben lassen.« Aber erst als sie begannen, die Erde der Wissenschaft untertan zu machen, machten die Männer richtig Ernst mit ihrem Kreuzzug gegen das andere Geschlecht. Hängt eins am anderen? Wissenschaftsgläubigkeit und Hexenmord?

»Man muss die Natur auf die Folter spannen, bis sie ihre Geheimnisse preisgibt«, forderte Francis Bacon im Namen der Wissenschaft. Und wissenschaftlich korrekt wurde auch gefoltert. Nicht nach sadistischem Belieben, nicht aufs Geratewohl, sondern nach strengen Regeln: wie, wann, wie lange und wo. Alles wurde sorgfältig protokolliert, wie es die experimentelle Wissenschaft verlangt. Nur darum wissen wir heute von dem horrenden Ausmaß der Hexenprozesse, weil alles protokolliert und die Akten archiviert wurden. Nicht allein die Wissenschaft, auch die Bürokratie machte einen großen Schritt nach vorn. In katholischen, in protestantischen Ländern, überall wurde gefoltert, verbrannt, ersäuft, gehängt, und überall wurde darüber korrekt Buch geführt.

Aber noch mal, wieso traf es gerade die Frauen? Nun, schließlich wurde ja auch die Natur als Frau dargestellt. Von alters her. Fortuna, das Glück, lockte und betrog. Als Frau. Im Handbuch der Inquisitoren, dem *Hexenhammer*, war zu lesen, »dass das Weib nur ein unvollkommenes Tier ist, das, verlogen von Natur aus, ständig nur lügt und trügt«. Falsch wie die Katzen. Und der »Frau Welt« war schon gar nicht über den Weg zu trauen. Den großen Aristoteles verspotten kolorierte Drucke der damaligen Zeit als »Minnesklaven«: Da kriecht der Philosoph auf allen vieren, eine entblößte Frau reitet ihn und schwingt triumphierend über den Mann die Peitsche.

Eine verkehrte Welt, die man in Ordnung bringt, wenn die Folterbank den Frauen die Glieder streckt, »die aus der krummen Rippe Adams geformt wurden«. Genug, wir schauen heute den Satansdienern nicht mehr in den Kopf. So wenig wie den KZ-Schergen des vorigen, oder den Selbstmordattentätern dieses Jahrhunderts.

Der Dreißigjährige Krieg

Im Heiligen Römischen Reich deutscher Nation traf beides zusammen, Krieg und Hexenwahn. »Deutschland betet«, schrieb ein deutscher Poet am Ausgang des Dreißigjährigen Krieges, der von 1618 bis 1648 große Teile Europas verwüstete: »Was für Mord hat man erfahren in den dreimal zehen Jahren? Wie viel Tausend sind verloren, hier zu Wasser, da zu Land, wie viel Tausend sind erfroren, wie viel Tausend sind verbrannt, wie viel Tausend sind geblieben, die der Hunger aufgerieben? Und was sonst im Feld gestorben, von der Peste, von der Ruhr, wie viel Tausend sind verdorben, ohne Labsal, ohne Kur, wie viel haben auf der Straßen müssen Leib und Leben lassen?« Leicht war's geschrieben, was Luther seinerzeit in die Welt hinausposaunte: »Es soll recht bleiben, was ich schreibe und lehre, sollt auch die Welt darüber bersten« – sie tat es, da hatte er es nun. Einen 30-jährigen Religionskrieg.

17 Millionen Menschen zählte Deutschland vor dem Krieg, davon blieben am Kriegsende 8 oder 11 Millionen übrig; die Schätzungen schwanken. Das Straßennetz war ruiniert, 15 000 Dörfer verschwanden von der Landkarte, der Kapi-

talmarkt war kaputt. Mitten in Europa hinterließ der Krieg einen riesigen Leerraum.

Die Reformation zurückzurollen war das erklärte Kriegsziel von Kaiser Ferdinand. Seine Herrschaft umfasste Böhmen, Ungarn, Kroatien und die gewaltige Landmasse des Römischen Reiches, von der Schweiz bis zu den Niederlanden. Und bis auf Bayern war zu Kriegsbeginn alles protestantisch durchsetzt, bis hinein nach Ungarn. Unter Ferdinand aber sollte das Reich wieder heilig und römisch werden. Gegner Ferdinands war die protestantische Fürstenliga im Norden. Und die Liga wäre vom Erdboden verschwunden, wären nicht die schwedischen Protestanten unter ihrem König Gustav Adolf den Evangelischen in Mitteleuropa zu Hilfe gekommen.

Schwedens Reformation

Seit seiner Christianisierung war die Kirche Schwedens immer schon eine Art Nationalkirche gewesen. Treu dem König verpflichtet. Einen Lehnstatus hatte die Kurie dem Nordland nie aufzwingen können. Von seinem Thingrecht her waren Schwedens Bürger immer freie Leute geblieben. Leibeigenschaft der Bauern, im übrigen Europa beinah der Normalfall, hat es in Schweden nie gegeben. Im Jahr 1527 (Luthers Frau brachte gerade ihr zweites Kind zu Welt), beschloss der schwedische Reichstag, das lutherische Bekenntnis anzunehmen. Die Liegenschaften der Kirche fielen an die Krone. Von da an verfügte Schwedens Krone über einen ausgedehnten Landbesitz. Das stärkte die Könige gegenüber dem Adel. Und, Schwedens König war jetzt nach Gesetz und Recht das Oberhaupt der Kirche. So hatte das Königshaus die absolute Souveränität in Schweden gewonnen. Der König war allein dem Reichstag verpflichtet. Und der war das einzige parlamentarische Gremium Europas, in dem neben Adeligen, Klerikern und Besitzbürgern auch die Bauern als »Vierter Stand« vertreten waren. Bäuerliche Aufstandsbewegungen wie in England, Frankreich, Deutschland entfesselten in Schweden nie bürgerkriegsartige Zustände.

Alle diese Faktoren begünstigten eine starke Loyalität gegenüber dem Königshaus. Das wiederum gab Schwedens Königen die Möglichkeit, sowohl nach innen Reformen durchzuführen wie auch nach außen selbstbewusst aufzutreten.

Gustav Adolf (1594–1632) vereinte beide Fähigkeiten in seiner Person. In seinem 17. Lebensjahr war er auf den Thron gekommen. Er verbesserte nachhaltig die Verwaltung, forcierte Bildung und Erziehung und schuf ein hochtrainiertes stehendes Heer. Aus schwedischem Kupfer und Eisen wurden die besten Feuerwaffen der damaligen Zeit hergestellt, und die bewegliche Artillerie des jungen Königs fand ihresgleichen nicht in ganz Europa.

Einer der Gründe für Schwedens Hochrüstung war das Gefühl einer ständigen Bedrohung durch Kaiser Ferdinand. Der plante, über ein Bündnis mit Polen auch Schweden wieder dem katholischen Glauben zuzuführen. Das und seine Heirat mit Maria Eleonora, der Tochter des protestantischen Kurfürsten von Brandenburg, bewog Gustav Adolf, 1630 in den deutschen Konfessionskrieg einzugreifen. Die evangelische Fürstenliga war am Ende, und würde Ferdinand siegreich sein, lag der Ostseeraum offen vor ihm. Eine tödliche Bedrohung für Schwedens Souveränität.

Gut zwei Jahre, 853 Tage, reichten, um Gustav Adolfs Ruhm als Stratege in die Geschichtsbücher eingehen zu lassen. Napoleon verehrte den Schwedenkönig später als den genialsten Strategen aller Zeiten. Der Schwedenkönig trieb die kaiserlichen Truppen vor sich her, zog in München ein, marschierte bis an den Lech. War Wien sein Ziel? Die Kaiserkrone des Heiligen Römischen Reiches deutscher Nation?

Mehrfach war der junge König inzwischen verwundet worden. Am Hals und am Bauch, und Gustav Adolf konnte keine Rüstung mehr tragen. In der Schlacht von Lützen, westlich von Leipzig, wurde er auf den Tod verwundet, nachdem schon seine Truppen den Sieg davongetragen hatten.

Nur 38 Jahre ist er alt geworden. Maria Eleonora soll bis an ihr Lebensende sein Herz in ihrem Schlafzimmer aufbewahrt haben. Heute liegen seine sterblichen Überreste in der Kirche von Riddarholmskyrkan, Stockholm, dem traditionellen Begräbnisplatz der schwedischen Krone.

Der schwedische Reichstag ehrte den Gefallenen mit dem Titel *den Store*, »der Große«, und diese Auszeichnung hatte er verdient. Der große König eines kleinen Landes, das zu seiner Zeit gerade mal eine Million Einwohner zählte. Sein Todestag wird jeweils am 6. November unter Flaggenschmuck als Nationalfeiertag begangen. Und die Schweden knabbern an diesem Tag ein Schokoladen-Medaillon mit dem Konterfei des großen Königs.

Im protestantischen Reichsteil von Deutschland wurde Gustav Adolf mit zahllosen Flugblättern, Schriften und mit einer wahren Bilderflut als der »Nordische Löwe« gefeiert.

Ein zukunftsweisender Friede

Gustav Adolf brachte die Wende zugunsten der Protestanten im Dreißigjährigen Krieg, der nach seinem Tod Deutschland noch weitere sechzehn Jahre verheerte. »Hier durch die Schanz und Stadt rinnt allzeit frisches Blut. Dreimal sind schon sechs Jahr, als unser Ströme Flut, von Leichen fast verstopft, sich langsam fortgedrungen«, dichtete Andreas Gryphius 1636. Der Protestantismus im Heiligen Römischen Reich aber war gerettet, als es endlich 1648 zum Abschluss des Westfälischen Friedens kam.

Der Friede wurde im Herzogtum Münster, Westfalen, ausgehandelt. Drei Konfessionen wurde im Reich die Gleichstellung zuerkannt: dem Katholizismus, dem Luthertum und den calvinistisch Reformierten. Alle drei wurden als Territorialkirchen definiert. Doch sollte den von der herrschenden Konfession eines Landes Abweichenden die private Religionsausübung gestattet sein. Außen vor blieben die Täufer-Freikirchen und die böhmischen Christen. Es ist das erste und leider bisher das einzige Mal, dass verschiedene Religionen in ein vertraglich geregeltes Mit- und Nebeneinander traten – ein Meilenstein in der Geschichte der Toleranz. Für wie viele religiös zerstrittene Regionen der Erde bleibt der Religionsfriede bis heute ein ferner Wunschtraum!

Nicht mit zu den Unterzeichnern gehörte die römische Kurie. Innozenz X. protestierte umgehend gegen das Vertragswerk, indem er »scharfe Opposition« einlegte. Die Vertragspartner hatten das vorausgesehen und sich vertraglich dagegen abgesichert. So blieb es bei dem ohnmächtigen Protest. Im Zeitalter der Nationalstaaten stand die Kurie ohnehin auf einem politischen Abstellgleis.

Der Omnipotenzanspruch der Kurie wirkte inzwischen einfach bizarr angesichts der neuen politischen Realitäten. Es hat den Päpsten nur weitere Niederlagen eingebracht, dass sie die Emanzipation der europäischen Nationalstaaten nicht zur Kenntnis nehmen wollten. Seit dem ersten europäischen Vertragswerk von 1648 hat die Kurie immer wieder vergeblich ihren politischen Monopolanspruch durchsetzen wollen. Dadurch manövrierte sich das Papsttum in eine wachsende Isolation. Zu seinem eigenen moralischen und machtpolitischen Nachteil.

Das Reich, ein Vielstaaten-Staat

Zu den territorialen Bestimmungen des Westfälischen Friedens gehörte die längst fällige Ausgliederung der Schweizer Eidgenossenschaft und der Vereinigten Niederlande aus dem Reichsverband. Frankreich erhielt die westlichen Territorien des Oberrheins zugesprochen, Elsass und Lothringen, und hatte damit endgültig Spaniens Landverbindung zu seinen ehemaligen Nordprovinzen Belgien und Holland blockiert.

Das Heilige Römische Reich deutscher Nation bestand nun aus 234 größeren und winzigen Staatsgebilden, deren Territorien die volle staatliche Souveränität im völkerrechtlichen Sinne innehatten. Der Kaiser war zur bloßen Symbolfigur geworden. Damit endete die jahrhundertlange Auseinandersetzung zwischen Kaiser und Papst in Deutschland. Beide waren nach dem Westfälischen Frieden politisch bedeutungslos geworden. Deutschland wie Italien hatten dabei viel verloren. Während die anderen Staaten Europas sich neu aufstellten, blieben Italien und Deutschland bis ins 19. Jahrhundert staatlich desintegriert. Ihren Platz in der neueren Geschichte fanden sie eigentlich erst im Vereinten Europa, das allen seinen Staaten eine neue, nämlich kooperative Definition staatlicher Souveränität abverlangte.

Achtzehntes Jahrhundert

Aufklärer in Europa, neue Prediger in Amerika

In der Nähe von London starb 1718 William Penn, geboren 1644. Er war der letzte Visionär des Zeitalters der Reformation. Penn war einer der beiden Gründerväter der »Gesellschaft der Freunde«, auch Quäker genannt, die im englischen Bürgerkrieg (1642–1660) zum ersten Mal in Erscheinung getreten waren.

Die Quäker, Christen ohne Kirche

William Penn und sein geistiger Vater George Fox (1624–1691) besannen sich auf die Zeit des biblischen Christentums, als es noch keine Kirchtürme gab. Luther hatte nicht die Welt erneuern wollen, sondern die Kirche, Zwingli und Calvin wollten mit einer erneuerten Kirche zugleich die Welt reformieren. Fox und Penn dagegen hatten mit der Kirche überhaupt nichts mehr im Sinn – sie wollten allein eine neue, nämlich eine heilere Welt. »Eine Religion ist richtig, wenn sie nicht der Welt entsagt, sondern hilft, in ihr zu leben, und Menschen bewegt, sie zu verbessern«, schrieb der 24-jährige Penn während eines Gefängnisaufenthalts.

Nach so vielen Jahren voll Wut und Blut, in der sich die Menschen stritten um die reine Lehre, um die rechte Kirche, verzichteten die Quäker auf alles, was nach Kirche aussah.

Taufe und Eucharistie deuteten sie spirituell, wichtiger als die Bibel war ihnen »das innere Licht«, und statt in Kirchenräumen trafen sie sich in Häusern. Nicht um sich Predigten von Religionsspezialisten anzuhören. Die Freunde trafen sich und warteten schweigend, bis einem von ihnen ein Licht aufging. Einer Frau, einem Mann. So praktizierten sie Luthers »Priestertum aller Gläubigen« radikal. »Während wir schweigend auf den Herrn Jesus warten, was oft über Stunden geschieht, empfangen wir als Geschenk die Fülle des Geistes, der unsere Herzen fröhlich macht und uns den Mund öffnet, und der so die Herrlichkeit Gottes verkündet«, schildert ein Zeitgenosse von Penn die ersten Gottesdienste der Freunde.

Die Bewegung der stillen Dissidenten wuchs. Um 1700 war ihre Zahl in England auf 100 000 gestiegen, statistisch gesehen gehörte damit jeder fünfte oder sechste Engländer zu den Quäkern. Doch die Teilnahme an den *silent meetings* konnte einen das Leben kosten.

Church of England

Heinrich VIII. hatte sich 1531 von Rom losgesagt. Genervt, weil die Kurie zögerte, in seine Scheidung einzuwilligen, denn Heinrich hatte bis dahin keinen männlichen Thronerben. Aber wie sollte das funktionieren, eine Kirche ohne Papst? »Dann wird eben Luther der erste Papst meiner Religion sein«, soll Heinrich gedroht haben. Aber diesen Luther hatte der König eben noch öffentlich »einen Höllenhund, eine giftige Schlange, eine Pestbeule und eine grässliche Bestie« genannt. Wenn also Luther nicht wollte? »Dann werde ich selber Papst, was ist schon dabei? König bin ich schon, und Papst sein kann nicht so schwer sein!« Also übernahm Heinrich die englische Kirche in Eigenregie. Und setzte sich damit gegen den Klerus durch. Jetzt, als Kirchenoberhaupt, bekam er seine Scheidung. Anne, seine Geliebte, wurde ihm rechtens angetraut.

Eine Situation wie im alten, vorchristlichen Rom. Thron und Altar waren wieder in einer Hand. Kirchenkritik galt als Majestätsbeleidigung. Heinrich wollte in dieser Hinsicht nicht unpäpstlicher sein als der Papst. Unter Androhung von Strafe gegen alle Dissidenten hielt er an der konservativ-katholischen Auffassung über Sakramente, die Priesterehe, die Beichte rigoros fest und verschärfte die Predigtaufsicht.

Bald nach Heinrichs Staatskirchenstreich hatte Schottland sich dem reformierten Bekenntnis Calvins geöffnet. Jetzt drang über die schottische Grenze die reformierte Bewegung mit Macht in England ein. Zahllose religiöse Gruppen versuchten, eine Reformation der katholischen Kirche Englands auf den Weg zu bringen. Die Krone paktierte mal mit den Reformern, dann wieder mit den Altgläubigen.

Englands Dissidenten

Dabei gebärdete sich die neue Staatskirche nicht weniger unduldsam als der Papst. Dissidenten wurden inhaftiert, gefoltert, hingerichtet. Unter ihnen auch viele Quäker. Allein zwischen 1660 und 1685 wurden 13 500 Quäker ins Gefängnis gesteckt. 338 starben in der Haft, 198 exportierte die Krone als Sklaven. George Fox verbüßte acht Gefängnisstrafen, William Penn ein volles Dutzend oder noch mehr. Zum Schluss konnte er selbst nicht mehr zählen, in wie vielen Gefängnissen er eingesessen hatte.

Die Situation entspannte sich erst, als Wilhelm III. von Oranien, ein Protestant, die Regierungsgewalt übernahm. Das Parlament erließ 1689 die »Toleranz-Akte«, welche die Achtung der Gewissensfreiheit zum Gesetz erhob. Allerdings mit gravierenden Einschränkungen. Eine umfassende Lösung kam nicht zustande, denn die englische Staatskirche behauptete ihren Monopolanspruch. Immerhin war jetzt die »Gesellschaft der Freunde« staatlich anerkannt. Sogar das Recht auf Eidesverweigerung wurde den Quäkern eingeräumt. Andererseits wollte die »Toleranz-Akte« Juden und katholischen Christen kein Versammlungsrecht gewähren. Und alle Mitglieder von Freikirchen blieben von der Bekleidung öffentlicher Ämter ausgeschlossen.

Penns Pennsylvania

Schon vor der »Toleranz-Akte« hatte Penn für die Quäker eine Zuflucht in den amerikanischen Kolonien Englands gefunden. Charles II. schuldete Penns Familie einen ansehnlichen Geldbetrag, den der König damit beglich, dass er Penn 1681 Besitzrechte in Neuengland übertrug. Daraus entstand der Staat Pennsylvania, »Penns Wald« genannt, ein Gebiet vom Umfang des heutigen Griechenlands. Dorthin strömten nun die Quäker und siedelten jenseits des Delaware River zusammen mit anderen englischen Dissidenten. Um 1700 lebten dort bereits 50 000 bis 60 000 Quäker.

William Penn betrachtete sein Pennsylvania als *holy experiment*, als heiligen Versuch, seine Vorstellung von einem offenen Gemeinwesen mit möglichst wenigen staatlichen Eingriffen in die Tat umzusetzen. Die Verfassung, die er dem neuen Staat gab, atmet schon den Geist der späteren Verfassung der USA. Angelegt als repräsentative Demokratie trug sie Penns Grundsatz Rechnung, dass »Menschen ihre Freiheit gewährleisten, indem sie den Gesetzen gehorchen, die sie selbst gemacht haben«. Und Religionsfreiheit war garantiert, denn »die Bescheidenen, Sanftmütigen, Barmherzigen, Gerechten, frommen und andächtigen Seelen haben überall dieselbe Religion«. Öffentliche Schulen für alle Kinder, Arbeitshäuser statt Gefängnisse sowie die Einschränkung der Todesstrafe wurden in der Verfassung festgeschrieben.

Für die Hauptstadt Philadelphia, »brüderliche Freundschaft« genannt, entwarf Penn den Plan einer offenen Gartenstadt. Schon 1765 gilt Philadelphia als die volksreichste und größte Stadt der 13 Kolonien Neuenglands.

William Penn war sich bewusst, dass das Land von Rechts wegen den Indianern gehörte. Er lernte ihre Sprache, zahlte ihnen Entschädigung und lebte oft tagelang in Indianerdörfern, weil er Indianer als »Nachbarn und Freunde« behandelt sehen wollte.

Welch ein erstaunlicher Mann! Der Sohn eines Admirals wurde Pazifist, Penn, der Jurist, zog schiedsgerichtliche Vergleiche dem Prozessrecht vor, mit autokratischer Vollmacht ausgestattet, gab er seinem Gemeinwesen eine demokratische Verfassung und gewährleistete darin die bürgerliche Freiheit ungeachtet von Religion, Geschlecht und Rasse.

Zu den Besonderheiten von Penns Biografie gehört, dass er eine Art Verfassung für ein geeintes Europa entwarf, damals bereits. Schiedsgerichte statt Kriege, das schlug er vor, sollten die Konflikte zwischen den Nationalstaaten regeln. Und alle Schwarzamerikaner wissen um die Verdienste der Quäker in dem lang anhaltenden Kampf um die Sklavenbefreiung. Penns »heiliges Experiment« war der geglückte Versuch, Christentum praktisch zu leben.

Die Quäker wurden 1947 mit dem Friedensnobelpreis ausgezeichnet, weil sie, wie es in der Begründung heißt, »eine größere Toleranz gegenüber anderen üben, als es in den meisten organisierten Glaubensgemeinschaften der Fall ist«. Penns Quäker sind die einzige religiöse Gemeinschaft, der jemals eine öffentliche Ehrung dieser Art zuteil wurde.

Neu-Englands Puritaner

Pennsylvania lag an der westlichen Grenze der Neuenglandstaaten. Verirrte sich ein Quäker nach Massachusetts, betrat er Feindesland. Wurde man seiner habhaft, bekam er ein Ohr abgeschnitten, im Wiederholungsfall das zweite, oder man machte kurzen Prozess und knüpfte ihn gleich auf. Massachusetts war fest in den Händen der Puritaner, die in ihrem Staat eine »gottwohlgefällige Gesellschaft« errichtet hatten.

Die Puritaner waren eine radikale Seitenlinie der calvinistisch orientierten Presbyterianer des englischen Mutterlandes. Als Kirche von unten organisieren sich die Presbyterianer aufgrund von Wahlen, ihr höchstes Leitungsgremium sind die Gemeindevorsteher: die »Ältesten«, die das *Neue Testament* Presbyter nennt.

Gegenpart der presbyterianischen Kirche war die *Church of England*, in der die Bischöfe von oben her das Kirchenregiment führen. Haupt der *Church of England* ist die englische Krone, sie repräsentiert die oberste Kirchenautorität. Vor dieser reformunwilligen, in den Augen der Presbyterianer katholisierenden Kirche waren die ersten Puritaner 1620 mit der Mayflower geflüchtet. In der Massachusetts-Bay gingen sie an Land, 102 Frauen, Männer, Kinder. Ihnen folgten bald größere Einwanderungswellen.

Freiheit bedeutete für die Puritaner die Freiheit, ihrem Gewissen zu folgen, das ihnen ein heiligenmäßiges Leben abverlangte. Unerbittlich drang ihr Ältestenrat darauf, dass alle Einwanderer die Gesetze von Moses befolgten. Man setzte seine Ehre ein, Gottes Ehre zu verteidigen – wenn ich angegriffen werde, beißt mein Hund zu! Kirchgang war Pflicht. Nicht allein sonntags, sondern zu jedem Anlass. Jemand hat ausgerechnet, dass ein normales Gemeindemitglied in Neuengland im Lauf seines Lebens 13 000 Predigten konsumierte. Das ist viel, viel zu viel – doch wenig verglichen mit dem modernen Fernsehkonsum. Die Sonntagsruhe war strikt einzuhalten. Ab Samstagabend hatte jede Beschäftigung zu ruhen. Auch alle Kurzweil war untersagt. Sonntags gehörten die Puritaner ihrem Gott. Mit Haut und Haaren.

Wahlberechtigt waren in der Gemeinde die Männer, darunter aber nur jene, die auch zum Abendmahl zugelassen waren. Über die Zulassung entschied der Gemeinderat, der als Wächterrat fungierte. Die Bostoner Puritaner, die sich gegenseitig überwachten, hatten den gläsernen Christen erfunden.

Die Inquisition in der Alten Welt hatte sich überlebt, in Neuengland erwachte sie zu neuem Leben. In Salem, nördlich von Boston, wurden 1691 noch 19 Frauen wegen Hexerei aufgehängt. Einen Beschuldigten, der sich weigerte, Rede und Antwort zu stehen, steinigte eine aufgebrachte Menge zu Tode. Und Quäker hatten in Massachusetts ebenfalls nichts zu suchen. Die bibelfernen Softies und deren Lehre, Gott teile sich jedem Menschen durchs innere Licht mit, bedrohte die Autorität der religiösen Führer.

Auch den puritanischen Scharfmachern ging irgendwann die Luft aus. Doch die puritanische Selbstverpflichtung hat die amerikanische Nation nie wieder verlassen. Sie blieb die »Stadt auf dem Berge«, *God's own country,* auf das die Augen Gottes gerichtet sind. Und die der ganzen Welt.

»Dass alle Menschen gleich geschaffen sind«

In der Quäkerstadt Philadelphia setzten die Delegierten der englischen Kolonien am 4. Juli 1776 ihre Unterschrift unter die Unabhängigkeitserklärung der Vereinigten Staaten von Amerika. Sie enthält den am meisten zitierten Satz der modernen Verfassungsgeschichte: »Wir halten diese Wahrheiten für unhinterfragbar; dass alle Menschen gleich geschaffen sind; dass sie von ihrem Schöpfer mit bestimmten unveräußerlichen Rechten ausgestattet sind; dass dazu Leben, Freiheit und das Streben nach Glück gehören.« Man bezeichnet Philadelphia als die »Wiege der amerikanischen Nation«, die Aufklärung hatte bei dem Kind Pate gestanden. Der englische Philosoph John Locke, sowie William Penn, der Vater des »heiligen Experiments« von Pennsylvania. Thomas Jefferson, der Verfasser der Unabhängigkeitserklärung, bezeichnete Penn als »den größten Gesetzgeber, den die Welt jemals hervorgebracht hatte«. Das war zu hoch gegriffen. Wahr aber bleibt, dass sich die Delegierten der verfassungsgebenden Versammlung von 1776 nur darum auf den Resolutionsentwurf einigen konnten, weil sie in Penns Quäkerstaat das lebendige Beispiel jenes »heiligen Experiments« vor Augen hatten.

Der Philosoph Immanuel Kant (1724–1804) erklärte in seinen Vorlesungen: »Der nordamerikanische Freistaat ist in der Geschichte der Welt ein einzigartiges Phänomen, auf welches die Blicke jedes Weltbürgers gerichtet sein müssen.« Denn auf der anderen Seite des Atlantiks, führte Kant vor seinen Studenten aus, seien die Menschen frei »von den Ränken und Lasten« Europas. »Keine dem Aberglauben und ihrem Interesse dienende Priesterschaft, kein alter, mit Vorrechten vor den übrigen Staatsbürgern aufgewachsener Adel wurde bei Gründung des Freistaates von der Gesamtheit der Bürger getrennt, und in ihm gründete kein durch Sitten verdorbenes Geschlecht.« Ob Kant den Text der Unabhängigkeitserklärung irgendwann einmal in die Hände bekommen hat? Wohl kaum. Schade, denn der Königsberger hätte sie enthusiastisch begrüßt.

Gewaltenteilung hatte John Locke auf allen Ebenen staatlichen Handelns gefordert, und, das unterstrich er, »darum halte ich es in jedem Fall für ganz besonders geboten, zwischen den Belangen der staatlichen Gewalt und denen der Religion genau zu unterscheiden und die richtigen Grenzen festzusetzen, die zwischen beiden liegen«. Dennoch geben sich amerikanische Präsidenten betont als fromme Leute. Und es gehört sich, bei öffentlichen Veranstaltungen Gottes Segen zu beschwören. *God bless America.* Seit 1956 tragen zudem die Münzen und Geldscheine der USA das Motto: *In God we trust.* Der Kongress erklärte es zum »nationalen Motto« der Vereinigten Staaten.

Das Verfassungsgebot der Trennung von Staat und Kirche wird dadurch nicht verletzt. Denn das Gebot bezieht sich auf die konfessionellen Religionen. Die »natürliche«, nach Auffassung der Aufklärer, dem Menschen angeborene Religion gibt sogar das Fundament der Verfassung ab, wenn es in der Unabhängigkeitserklärung heißt, alle Menschen seien von Gott zur Gleichheit erschaffen. Locke und Penn hätten gegen die Formulierung auch keinen Einspruch erhoben. Im Namen der natürlichen Religion waren schließlich noch nie Menschen umgebracht worden.

Robinson: Religion ist angeboren

Zu den Glaubenssätzen der angeborenen Religion zählten die Aufklärer: Gott ist wirklich; der Mensch hat die Pflicht, ihm zu dienen; das geschieht durch Tugend und Frömmigkeit; Sünden sind zu bereuen und wieder gutzumachen; den Menschen erwartet eine göttliche Vergeltung, teils im Diesseits, teils im Jenseits.

Daniel Defoes (1660–1731) Abenteuerroman *Robinson Crusoe* von 1719 ist ein Werk der Aufklärungsliteratur. Ihm kann man den ganzen Katechismus der natürlichen Religion entnehmen. Der Roman erzählt die Geschichte eines Mannes, der nie den Glauben an sich selbst verlor, das Hohe Lied auf Mut und Trotz eines Gestrandeten, der im Ringen mit der Natur sein Leben täglich neu erfindet, endlich über alle Widrigkeiten und Widersacher triumphiert.

Robinson, der Selfmademan, wurde zur Ikone des 18. Jahrhunderts, ein Prototyp des aufgeklärten Selbstdenkers. Aus dem Schiffswrack bringt Robinson eine Bibel mit auf seine einsame Insel. Und beim Lesen widerfährt ihm eine »praktische Reformation, ohne jede Unterweisung«. Als später Freitag aus den Händen der Menschenfresser zu ihm flieht, unterrichtet er seinen Gefährten nach dem Ideal der Aufklärung in der natürlichen Religion: »Die Natur selbst half mir ihn zu überzeugen, dass es notwendig eine große erste Ursache von allem gibt, der wir in Ehrfurcht zugetan sein müssen. Die natürlichen Eindrücke führen vernünftige Wesen von selbst zu der Erkenntnis Gottes, denn Gotteserkenntnis ist als natürliche Anlage dem Menschen mitgegeben.« Und damit die religiöse Selbstbestimmung.

Defoes Roman wurde zum Bestseller. Die Idee, die hinter der Robinson-Geschichte stand, gehörte zu den Grundüberzeugungen der europäischen Aufklärung. Sie lieferte das Fundament für die Kritik an den Offenbarungsreligionen, des Christentums wie des Judentums und des Islam. »Ich verpflichte mich, die Vorzüge des Korans ebenso nachzuweisen wie die des Evangeliums«, erklärte einer der Aufklärungsphilosophen. Denn die Priester hatten die natürliche religiöse Veranlagung des Menschen missbraucht, um die Religion über abergläubische Zugaben zu ihrem Herrschaftsinstrument zu machen.

Der auch philosophisch versierte Giacomo Casanova schrieb 1790 in seinen Lebenserinnerungen: »Da ich mich jederzeit als Hauptursache aller Widrigkeiten, die mir zustießen, erkannte, habe ich mich stets mit Freuden in der Lage gesehen, mein eigener Schüler zu sein, und habe pflichtschuldigst meinen Lehrer geliebt.« Damit brachte der Venezianer das Anliegen der Aufklärung auf den Punkt: zugleich sein eigener Lehrer und Schüler zu sein. »Habe Mut, dich deines eigenen Verstandes zu bedienen! ist also der Wahlspruch der Aufklärung«, erklärte ebenso Immanuel Kant – die europäische Aufklärung ist ein Robinson-Programm.

Voltaire, der französische Erzaufklärer, erläuterte den Missbrauch von Religion 1740 am Beispiel des Propheten Muhammad: »Dass ein Kamelhändler in seinem Nest Aufruhr entfacht, dass er seine Mitbürger glauben machen will, dass er sich mit dem Erzengel Gabriel unterhielte; dass er sich damit brüstet, in den Himmel entrückt worden zu sein und dort einen Teil jenes unverdaulichen Buches empfangen zu haben, das bei jeder Seite den gesunden Menschenverstand erbeben lässt, dass er, um diesem Werke Respekt zu verschärfen, sein Vaterland mit Feuer und Eisen überzieht, dass er Väter erwürgt, Töchter fortschleift, dass er den Geschlagenen die freie Wahl zwischen Tod und seinem Glauben lässt: Das ist nun mit Sicherheit etwas, das kein Mensch entschuldigen kann, es sei denn, er ist als Türke auf die Welt gekommen, es sei denn, der Aberglaube hat ihm jedes natürliche Licht erstickt.« Das sind böse Worte. Doch Voltaire schlägt den Sack und meint den Esel. Die christlichen Dunkelmänner.

Die aufgeklärte Religion braucht keine Priester

Auch Denis Diderot (1713–1784) wurde nicht müde, den Priesterbetrug anzuprangern. »Sie predigen Liebe und schnauben Blut. Die eine Hälfte der Nation badet aus Frömmigkeit im Blut der anderen Hälfte. Der kirchliche Aberglaube ist die wahre Gotteslästerung, nicht der Atheismus. Die Menschheit wird erst dann wirklich frei sein, wenn der letzte König mit dem Gedärm des letzten Priesters erwürgt sein wird.« Das war kein frommer Wunsch. Hier meldete sich bereits das Terror-Regiment der Jakobiner am Ausgang der Französischen Revolution, die jeden Andersdenkenden gnadenlos verfolgten – fortan brachten Philosophen die Priester um.

Doch wie gut lässt sich Diderots Wut für mich nachvollziehen! Es ist doch ein schieres Wunder, nach all den Blutorgien der Kreuzzüge und Inquisition, nach all den Mordritualen an so vielen Frauen, dass das Christentum nicht an sich selbst zugrunde gegangen ist. Erst die Aufklärung hat, gut prophetisch, gut christlich, die Christenheit aus ihrer blutigen Selbstverstrickung befreit.

Diderot hat doch Recht: Der Glaube an Gewalt ist eine größere Gotteslästerung als jede Form von Atheismus. Denn so ist es nun mal: »Kein Philosoph hat je einen Priester umgebracht, doch Priester haben viele Philosophen ums Leben gebracht.« Die Aufklärer Europas haben der Menschheit manche Schätze hinterlassen. Den Christen haben sie aber das größte Geschenk gemacht. Indem sie den Christen ihre Borniertheit vor Augen führten.

Hat das Christentum noch Zukunft?

Herausgefordert durch die Aufklärung beginnt eine kritische Bestandsaufnahme der Kirchengeschichte. Was ist aus der Jesusbotschaft geworden? Hat das Christentum noch eine Zukunft?

Gottfried Arnold (1666–1714) entwirft eine »unparteiische Kirchen- und Ketzerhistorie« und kommt zu einem niederschmetternden Ergebnis: Die ganze Geschichte des Christentums ist Abfall von seinem Ursprung. Jesus verkündete das Reich Gottes, was aber kam, war die Kirche. »Von da an hat sich der ganze Baum des Irrtums und des falschen Christentums in so viel hundert Äste, Zweige und Früchte der Ketzereien, Spaltungen, Sekten durch die ganze Welt ausgebreitet.« Alle Ketzer, so Arnold, haben, jeder auf seine Weise, gegen den Abfall der Kirche von ihren Idealen protestiert.

»Es ist das Beste an der Religion, dass sie Ketzer hervorbringt«, bestätigt im 20. Jahrhundert Ernst Bloch, der marxistische Religionsphilosoph. Arnold ist angewidert von der kirchlichen Intoleranz: »Wo von allen Seiten her mit vollem Hals gerufen wird: Seht, hier ist Christus, da ist Christus! Seht, er ist bei dieser

Kirche oder Glaubensrichtung, in der oder jener Predigt oder frommen Übung, in dieser Kammer- und Hausversammlung, bei der oder jener Person ist er allein!« Frieden findet der zur »hungrigen Begier des Glaubens« Erweckte allein in der persönlichen Begegnung mit Jesus. »Er selbst, der treue und wahrhaftige Zeuge, steht ohnedies vor der Tür, wie ein jeder dessen Anklopfen wohl fühlen wird.« Das Christentum wendet sich nach innen. Der Glaube an alles Äußerliche und Äußere ist ihm auf dem Weg durch die Jahrhunderte verloren gegangen.

Die Außenwelt gehört von nun an den Wissenschaften. An die Stelle von Bibel und reiner Lehre treten das Labor und die Mathematik. Nicht mehr Worte, sondern Zahlen verbürgen fortan die Wahrheit. Zwar erbot sich noch im 17. Jahrhundert Gottfried Wilhelm Leibniz, das Christentum den Ungläubigen mathematisch zu beschreiben, und zwar mithilfe des von ihm entwickelten binären Zahlencodes (mit dem auch unsere Computer arbeiten), doch in der Zahlenwelt hat die Theologie nichts mehr verloren. Und die Außenwelt hat sich so unvorstellbar geweitet, dass die Christen ihren kleinen Gott darin nicht mehr finden.

Unsere Erde ist nur ein Stäubchen in dem großen kosmischen Prozess. Immer neue, immer fernere Welten tun sich im Weltall auf. Immanuel Kant entwirft als Hauslehrer eine Theorie der kosmischen Evolution, die wie ein Perpetuum Mobile funktioniert. Ohne jeden Eingriff von außen, ohne gelegentlich notwendige Nachbesserungen Gottes. Der junge Kant triumphiert: »Gebt mir Materie, ich will euch eine Welt daraus bauen!« Zwar erweist sich der kosmische Entwicklungsprozess als »Abgrund einer wahren Unendlichkeit«, der Philosoph aus Königsberg jedoch ist überzeugt, dass die darin verborgenen Gesetzmäßigkeiten »durch die Hilfe der Zahlenwissenschaft« ans Licht kommen werden.

Und wo bleibt Gott in diesem kosmischen Drama? Kants Antwort ist ebenso einfach wie für ihn überzeugend: »Es ist ein Gott eben deswegen, weil die Natur auch selbst im Chaos nicht anders als regelmäßig und ordentlich verfahren kann.« Dieser Gott ist aber sicher nicht mehr der Christengott. Es ist der Gott Robinsons, der Gott über allen Religionen. Und der ist größer als die Bibel.

Der Tod Gottes

Die Kirche, die noch 200 Jahre zuvor im Fall Bruno, im Fall Galilei das biblische Weltbild so selbstbewusst behauptete, sieht sich durch die Wissenschaften diskreditiert. Ihre Antwort ist ohnmächtiges Schweigen. Vorbei sind die Zeiten eines Thomas von Aquin. Der konnte in einem großen Entwurf, bei Gott und seinen Engeln angefangen bis hinab zur Hölle mit ihren armen Seelen, noch eine heile Welt schildern. Das alles ist plötzlich von gestern.

Die »Himmelfahrt« von Jesus, bei Thomas der leibhaftige Aufstieg des Erlösers ins Paradies, beschreibt Jean Paul 1789 als Höllenfahrt. In seiner *Rede des toten Christus vom Weltgebäude herab, dass kein Gott sei* klagt der Erlöser: »Ich ging durch die Welten, ich stieg in die Sonnen und flog mit den Milchstraßen durch die Wüsten des Himmels. Aber es ist kein Gott. Ich stieg herab und schaute in den Abgrund und rief: Vater, wo bist du? Aber ich hörte nur den ewigen Sturm, den niemand regiert. Und als ich aufblickte zur unermesslichen Welt nach dem göttlichen Auge, starrte sie mich mit einer leeren bodenlosen Augenhöhle an.« Jean Paul entdeckt den Nihilismus als das offenbare Geheimnis der Welt.

Kopf und Herz werden zu zertrennten Welten. Religion, die öffentlichste Sache der Welt, wird zur Privatsache. Zum nur noch frommen Gefühl, dessen man sich schämt, es anderen einzugestehen. Über Religion spricht man nicht. Aus Angst, Gefahr zu laufen, sich vor den aufgeklärten Zeitgenossen in falsches Licht zu setzen.

»Gottesverehrung muss sein«

Noch hatte der Tod Gottes sich nicht überall herumgesprochen. Vor mir liegt ein kolorierter Stich des 18. Jahrhunderts, der eine festlich gekleidete, dicht gedrängte Menschenmenge auf dem Pariser Marsfeld zeigt. Dort feierte man am 8. Juni 1794 an einem künstlichen Berg das »Fest des höchsten Wesens«, einer republikanischen Gottheit, als dem Sinnbild von Tugend und Freiheit. Vier Wochen zuvor hatte der Nationalkonvent dekretiert:

»1. Das französische Volk erkennt die Existenz des höchsten Wesens und die Unsterblichkeit der Seele an. 2. Es bekennt, dass der dem höchsten Wesen gebührende Kult zur Erfüllung der Menschenpflichten gehört. Unter diesen Pflichten gehört in erster Linie Verabscheuung der Treulosigkeit und der Tyrannei, Bestrafung der Tyrannen und Verräter, Unterstützung der Unglücklichen. 3. Es sollen Feste eingeführt werden, die den Zweck haben, den Menschen zum Gedanken der Gottheit und zur Würde seines Wesens zurückzuführen.«

Der Festgottesdienst auf dem Marsfeld hatte eine längere Vorgeschichte. Im

Jahr 1789 verabschiedete die verfassungsgebende Versammlung »in Gegenwart der Leitung des höchsten Wesens« die Erklärung der Menschenrechte. Darin heißt es: »Die freie Mitteilung der Gedanken und Meinungen ist eines der kostbaren Rechte des Menschen. Jeder kann frei sprechen, schreiben, drucken, vorbehaltlich der Verantwortlichkeit für den Missbrauch dieser Freiheit.« Besonders die Presse als die Stimme des Volkes erhielt damit den Verfassungsrang eines Kontrollorgans der Regierung.

Irgendwann lief danach die Französische Revolution aus dem Ruder. Die Radikalen erinnerten sich an die Worte Diderots, die Freiheit werde nicht eher gesichert sein, bis man den letzten König mit dem Gedärm des letzten erdrosselt habe. Mit den Priestern fing man an. Die Kleriker wurden zu Staatsdienern erklärt und mussten per Unterschrift ihre Loyalität mit der Revolutionsregierung beschwören. Die Hälfte der Geistlichen unterschrieb. Nachdem aber der Papst die bürgerliche Verfassung als gottloses Machwerk verdammt hatte, zogen viele ihre Ergebenheitsadresse zurück.

In den folgenden Jahren wurden 2 000 bis 5 000 Priester umgebracht, 30 000 bis 40 000 flohen, 20 000 gaben ihren Beruf auf, andere heirateten. Bald darauf wurde das Glockengeläut verboten und jede öffentliche Kulthandlung mit Sanktionen belegt, 2 000 Kirchen brannten die Revolutionäre nieder.

Unter Robespierre erfolgte ein Kurswechsel in der Religionspolitik. Schon Voltaire hatte gesagt: »Gottesverehrung muss sein.« Und so setzte Robespierre das »Höchste Wesen« zum Nachfolger des Christengottes ein. Eine reine Kopfgeburt, für die sich die Leute nicht erwärmen konnten. Napoleon schließlich gab 1800 der Kirche ihre Rechte zurück. »Ohne Moral kann keine Gesellschaft überleben, und ohne Religion gibt es keine überzeugende Moral, die dem Staat Halt verleiht.« Ein Triumph der Religion? Wohl kaum.

Neunzehntes Jahrhundert

Christentum in der modernen Welt

Ein Mittwoch im Juni 1858 war ein schwarzer Tag für die jüdische Familie Mortara in Bologna, Italien. Die Polizei des Kirchenstaats beschlagnahmte Edgardo, das jüngste Kind der Mortaras und brachte den kleinen Jungen nach Rom. Wie die Mortaras jetzt erst erfuhren, hatte eine Zugehfrau den Kleinen heimlich getauft, und ein Christenkind durfte nicht bei Juden aufwachsen.

Die Mortaras liefen Sturm. Doch Papst Pius IX. blieb unnachgiebig. Er selbst übernahm die Patenschaft für Edgardo und überwachte dessen Erziehung und Ausbildung. »Ich bin getauft, und mein Vater ist der Papst«, soll sich der Junge später gelegentlich den Leuten vorgestellt haben. Edgardo wurde, wie zu erwarten, Mönch. Er starb mit 88 Jahren in einem belgischen Kloster.

Der Vatikan ächtet die Moderne

Im Vatikan waren die Uhren noch nicht umgestellt. Für Italien zeigten sie noch immer mittelalterliche Ortszeit an, während das restliche Europa längst in der Neuzeit angekommen war. Seit der französischen und der amerikanischen Revolution bewegten sich die Völker Europas langsam aber sicher auf die parlamentarische Staatsform zu. Mit der Trennung der Kirche vom Staat, einem säkularen Schulwesen, zivilrechtlicher Scheidung, mit der Möglichkeit der freien Religionswahl und des Kirchenaustrittes für jeden. In den Augen der Kurie jedoch waren diese Errungenschaften samt und sonders »verderbliche Irrtümer«, wenn nicht Ketzereien.

Nur sechs Jahre nach der Kindesentführung von Bologna veröffentlichte Pius IX. eine Liste der geächteten Irrtümer der Moderne. In 13-jähriger Fleißarbeit hatten die Theologen des Vatikans 80 Thesen erarbeitet, die das Verhältnis von Staat und Kirche aus päpstlicher Sicht darlegten.

Unter anderem werden in dem *Syllabus errorum* von 1864 folgende »Meinungen« geächtet: Die »Trennung des Staates von der Kirche und die der Kirche vom Staat«, die Ansicht, es stünde »jedem Menschen frei, diejenige Religion anzunehmen«, die ihm als richtig erscheint, es sei ein Irrtum zu meinen, es sei im Protestantismus »ebenso wie in der katholischen Kirche möglich, Gott zu gefallen«, falsch sei es auch zu lehren, die Philosophie dürfe sich »keiner Autorität unterwerfen«, und fälschlich würde behauptet, die Dekrete des Heiligen Stuhles »behinderten den Fortschritt der Wissenschaften«, als »schwerwiegende Seuche« sogar seien die Ansichten jener zu verwerfen, »die Kirche dürfe sich keiner Zwangsmittel bedienen«, oder »die Kirche habe kein Recht auf Erwerb und Besitz«, und es sei der »Willkür der Römischen Päpste« zuzuschreiben, dass die Einheit der Kirche zwischen Abend- und Morgenland verloren gegangen sei, ferner sei als Irrlehre zu bewerten, der Kirche stünde nicht die Aufsicht über das staatliche Schulwesen zu, verderblich sei es zu meinen, »das Band der Ehe sei nicht unauflöslich« und Scheidungen gehörten vor das weltliche Gericht, schändlich sei es zu propagieren, die Auflösung des Kirchenstaates sei ein Gebot der Stunde, und als 80. und letzte These wird die Meinung zurückgewiesen, der römische Papst müsse sich mit »dem Fortschritt aussöhnen« – nimmt man noch hinzu, dass der Heilige Stuhl den Gläubigen die Wahrnehmung des aktiven wie des passiven Wahlrechts untersagte, dann stehen wir, heute im 3. Jahrtausend, fassungslos vor einem solchen Dokument fundamentalistisch anmutender Religionspolitik inmitten der christlichen Kirche.

Und, um die Sache rund und voll zu machen, entmachtete das Vatikanische Konzil (1869–1870) sich selbst. Es sprach den Päpsten die unmittelbare rechtliche Gewalt über die ganze Kirche zu. Konsequent genug, verliehen die Delegierten den von Amts wegen erlassenen Lehrentscheidungen des Papstes das Gütesiegel der Unfehlbarkeit, aufgrund des göttlichen Beistandes, der dem Heiligen Stuhl in der Nachfolge des Petrus verheißen sei.

Das Ende des päpstlichen Kirchenstaats

Die italienischen Freiheitskämpfer kümmerte das wenig. Sie annektierten 1870 den Kirchenstaat und erklärten Rom zur weltlichen Hauptstadt des geeinten Italiens. Damit setzten sie der heillosen Zerrissenheit des Landes nach Jahrhunderten beispielloser Zerwürfnisse, Intrigen und blutiger Machtkämpfe der italienischen Kleinstaaten ein Ende. Zur Einheit konnte Italien erst finden, nachdem der

Kirchenstaat, flächenmäßig etwa so groß wie Irland, von der Landkarte verschwunden war. Eine Volksabstimmung im Kirchenstaat bestätigte mit 99 Prozent aller Wählerstimmen den Anschluss an das Königreich Italien.

Dem Papst, bis dahin das Haupt des Kirchenstaates, wurde der Vatikan als Sitz zugewiesen und als Sommerresidenz Gandolfo. Pius IX. protestierte lautstark, versagte einer Volksabstimmung seine Zustimmung und bezeichnete sich fortan als »Gefangener im Vatikan«. Als seine Leiche 1878 in den Petersdom überführt wurde, versuchte eine aufgebrachte Volksmenge, den Sarkophag in den Tiber zu stürzen.

Johannes Paul II. sprach Pius IX. im Heiligen Jahr 2000 selig – unter Protest des »Jüdischen Kongresses von Europa«. Man hatte die Kindesentführung des Edgardo Mortara nicht vergessen.

Harriet Beecher Stowes Sklavenbefreiung

Die Kurie war viel zu sehr mit sich selbst beschäftigt, um von dem Amerikanischen Bürgerkrieg von 1861 bis 1864 Notiz zu nehmen, der 1863 in der Proklamation der Sklavenbefreiung seinen Höhepunkt erreichte. Wie sehr aber hätte damals ein Wort des Heiligen Stuhles geholfen! Gegen das vermeintlich biblische Recht der Sklavenhaltung! Es hätte diesen grausamen Krieg entscheidend abkürzen können. Doch noch nie hatte ein Papst die Sklaverei verurteilt. Weder im Mittelalter, noch in der Neuzeit.

Es waren freikirchliche Christen, ausgerechnet sie, außerhalb der »allerheiligsten Kirche«, die sich des Heils der schwarzafrikanischen Sklaven annahmen. Historiker schätzen die Zahl der von Afrika nach Amerika verschleppten Afrikaner vom 17. bis zum 19. Jahrhundert auf 8,5 Millionen Menschen. Für das östliche Afrika, den muslimischen Einflussbereich, muss man mit Zahlen in ähnlicher Größenordnung rechnen. Zwischen 1600 und 1800 verdoppelte sich die Zahl der Weltbevölkerung. Allein Afrika blieb von 1600 bis 1850 auf dem gleichen Stand. Der schwarze Kontinent wurde von Muslimen und Christen systematisch seiner Jugend beraubt.

Im 19. Jahrhundert stellt der Wirtschaftswissenschaftler Jean François Melon fest: »Der Einsatz von Sklaven in unseren Kolonien lehrt, dass Sklavenhaltung weder der Religion noch einer Moral zuwiderläuft.« Schließlich profitierten alle davon, Muslime, Christen, Juden; ein beträchtlicher Teil der Sklavenschiffe und ihrer Fracht war in jüdischen Händen.

Den ersten massiven Versuch, jeden Handel mit Afrikanern zu unterbinden, unternahmen die englischen Quäker. Sie richteten 1783 eine Petition an das Parlament, den Sklavenhandel unter Strafandrohung zu verbieten. Zahllose Bürgerinitiativen in den Nordstaaten der USA engagierten sich, flüchtige Sklaven in Sicherheit zu bringen. Den entscheidenden Durchbruch, die Sklavenhaltung gesetzlich zu ächten, bewirkte Harriet Beecher Stowe mit ihrem Roman *Onkel Toms Hütte*.

Lincoln begrüßte die Autorin 1863 im Weißen Haus mit den Worten: »Das also ist die kleine Frau, die einen so großen Krieg entfesselt hat!« War das eine Kritik? Oder ein Kompliment? Vermutlich beides. Der Bürgerkrieg zwischen den Nord- und Südstaaten verlangte beiden Seiten schwere Opfer ab. Über 600 000 Tote, die Kriegskosten überstiegen die damals unvorstellbare Summe von 8 Milliarden Dollar, und der Süden war ruiniert.

Harriet Beecher Stowe (1811–1896) lebte in einem Nest von frommen Leuten. Das spiegelt sich in ihrer Erzählung. Simon Legree, der Schurke im Roman, wird als gottloser, brutaler Trunkenbold vorgestellt, der den von seiner Familie getrennten Tom totpeitscht. Tom dagegen ist ein Bergpredigt-Christ. Einer von den »geistlich Armen«, einer von den Sanftmütigen und Barmherzigen, die Jesus selig preist. Der schwarze Tom widersetzt sich dem Bösen nicht. Schlägt ihn auch Legree zu Tode, verzeiht er doch seinem Peiniger: »Er hat mir nichts wirklich Schlimmes getan, er hat mir die Tür zum Reich Gottes geöffnet, das ist alles!« Diese Toms gab es tatsächlich und wirklich.

Quäker, Methodisten, Baptisten hatten den sanften Jesus in die Sklavenquartiere gebracht. Da entstanden jene Gospelsongs, die im 20. Jahrhundert die Welt eroberten: *Swing low, sweet chariot, coming for to carry me home*, und so viele andere.

Harriet Beecher Stowes Roman basiert auf eigenen Erfahrungen und persönlichen Recherchen in den Südstaaten, Harriet ist selbst emotional in dieser Horrorgeschichte gegenwärtig. Bestimmt hat sie beim Niederschreiben geweint: »Ich habe nur einen blassen Schatten, ein mattes Bild von den Ängsten, von der Verzweiflung zeichnen können, die jetzt, in diesem Augenblick, Tausende von Herzen zerreißt, Tausende von Familien auseinander reißt, ich schildere Schrecken, die hilflose und unglückliche Menschen bis in den Wahnsinn treibt. Mütter, die ihre Kinder umbringen und dann selbst im Tod Zuflucht suchen vor Qualen, die noch schlimmer sind als der Tod. – Betet nicht für die Heiden in der Ferne, betet für die Heiden unter uns!« Harriet Beecher Stowes Buch brach alle Bestsellerrekorde des 19. Jahrhunderts. Gleich in der ersten Woche seines

Jan-Hus
1370-1415
Deskartes
1596-1650
Friedrich Nietzsche
1844-1900
Teilhard de Chardin
1881-1955
Baruch Spinoza
1632-1677
Immanuel Kant
1724-1804
Martin Luther King
1929-1968
Harriet Beecher Stowe
1811-1896
Karl Marx
1818-1883

Glaube?
Glaube!
Geld
Reichtum
Kauf
Glaubst du,
so hast du
auf die Bibel allein
auf die Gnade allein
auf den Glauben allein
ABLASS-
PREDIGER
95
Vom Ablass und der Gnade

Erscheinens verkaufte der Bostoner Verleger 10 000 Exemplare, 300 000 im ersten Jahr – dabei zählte Boston damals gerade erst 140 000 Einwohner. Ich selbst habe *Onkel Toms Hütte* als Junge gelesen, und jetzt wieder neu. Und ich hatte nichts vergessen.

Der Sklavenhandel war abgeschafft, die westlichen Industrien blühen, die Aktien steigen – das 19. Jahrhundert ist ein optimistisches Jahrhundert wie kein anderes. Europa hat die Welt erobert. Die letzten weißen Flecken auf den Landkarten verschwinden. *Citius, altius, fortius* lautet das Motto der Olympischen Spiele, die 1896 in Athen zum ersten Mal wieder seit der Antike gefeiert werden: »Schneller, höher, weiter.« Es ist das Motto dieses Jahrhunderts insgesamt.

Nietzsches neuer Christus, der Übermensch

Nur der Theologie geht es nicht gut. Es scheint, als sei Gott aus den großen Kirchen verschwunden, ausgewandert. Wohin? Die Kirchen leben von ihren Restbeständen. Darüber kann auch die globale Expansion der christlichen Mission nicht hinwegtäuschen. Sie wird zum Fehlschlag. Im Nahen Osten, in Indien, China und in Japan.

Die Aufklärung hat die westliche Theologie in eine Krise gestürzt. Ebenso die Naturwissenschaft. Die »Hypothese Gott« braucht sie nicht mehr, um die Welt und das Universum mit ihren Methoden zu deuten. Darwin erklärt die Entstehung der Welt und des Menschen als Evolution, als Prozess, in dem der Anpassungsfähigste sich durchgesetzt hat. Die Welt ändert sich, radikal. Die Zeitmaschine läuft schneller und schneller, Technik und Industrialisierung erfinden die Welt aufs Neue. Die alten religiösen Orientierungsmuster brechen weg, nichts mehr ist, wie es einmal war. Die Menschen in Europa erleben die Kehrseite des Fortschritts, »immer schneller, immer höher, immer weiter«, der Einzelne kommt kaum noch mit.

Zu Hause vegetieren viele in ärmlichen, beengten Verhältnissen, manchmal bis zu zehn Familienmitglieder in einem einzigen Raum. Sogar die Kinder müssen harte Arbeit verrichten, in den Bergwerken oder in den neuen Fabriken, damit die Familie überleben kann, irgendwie. Trostlose Aussichten und keine Aussicht auf Beistand, auch nicht durch die Kirche. Denn die weiß sich selbst keinen Rat.

Da nimmt es nicht Wunder, dass die Menschen an der Kraft der Religion zweifeln. Friedrich Nietzsche (1844–1900) fragt: »Was sind denn die Kirchen

Luther: »Es soll recht bleiben, was ich lehre und schreibe, sollte auch alle Welt darüber bersten.«

noch, wenn sie nicht Grüfte und Grabmäler Gottes sind?« Gewiss, die Kirchen geben sich geschäftig. Ihre Kassen sind gefüllt, Priester und Pastoren treten selbstbewusst als Pfarr-Herren auf. Die Nachricht vom Tod Gottes hat sich noch nicht überall herumgesprochen:

»Es ist noch zu früh, das ungeheure Ereignis ist noch nicht zu den Ohren und Herzen der Menschen gedrungen – große Nachrichten brauchen lange Zeit, um verstanden zu werden, während die kleinen Neuigkeiten vom Tage eine laute Stimme und die Allgemeinverständlichkeit des Augenblicks haben. Gott ist tot! Und wir haben ihn getötet! Dies Gefühl, das Mächtigste und Heiligste, was die Welt bisher besaß, getötet zu haben, wird noch über die Menschen kommen, es ist ein ungeheures neues Gefühl! Wie tröstet sich einmal der Mörder aller Mörder! Wie wird er sich reinigen!« Das schreibt Nietzsche 1882, ein Pastorensohn.

Seine Sprache glänzt und funkelt. Und seine Gedanken sind explosiv, deswegen passen sie in kein System. Nietzsche schreibt in Fragmenten über eine Welt, die nach dem Tod Gottes in Fragmente zerfällt. »Haucht uns nicht der leere Raum an? Ist es nicht kälter geworden? Hören wir nichts von dem Lärm der Totengräber, die Gott begraben? Riechen wir noch nichts von der göttlichen Verwesung?« Und welchen Schluss zieht Nietzsche aus dem Tod Gottes? »Will kein Gott auf Erden sein, sind wir selber Götter«, heißt es in Franz Schuberts *Winterreise*. Nur, werden wir uns nicht daran überheben? Das ist Nietzsches Frage. Wir sind noch nicht so weit, dass wir den Tod Gottes ertragen können. Werden wird es jemals können? Dazu müssten wir wie der »Übermensch« werden, den Nietzsche beschwört. Eine immense Herausforderung. Zu groß für den kleinen Menschen?

Karl Marx, ein Messianist

Das 19. Jahrhundert ist das klassische Jahrhundert der Religionskritik, und das nirgends so radikal, nirgends mit so viel Wut aus enttäuschter, verlorener Liebe wie gerade in Deutschland. Karl Marx (1818–1883) ist einer der radikalsten Religionskritiker. Marx stammt aus einer alten Rabbiner-Familie. Er weiß also, wovon er spricht.

Religion, schreibt Marx 1841, hat bisher dem Menschen geholfen, mit dieser verkehrten Welt zurechtzukommen. Doch werden die gesellschaftlichen Verhältnisse zum Besseren gewendet, wird Gott ganz von selbst überflüssig sein:

»Die Religion ist der Seufzer der bedrängten Kreatur, das Gemüt einer herzlosen Welt, wie sie der Geist geistloser Zustände ist. Sie ist das Opium des Volks. Die Kritik der Religion ist also im Keim die Kritik des Jammertales, dessen Heiligenschein die Religion ist. Die Kritik der Religion enttäuscht den Menschen, damit er denke, handle, seine Wirklichkeit gestalte wie ein enttäuschter, zu Verstand gekommener Mensch. Damit er sich um sich selbst und damit um seine wirkliche Sonne bewege.« Erleuchtung von oben ist bei Marx nicht mehr gefragt. Der Mensch dreht sich um sich selbst, ist seine eigene Sonne.

Nietzsches Übermensch und das Proletariat von Marx kommen als Heilsbringer in neuen Kleidern daher, sie wollen den Menschen erlösen. Beide haben den jüdisch-christlichen Glauben beerbt. Die Religionskritiker bedienen sich der Erlösungssehnsucht derer, die ihren Glauben an Gott und die Welt verloren haben.

Bei Nietzsche und Marx steht der Mensch einsam in seiner Welt. Er ist verdammt, sein Schicksal selbst in die Hand zu nehmen. Darin sehen beide die einzige Möglichkeit, dem Nihilismus, dem Totalverfall aller Werte zu begegnen. Was also bleibt zu tun? Wir müssen einen schmerzhaften Schnitt machen, die ganze Menschheitsgeschichte neu aufrollen, nochmals von vorn beginnen. Weil Gott tot ist. Eine andere Chance hat der Mensch nicht – solange die Theologie der Religionskritik nichts entgegenzusetzen hat.

Zwanzigstes Jahrhundert

Bleibt das Christentum zukunftsfähig?

»*Debout! les damnés de la terre*«, »Wacht auf, Verdammte dieser Erde!« So beginnt die *Internationale* – kein Text war zu Beginn des 20. Jahrhunderts in so vieler Munde wie das Lied der Arbeiterbewegung. Gegen Kirche und Staat heißt es in der zweiten Strophe: »*Je n'est pas de sauveurs supremes: ni Dieu, ni César, ni tribun*«, »Es rettet uns kein höh'res Wesen, kein Kaiser, noch Tribun!«

Noch radikaler liest es sich 1913 bei Lenin (1870–1924), der nach der Entmachtung des russischen Zaren 1917 an die Spitze der Union der sozialistischen Sowjetrepubliken rückte: »Die Vorstellung von Gott hat die sozialistischen Gefühle immer eingeschläfert.« Dass ein Arbeiter die Kirche zu verlassen habe, sie bekämpfen müsse, verstand sich für die Sozialistische Internationale von selbst. Entsprechend hieß es im Programm der Russischen Kommunistischen Partei von 1919: »Die Partei strebt danach, die Verbindung der Ausbeuterklassen und der organisierten Religionspropaganda völlig zu zerstören. Sie organisiert eine breite antireligiöse Propaganda.« Daraus wurde blutiger Ernst, vor allem als nach Lenins Tod Stalin (1879–1953) alle seine Konkurrenten um das höchste Amt im Staat ausschaltete und eine grausame Diktatur errichtete, in der niemand vor Verfolgung und Liquidierung sicher war.

Bis 1923 wurden nahezu 8 000 Geistliche, Mönche und Nonnen verhaftet und ermordet. Ab 1929 ging es an die vollständige Vernichtung der russisch-orthodoxen Kirche. Allein 1937 wurden 150 000 Christen verhaftet, 80 000 von ihnen wurden erschossen. Bis 1941 wurden 350 000 Christen wegen ihres Glaubens verfolgt. Und das sind nur die offiziellen Zahlen. Sie sagen nicht, dass Priester an die Kirchentüren genagelt wurden, sie sagen nichts über die Massenvergewaltigung der Nonnen, sie erzählen nichts von den Massendeportationen in die Arbeitslager Sibiriens. Es traf nicht nur die Christen. Auch die Muslime im Süden der Sowjetunion wurden drangsaliert, es konnte jeden treffen, der nur ein

Heiligenbildchen in der Wohnstube hatte oder sich gewohnheitsmäßig bekreuzigte. Russland ertrank im Blut.

Statt einer besseren Welt, wie Marx sie in Aussicht gestellt hatte, installierten Lenin und Stalin ein System der totalen Überwachung und Unterdrückung. Doch trotz aller Verfolgungen hat sich die russisch-orthodoxe Kirche in der Sowjetunion niemals ganz aufgegeben. Und nach dem Scheitern der kommunistischen Staatsdiktatur 1990 wurde die Kirche wichtiger denn je für die Menschen in Russland und den ehemaligen Sowjetrepubliken.

Christen im »Dritten Reich«

Wie leicht hatte es Hitler, sich angesichts der stalinistischen Verbrechen als Retter vor der »Gefahr aus dem Osten« zu empfehlen. Dabei bewunderte er rückhaltlos Stalins Innenpolitik. Und sein eigenes Feindbild hatte Hitler längst geschaffen. Es waren die Juden.

Die von ihm erfundene »Zionistische Weltverschwörung« machte er für alle politischen und gesellschaftlichen Probleme Deutschlands verantwortlich. Als Hitler 1933 an die Macht kam, setzte er mit drastischen Maßnahmen die »Ausschaltung« aller Juden aus dem öffentlichen Leben durch. Jüdische Geschäfte wurden boykottiert, jüdische Anwälte, Journalisten und Ärzte erhielten Berufsverbot. Jüdische Kinder wurden vom Besuch der staatlichen Schulen ausgeschlossen, Mischehen zwischen Juden und Christen waren zu scheiden und aufzulösen. Und ab 1941 begann für die Juden Europas der Marsch in die Vernichtungslager.

Nur wenige haben alles davon gewusst, das wenige, das aber viele davon wussten, hätte genügen müssen, um zu protestieren. Die Kirchen des In- und Auslands schwiegen. Auch Papst Pius XII. hüllte sich in Schweigen, während sein Vorgänger Pius XI. noch 1937 in der Enzyklika *Mit brennender Sorge* seinen Protest gegenüber dem Nationalsozialismus offen zum Ausdruck gebracht hatte. Danach allerdings meldete sich nur noch vereinzelt Widerstand.

Einer von denen, die nicht schwiegen, war der Berliner Pfarrer Martin Niemöller. Er hat das Konzentrationslager überlebt und bekannte später: »Als die Nazis die Kommunisten holen kamen, habe ich geschwiegen: Ich war schließlich kein Kommunist. Als sie die Sozialdemokraten einsperrten, habe ich geschwiegen: Ich war schließlich kein Sozialdemokrat. Als sie die Juden holen kamen, habe ich geschwiegen: Ich war schließlich kein Jude. Als sie dann mich holen kamen, war niemand mehr da, der hätte protestieren können.« Nach dem Krieg wurde Niemöller zum Kirchenpräsident der Evangelischen Kirche im Bundesland Hessen gewählt. Ich habe noch bei ihm ein theologisches Examen abgelegt.

Die »Konferenz der Katholischen Bischöfe Deutschlands« erklärte 1945 in einem Hirtenbrief: »Viele Deutsche, auch aus unseren Reihen, haben sich von der falschen Lehre des Nationalsozialismus betören lassen, sind bei den Verbrechen gegen menschliche Freiheit und menschliche Würde gleichgültig geblieben; viele leisteten durch ihre Haltung den Verbrechen Vorschub, viele sind selbst Verbrecher geworden.« Wie zögerlich auch solche Eingeständnisse waren, hat sich doch das Verhältnis der Kirchen zum Judentum seitdem grundlegend geändert.

Hatte die Kirche über Jahrhunderte hindurch die Juden als Stiefkinder Gottes behandelt, haben die Kirchen nach 1945 das Judentum zum ersten Mal als gleichberechtigten theologischen Gesprächspartner anerkannt – ja, zum allerersten Mal in der Christengeschichte! Was für theologische Korrekturen sich daraus ergeben werden, wird die Zukunft zeigen.

Auf christlicher Seite müsste dazu das ganze *Neue Testament,* müssten Gebets- und Gesangbücher im Sinn einer Entdiskriminierung des Judentums revidiert werden. Eine Aufgabe, die bisher noch kaum begonnen hat. So nennt sich zum Beispiel die Kirche seit Urzeiten das »wahre Israel«, sie bezeichnet die hebräische Bibel als das »alte«, das heißt als veraltetes, überholtes Vermächtnis des Glaubens. Solche diskriminierenden Sprachformen, von denen selbst das *Neue Testament* durchsetzt ist, müssten allesamt korrigiert werden. Ein derartiges Programm überschreitet die Möglichkeiten einer Einzelkirche. Es kann nur ökumenisch, in der Zusammenarbeit aller christlichen Kirchen verwirklicht werden.

Die Organisation dazu gibt es. Seit 1948 haben sich Kirchen aus aller Welt zu einem »Ökumenischen Rat der Kirchen« organisatorisch zusammengeschlossen. Nicht zuletzt, um zu verhindern, dass sich die Kirchen ein weiteres Mal wie in der Hitlerzeit in ein Getto des Schweigens zurückziehen. Und von hier ist es vielleicht nicht mehr weit zu einem »Runden Tisch« aller Religionen. Dieser Aufgabe werden sich die Weltreligionen auf Dauer nicht entziehen können.

Martin Luther King: »Da kommt Jesus«

Ein »Prophet der ökumenischen Christenheit« war der schwarze Pfarrer und Bürgerrechtler Martin Luther King (1929–1968) in den Vereinigten Staaten.

Seine Geschichte beginnt mit einem Vorfall, der in den fünfziger Jahren des rassengetrennten Amerikas alltäglich war. Rosa Parks, eine schwarze Frau, kam am Donnerstag, den 1. Dezember 1955, müde von der Arbeit. Ihre Füße taten weh. Und sie setzte sich im Bus auf einen Platz, der den Weißen vorbehalten war. Rosa Parks wurde verhaftet und eingesperrt.

Daraus erwuchs der legendäre »Busstreik von Montgomery«, an dessen Spitze Martin Luther King stand. Fast ein Jahr boykottierten die Schwarzamerikaner der Stadt die städtischen Buslinien. Die Leute gingen zu Fuß, organisierten Fahrgemeinschaften, fuhren mit dem Taxi. Bis das Busunternehmen Pleite war.

Natürlich gab es Gegenreaktionen. Der weiße Bürgerrat von Montgomery erklärte: »Freunde, es wird Zeit, dass wir diesen schwarzen Teufeln das Handwerk legen. Es sind zweifüßige Provokateure, die sich mit ihren wulstigen Lippen das Recht herausnehmen, auf unseren Straßen herumzustolzieren. Wenn wir jetzt nicht Schluss damit machen, wachen wir irgendwann auf, und dieser Pastor King sitzt im Weißen Haus!« Noch größer aber war die Unterstützung, die Montgomerys Bürgerbewegung erfuhr. In den Vereinigten Staaten, in aller Welt. Durch christliche Kirchen, durch jüdische Gemeinden, durch das neue Medium, das Fernsehen. Die Medien hofierten den schwarzen Pastor.

Schließlich erklärte der Oberste Gerichtshof der Vereinigten Staaten die Rassentrennung in Bussen für verfassungswidrig. Das war ein Riesenschritt. Derselbe Gerichtshof hatte noch hundert Jahre zuvor befunden, dass Schwarze keine Bürger seien und darum die Verfassungsrechte der USA nicht für sich in Anspruch nehmen könnten.

Seit dem Bürgerkrieg war die Sklavenhaltung zwar verboten, doch frei waren die Schwarzen noch immer nicht. Zahllose Gesetze, besonders in den Südstaaten, hielten die Rassentrennung aufrecht. Getrennte Schwimmbäder und Toilettenanlagen, getrennte Sitzplätze in den Parks, eigene Verkaufstheken für Schwarz und Weiß, getrennte Schulen sowieso – praktisch an jedem Ort, bei jeder Gelegenheit, wurde den Schwarzamerikanern vor Augen geführt, dass nur weißhäutige Menschen Vollbürger waren. Sogar das gemeinsame Schachspiel stellte ein Bundesstaat unter Strafe, und so genannte »gemischte Ehen« waren selbstverständlich völlig ausgeschlossen.

Bis Martin Luther King kam. Mit Sitzblockaden, Sit-ins und Go-ins, mit Demonstrationen und immer neuen Gerichtsentscheiden erzwang die Bürgerrechtsbewegung den Schwarzamerikanern die vollen Bürgerrechte. Gewaltlos. Dafür berief sich Martin Luther King auf Mahatma Gandhi in Indien und auf die Bergpredigt der Bibel.

Mehrfach wurden Attentate auf King verübt. Er und seine Leute kannten alle Gefängnisse der Südstaaten von innen. 1964 wurde ihm der Friedensnobelpreis zugesprochen.

King verlegte seine Aktionen in die Großstädte des Nordens. Sein Engagement umfasste nun sämtliche Randgruppen der Gesellschaft. Schließlich schloss er sich der Friedensbewegung an, die sich gegen die Präsenz der Vereinigten Staaten in Vietnam stark machte. Jetzt betonte King immer stärker den Zusammenhang von Krieg, Armut und Rassismus. Er wuchs in die Rolle eines Sozialrevolutionärs hinein. Das FBI bespitzelte, bedrohte ihn, und King wurde zu einer »unerwünschten Person« im eigenen Land.

Bei der Vorbereitung eines Müllfahrerstreiks in Memphis wurde King aus dem Hinterhalt erschossen. Beschuldigt wurde James Earl Ray, ein kleiner Dieb und Betrüger. Ray hat die Tat zuletzt immer wieder bestritten. Und auch Coretta, Kings Frau, war überzeugt, dass es bei dem Prozess gegen Ray nicht mit rechten Dingen zugegangen war. Sie drängte auf eine Wiederaufnahme des Verfahrens. Ray, zu 99 Jahren Haft verurteilt, ist 1998 gestorben. Die Frage bleibt offen: Wer erschoss Martin Luther King?

Da kommt Jesus, sagten Leute, wenn King ans Rednerpult trat. Doch ein Jesus mochte, konnte und wollte Martin nicht sein. Aber es ist gut, wenn es in diesem Jahrhundert der Stalins und Hitlers Menschen gab, deren Leben an Jesus erinnerte. Coretta King schrieb: »Einer Nation, die in bitterem Rassismus erstarrt war, weckte ein Schwarzer das schlafende Gewissen; einer Nation, die krank war vor Gewalt, predigte ein Schwarzer die Gewaltlosigkeit; einer Nation, in der Entfremdung Menschen trennte, predigte ein Schwarzer Frieden.«

Martin Luther King wurde in Atlanta zu Grabe getragen. Auf einem Maultierkarren. Seit 1983 ist der dritte Januarmontag als »Martin-Luther-King-Gedächtnistag« in den USA Nationalfeiertag.

»Nur ein Gott kann uns noch retten«

Martin Luther King war ein Hoffnungsfanal. Nach seinem Vorbild organisierten sich weltweit Bürgerrechtsbewegungen. Sie forderten Graswurzel-Demokratie, das heißt, eine Beteiligung der Bürger auf allen Ebenen der politischen Entscheidung. Politik darfst du nicht den Politikern überlassen, das war ihre Parole. Dafür demonstrierten sie auf den Straßen. Dafür agierten Bürgerinitiativen in Europa und den USA, in Südafrika, in China und Lateinamerika. Kings Traum einer Verschwisterung der Rassen, Religionen und Staaten fächerten sie zur Vision einer radikalen Veränderung der herrschenden Verhältnisse auf.

Allerdings, der deutsche Philosoph Martin Heidegger (1889–1976) sah schwarz. Heidegger erschrak vor den Technokraten der Macht- und Wirtschaftsapparate, die den technifizierten Globus zur Ausplünderung freigaben. Er sah die grauen Herren unaufhaltsam auf dem Vormarsch. »Nur noch ein Gott kann uns retten«, befand der Philosoph am Ende seines Lebens. Eine düstere Prognose.

Wer will sie entkräften? Die europäische Aufklärung stritt für die Humanisierung aller Verhältnisse, ihr folgte im 19. und 20. Jahrhundert die Monetarisierung aller Verhältnisse – heute ängstigt mich die Brutalisierung aller Verhältnisse. Wer könnte uns retten? »Nur noch ein Gott«, meinte Heidegger. Freilich, kein Gott der verwalteten Kirchen. Denn ihnen, den gleichfalls von den grauen Herren unterwanderten Kirchen, mangelt es an spiritueller Autorität.

»Was sind denn diese Kirchen noch, wenn sie nicht die Grüfte und Grabmäler Gottes sind?«, hatte schon Friedrich Nietzsche polemisiert. So sah es auch Teilhard de Chardin (1881–1955). Doch Teilhard stellte sich der Gott-ist-tot-Theologie. Als Antwort auf Nietzsches Abgesang entwarf der Franzose eine neuartige, universale Theologie des In-der-Welt-Seins Gottes.

Teilhard de Chardin erfindet eine Theologie der Zukunft

Während King einen »Marsch der Armen« nach Washington vorbereitete, erstickten drei amerikanische Astronauten in der Raumkapsel Apollo 1, die bei einem Probelauf Feuer gefangen hatte. Die Bürgerrechtsbewegung protestierte gegen das Apollo-Programm, das 25 Milliarden Dollar verschlang. Sie rechnete Kennedy vor, wie viele Kindergärten und Sozialwohnungen von dem Geld gebaut werden könnten, wie verbesserungsbedürftig das Schulwesen, das Gesundheitswesen waren. Vergeblich. Für die Vereinigten Staaten besaß das Programm »einen Menschen auf den Mond zu bringen« absolute Priorität. Es galt, den beängstigenden Vorsprung Russlands in der Raumfahrt aufzuholen.

Am 21. Juli 1969 stieg Neil Armstrong, von den Augen der Fernsehzuschauer in aller Welt begleitet, aus der Landefähre, um als erster Mensch den Mond zu betreten: »Dies ist ein kleiner Schritt für einen Menschen, aber ein Riesensprung für die Menschheit«, sagte er in sein Mikrofon. Millionen Menschen hörten es, Millionen Menschen glaubten es. Zum ersten Mal sahen sie das Raumschiff Erde in kosmischer Perspektive. Nun wurde es ihnen klar, wie verletzlich der blaue Planet war. Man musste versuchen, die Konflikte der Menschheit klein zu halten, wollte sie nicht ihr planetarisches Überleben gefährden.

369 Jahre zuvor war Giordano Bruno mit dieser Vision vor Augen in den Tod gegangen: die schwebende Erde zwischen den Sternen. Er hatte die Schwerelosigkeit vorausgesagt, die den Astronauten jetzt da oben ungewohnte Schwierigkeiten bereitete. Und auch das hatte Bruno gesagt: »Es gibt unzählig viele Sonnen und unendlich viele Erden, die diese Sonnen umkreisen, und man kann sich nicht vorstellen, dass sie nicht bewohnt sein sollten.« Am 21. Juli 1969 sah es die Menschheit selbst: Der gestirnte Himmel bot Raum vielleicht auch für anderes, außerirdisches Leben.

Der erste Theologe, der sich ernsthaft mit solchen Gedanken beschäftigt hatte, war der Franzose Teilhard de Chardin. Teilhard gehörte dem Jesuitenorden an, und seine Oberen hatten ihn für Forschungen auf dem Gebiet der Frühgeschichte freigestellt. Hier erwarb er sich internationale Anerkennung.

Einem Freund schrieb er 1929 (es war das Geburtsjahr Kings): »Du weißt, mich beschäftigt eine neue Religion. Ein fortschrittliches Christentum, wenn du so willst. Ein Christentum, in dem der persönliche Gott nicht mehr der steinzeitliche Boss von damals ist, sondern die Seele der Welt.« In seinem Hauptwerk, das er in China verfasste, schrieb er 1940: »Man muss fragen, ob es nicht dem Leben irgendwann gelingt, mithilfe der Technik die Gitter seines irdischen Gefängnisses zu sprengen. Entweder so, dass es gelingt, andere unbewohnte Himmelskörper zu erreichen, oder, was noch viel aufregender wäre, eine seelische Verbindung mit anderen Bewusstseinsformen im Weltall herzustellen.« Teilhard erhielt für sein Buch *Der Mensch im Kosmos* nicht die päpstliche Druckerlaubnis. Es erschien erst nach seinem Tod und eroberte in wenigen Monaten die Welt.

Das Buch erklärt dem Leser, wie Teilhard sich die Welt vorstellt. Nicht als Gehäuse, in das Sonne, Mond und Sterne hineinpassen. So nicht. Für ihn, den Theologen, ist der Kosmos fast ein Lebewesen, noch gar nicht fertig erschaffen, sondern ständig im Werden. Die Geschichte des Kosmos beginnt bei einem Nullpunkt und ist unterwegs in die Zukunft. Angezogen von dem Punkt »Omega«, wie Teilhard den Zielpunkt nennt, den großen Attraktor. »Der Kosmos ist ein beseelter Körper«, schrieb Giordano Bruno. So sieht es auch der französische Theologe. Und Gott ist darin Zug- und Schubkraft zugleich, um in seiner Zukunft die Welt zu vollenden. »*Dies septimus nos ipse erimus*«, an diesen Satz Augustins erinnert mich Teilhards Vision: Der eschatologische Schöpfungs-Sonntag, ihr »siebter Tag werden wir selber sein«.

Im Vatikan öffnet man sich inzwischen dem Weltbild der Moderne. Und tritt dabei in die Spuren des ehedem verketzerten Giordano Bruno. George Coyne, Direktor des vatikanischen Observatoriums, betrachtet außerirdisches Leben als »eine aufregende Möglichkeit, die man gewiss mit Vorsicht betrachten sollte. Allerdings, das Universum ist so groß, dass es töricht wäre zu glauben, wir wären die Ausnahme.« Und sein Kollege meint, wenn wir auf außerirdisches Leben treffen, dann wird das der Theologie eine ganz neue Richtung geben. »Denn während Christus für uns das Alpha und Omega ist, heißt das noch nicht, er wäre notwenig auch das einzige Wort, das Gott zum ganzen Universum sprach.« Noch deutlicher wird Thomas O'Meara, Professor für Theologie in Paris. Der Professor gibt zu bedenken: »Die Geschichte von Sünde und Erlösung in den beiden Testamenten der Bibel ist nicht die Geschichte des Gesamt-Universums. Es ist Gottes besondere Geschichte mit diesem Planeten Erde. Die zentrale Bedeutung, die Jesus für uns hat, sagt noch nichts aus über andere Lebewesen auf anderen Planeten. Die Christen müssen sich auf einen galaktischen Horizont einstellen, vielleicht auf weitere Inkarnationen.« Möglicherweise ist das die Theologie des 3. Jahrtausends. Die Theologie eines multizentrischen Universums. In dieser Sicht sind die so genannten Weltreligionen nur ein lokales Ereignis, ist die Frömmigkeit allein universal.

So oder so, die Theologie wird in Zukunft nicht mehr weiß-europäisch, mediterran sein. Europa hat in den letzten Jahrhunderten der Welt seinen Stempel aufgedrückt. Vielleicht wird in Zukunft aber zum Beispiel China sich zur Weltleitkultur entwickeln? Dann muss der Stuhl des Petrus auch nicht mehr in Rom stehen. Vielleicht in Afrika? Eventuell in Südamerika oder irgendwo im Fernen Osten? Und es wird irgendwo und irgendwann in diesem Jahrtausend eine schwarze, gelbe oder rote Frau darauf sitzen, warum nicht? Das frage ich mich. Der kosmische Prozess ist insgesamt ein Lernprozess, und das Christentum hat Teil daran. Trotz allem, was in seiner Geschichte dagegenspricht.

Drei Fragen, befand Kant, der Philosoph, bewegen die Weltgeschichte: »Was kann ich wissen? Was soll ich tun? Was darf ich hoffen?« Die Geschichte gibt keine Antwort darauf. Denn die Geschichte ist im Fluss. »Es ist noch nicht erschienen, was wir sein werden«, sagt das *Neue Testament*. Also gibt es keine ewigen Wahrheiten, auch nicht im Christentum, vielleicht aber gibt es doch Annäherungen daran. So wenigstens sah es Kant.

Das ist ein tröstlicher Gedanke, wenn schon das Christentum nicht anders als unvollkommen sein kann. »Gott finden«, sagen die alten Mönchstheologen von Byzanz, »heißt ihn unentwegt suchen.«

Zeittafel

Erstes Jahrhundert

~ 30	Jesus in Jerusalem hingerichtet
51 ff.	Briefe des Paulus
~ 60	Paulus in Rom hingerichtet
64	Nero: Christenverfolgung in Rom; Petrus stirbt als Märtyrer in Rom (?)
66 ff.	Römisch-jüdischer Krieg
70	Titus erobert Jerusalem; Zerstörung des Tempels
70–100	Jesus-Biografien; Geschichte der Apostel; christliche Lehrbriefe

Zweites Jahrhundert

92–101	Clemens, Bischof von Rom
138–160	Valentian, der Gnostiker, lehrt in Rom
110–177	Regionale Verfolgung der Christen
~ 160	Diognet-Brief
~ 197	Tertullians Schutzschrift
~ 200	Königshaus von Edessa (Ostsyrien) christlich

Drittes Jahrhundert

185–253	Origenes, der christliche Religionsphilosoph, in Ägypten
216–277	Mani, der Gnostiker, im Zweistromland
250	Reichsweite Verfolgung der Christen unter Kaiser Decius
205–270	Plotin, Begründer des Neuplatonismus
258 ff.	Vierzig Jahre Duldung des Christentums im Römischen Reich
284–305	Kaiser Diokletian; Reichsreform und Reichsteilung

Viertes Jahrhundert

~ 300	Im Römischen Reich sind inzwischen 5 bis 7 Millionen Menschen (10 Prozent der Bevölkerung) christlich getauft; das Christentum ist im ganzen Mittelmeerraum verbreitet, dazu in Äthiopien, im Zweistromland und im Kaukasus, in Gallien, Germanien und Britannien
303–313	Reichsweite Christenverfolgung unter Diokletian
311–383	Wulfila, Missionsbischof unter den Goten, lässt die Bibel in die gotische Sprache übertragen
313	Mailänder Toleranzbeschlüsse: Christentum wird zur staatlich anerkannten Religionsgemeinschaft erklärt
324–337	Kaiser Konstantin der Große regiert
312	Konstantin wendet sich dem Christentum zu
318	Arius bestreitet die Göttlichkeit von Jesus und wird aus der Kirche ausgestoßen
320 ff.	Verbote der altgläubigen Religion; Opferverbot, Schließung und Zerstörung der Tempel; Anhänger des Mani werden zu Staatsfeinden erklärt; Ehen mit Juden sind untersagt
325	1. Ökumenisches Konzil von Nicäa
326	Helene, die Mutter Konstantins, lässt die Grabeskirche in Jerusalem erbauen
330	Einweihung von Konstantinopel/Byzanz
379–395	Theodosius I. ist römischer Kaiser; unter ihm wird das Christentum zur Staatsreligion

Fünftes Jahrhundert

~ 400	Auf dem Globus leben schätzungsweise 200 Millionen Menschen, im Römischen Reich 50 bis 75 Millionen; davon sind nach der Wende in der kaiserlichen Religionspolitik 90 Prozent Christen; Zehntausende von Mönchen leben in Ägypten und Syrien verstreut oder in Gemeinschaften außerhalb des Kulturlandes als »Wüstenväter und Wüstenmütter«
406	Übersetzung der hebräisch-griechischen Bibel ins Lateinische ist abgeschlossen; die lateinische Bibel (Vulgata) bleibt für ein Jahrtausend die maßgebliche Textfassung in Westeuropa
410	Alarich, ein westgotischer Heerführer, plündert Rom
415	Hypatia, die altgläubige Philosophin, wird von fanatisierten Mönchen in Alexandrien ermordet
354–430	Augustinus, Bischof von Hippo Regius, einer römischen Stadt im heutigen Algerien; Religionsphilosoph; theologische Lehrautorität des Abendlandes

Sechstes Jahrhundert

482–511	Chlodwig, erster christlicher König im Frankenreich
5./6. Jh.	Patrick, der Nationalheilige Irlands; Columban und Brigida missionieren in Irland
525	Dionysius Exiguus, byzantinischer Mönch, begründet die christliche Zeitrechnung
527–565	Justinan, byzantinischer Kaiser
529	Benedikt von Nursia, der Vater des abendländischen Mönchstums, gründet das Kloster Monte Cassino in Mittelitalien
529	Justinian schließt die Philosophische Akademie Athens
537	Bau der Hagia Sophia in Konstantinopel
570	Muhammad in Mekka geboren
589	Konzil von Toledo; Rom und Byzanz streiten um das *filioque* im Glaubensbekenntnis

Siebtes Jahrhundert

590–604	Gregor der Große als Papst in Rom; seit 595 Mission Roms in England; wissenschaftliche Blüte in englischen Klöstern
610–615	Columban, ein irischer Mönch, am Bodensee und in Oberitalien
614	Perser erobern Jerusalem
622	Muhammads Flucht nach Medina; Beginn der muslimischen Zeitrechnung;
632	Muhammad stirbt; arabische Armeen überrennen im 7. Jh. christliche Mittelmeerländer
637	Araber erobern Jerusalem
7. Jh.	Irische Mönche missionieren in Süddeutschland

Achtes Jahrhundert

715	Maslama stiftet Moschee im christlichen Byzanz
726–843	Ikonenstreit im byzantinischen Reich
719–754	Bonifatius unterstellt in Ostfranken Klöster und Kirchen der päpstlichen Verwaltung
732	Karl Martell, Großvater Karls des Großen, stoppt den Vormarsch der Muslime im Abendland
751	Papst Zacharias tauscht Byzanz gegen das Frankenreich als Schutzmacht ein

756	Schenkung des Frankenkönigs Pippin begründet den römischen Kirchenstaat
750–900	Übersetzer in Bagdad vermitteln Arabern das Wissen der griechischen Welt

Neuntes Jahrhundert

768–814	Herrschaft Karls des Großen; Gesamtbevölkerung Europas gegen 25 Millionen, davon 5 Millionen im Frankenreich, dreiviertel des Landes ist noch von Urwäldern bedeckt
772 ff.	Dreißig Jahre Sachsenkriege
794–830	Karolingische Bildungsoffensive
800	Leo III. krönt in Rom Karl zum Kaiser
813	Karl erhebt seinen Sohn Ludwig zum Mitkaiser; Ludwig krönt sich selbst
817	Ludwig krönt seinen Sohn Lothar zum Mitkaiser
830	Ansgar, der »Apostel des Nordens«, missioniert im südöstlichen Schweden
832	Kalif al-Mamum gründet das »Haus der Weisheit« in Bagdad, die erste arabische Universität
846	Arabische Piraten plündern die Heiligengräber Roms
~ 865	Kyrillisches Alphabet; Bibelübersetzung ins Slawische
864	Bulgarische Kirche orientiert sich nach Byzanz
867	Anschluss der Mährischen Kirche an Rom

Zehntes Jahrhundert

910	Kloster Cluny gegründet
933	Bogomils radikalasketische Ketzerbewegung in Bulgarien
936	Kaiser Otto macht Bischöfe zu Territorialfürsten
963	Erste Klostergründung auf dem Berg Athos (Halbinsel in der Ägäis)
988	Russische Kirche orientiert sich nach Byzanz
~ 1000	Christianisierung Skandinaviens

Elftes Jahrhundert

1016	Seesieg von Genua und Pisa über die Araber
~ 1020	Kirchenreformen in West-Europa nach dem Vorbild von Cluny

1022	Erstes Auftreten der Katharer in Westeuropa
1054	Endgültige Trennung von Ost- und Westkirche
1061–1099	Normannen erobern das muslimische Sizilien
1065–1085	Constantinus Africanus wirkt als Übersetzer arabischer Schriften im italienischen Wissenschaftszentrum Salerno
1077	Heinrich IV. in Canossa vom Bann gelöst
1079	Jeder Bischofssitz soll mit einer Schule versehen sein
1085	Das muslimische Toledo in Spanien zurückerobert
1095	Aufruf Urbans II. zum Kreuzzug im französischen Clermont
1096–1099	Erster Kreuzzug
1099	Eroberung Jerusalems durch die Kreuzfahrer

Zwölftes Jahrhundert

1070–1109	Anselm von Canterbury; propagiert eine rationale Theologie
1079–1142	Abälards Briefwechsel mit Heloise
1090–1153	Bernhard von Clairvaux, Klosterreformer, Kreuzzugsprediger
1098–1179	Hildegard von Bingen, Klosterfrau, Ärztin, Schriftstellerin
1110–1186	Ibn Tufail; propagiert rationale muslimische Theologie
1118	Zisterzienserorden
1122	Wormser Kompromiss in der Bischofsernennungsfrage
1135–1204	Moses Maimonides; der größte jüdische Religionsphilosoph
1137	Gotische Lichtbaukunst in St. Denis
1140	Aristoteles *Physik* ins Lateinische übersetzt
1140	Gratian sammelt kirchliches Recht; Grundstock des *Corpus iuris canonici*
1141	Koran ins Lateinische übersetzt
1150 ff.	Universitätsgründungen in Bologna, Paris, Oxford

Dreizehntes Jahrhundert

12./13. Jh.	Spirituelle Armutsbewegung des Abendlandes; Katharer und Waldenser; Valdes + 1207
1182–1226	Franz von Assisi, charismatischer Laie, Prediger der mystischen Armut; 1209 erste franziskanische Gemeinschaft
1198–1216	Papst Innozenz III., Vormund des Stauferkaisers Friedrich II.
1204	Kreuzfahrer überfallen Konstantinopel; Errichtung eines lateinischen Kaisertums; behauptet sich bis 1264
1209–1229	Kreuzzüge gegen die Katharer in Südfrankreich

1215	Magna Charta in England beschneidet die Rechte des Königs
1215–1250	Friedrich II., König von Sizilien, Jerusalem; deutscher König; Kaiser; erreicht durch Verhandlungen mit Sultan Al-Kamil 1228 Abtretung Jerusalems an die Christen
1219–1292	Roger Bacon, Franziskaner, englischer Wissenschaftler und Theologe
1235–1315	Raimundus Lullus, Franziskaner; konstruiert einen »Religionscomputer«
1270	»Brüder und Schwestern vom freien Geist« in Schwaben
1271–1295	Marco Polo bereist den Fernen Osten
1290	Ausweisung der Juden aus England

Vierzehntes Jahrhundert

1300	Erste Feier des Heiligen Jahres; den Rompilgern wird der Erlass aller Sündenstrafen verbrieft
1302	Bulle *Unam sanctam*: »Die weltliche Autorität muss sich der geistlichen unterordnen.«
1309–1377	Päpste im selbst gewählten französischen Exil zu Avignon
1320–1384	Wycliffe, englischer Reformator; das *Neue Testament* in englischer Sprache
1324	Streitschrift des Marsilius von Padua verficht die Idee der Volkssouveränität
1348	Universität Prag, 1365 Wien, 1388 Köln, 1477 Uppsala
1350 ff.	Die Pest gelangt über die Krim nach Europa
1377	Gregor XI. verlegt die Kurie zurück nach Rom
1378–1415	Die Päpste von Avignon und Rom bekämpfen sich
1381	Bauernaufstand in England
1389	Schlacht auf dem Amselfeld/Kosovo; Türken erobern Serbien
1394	Ausweisung der Juden in Frankreich

Fünfzehntes Jahrhundert

1370–1415	Jan Hus, tschechischer Reformator; wird in Konstanz verurteilt
1401	Verfolgung der Lollarden in England
1414–1418	Konstanzer Konzil
1419–1436	Kreuzzüge gegen die Hussiten in Tschechien
1435	Die astronomische Vielweltentheorie des Nikolaus von Kues (1401–1464); Theologe und Kardinal
1451–1506	Kolumbus, Seefahrer aus Genua

1453	Mehmed II. erobert das »gottbehütete« Konstantinopel: Ende des byzantinischen Reiches; in den folgenden 20 Jahren Eroberung des gesamten Balkans
1455	Gutenberg bringt die ersten Bibeldrucke in Umlauf
1473–1543	Nikolaus Kopernikus, polnischer Astronom
1481 ff.	Inquisition in Spanien gegen Waldenser, Katharer, Juden und Mauren
1492	Kolumbus erreicht Amerika
1492	Ausweisung der Juden in Spanien
1493 ff.	Mission und Zwangstaufen in Mittel- und Südamerika

Sechzehntes Jahrhundert

15./16. Jh.	Hexenpogrome
1483–1546	Martin Luther, deutscher Reformator
1484–1531	Ulrich Zwingli, Schweizer Reformator
1489–1525	Thomas Müntzer, deutscher Reformator und Bauernführer
1501	Erstes volkssprachliches Gesangbuch (Prager Hussiten)
1506–1667	Neubau der Peterskirche in Rom
1509–1564	Johannes Calvin, Genfer Reformator
1516	Erste afrikanische Sklaven in Amerika verkauft
1519 ff.	Cortés erobert Mexiko
1521	Luther vor dem Reichstag in Worms: »Widerrufen kann ich nicht«; Rom verhängt Bann gegen ihn; 1521/1522 Luther überträgt auf der Wartburg das *Neue Testament* ins Deutsche
1523	Reformation in Zürich unter Zwingli
1524–1525	Deutscher Bauernkrieg; Thomas Müntzer hingerichtet
1525	Preußen protestantisch; Reformation in Polen; 1526 Hessen; 1527 Dänemark und Schweden; 1528 Bern; 1534 Genf; 1536 Norwegen; 1539 Livland und Estland; 1545 Siebenbürgen;1549 England *Book of Common Prayer*;1560 Pfalz; 1560 reformierte schottische Staatskirche;seit 1562 Hugenotten in Frankreich; 1566 »Heckenpredigten« in den Niederlanden; 1567 Puritaner in England
1526	Türken in Budapest
1533	Täufer in Münster, Gütergemeinschaft und Polygamie; 1535 von kaiserlichen Truppen erstürmt, Rekatholisierung
1543	Kopernikus stellt die Sonne in den Mittelpunkt des Universums
1543	Jesuiten missionieren in Japan
1545–1563	Konzil von Trient; die katholische Kirche stellt sich neu auf
1559	Genfer Akademie
1573	Toleranzedikt in Polen

1579	Die sieben protestantischen Nordprovinzen der Niederlande schließen eine Union; 1581 Trennung von Spanien
1598	Verfolgung der Protestanten in der Steiermark, Kärnten, Krain
1598	Toleranzedikt von Nantes; Ende der Hugenottenkriege

Siebzehntes Jahrhundert

1600	Erdbevölkerung eine halbe Milliarde
1548–1600	Giordano Bruno, Philosophie des Multiuniversums; 1600 als Ketzer in Rom verbrannt
1564–1642	Galileo Galilei, italienischer Physiker und Astronom; Verfechter des kopernikanischen Systems; wird 1633 von der Inquisition genötigt abzuschwören
1608–1768	Jesuitenstaat in Paraguay; sozialistischer Indio-Christenstaat
1618–1648	Dreißigjähriger Krieg
1610	Letzte Hexenhinrichtung in den Niederlanden; 1684 England; 1692 Massachusetts; 1745 Frankreich; 1775 Deutschland (Kempten); 1782 Schweiz; 1793 Polen
1620	»Pilgerväter«, englische Puritaner gründen Massachusetts
1621 ff.	Katholische Gegenreformation in Böhmen und Mähren
1594–1632	Gustav Adolf, König aus dem Haus Wasa; rettet durch sein Eingreifen den Protestantismus in Mitteleuropa; fällt in der Schlacht von Lützen 1632
1632–1677	Baruch de Spinoza, Philosoph in Amsterdam
1636	Harvard-Universität, Cambridge (Massachusetts)
1640 ff.	Englische Revolution gegen königlichen Absolutismus und die katholisierende *Church of England*
1648	Westfälischer Friede; Niederlande und Schweiz erlangen Autonomie; Deutschland loser Staatenbund von 234 Einzelstaaten
1649 ff.	Wanderpredigten des George Fox (Quäker) in England
1675	Philipp Jacob Spener; *Pia Desideria*, Grundschrift des Pietismus; 1687 Bekehrung Franckes; 1695 Franckes Waisenhaus in Halle
1689 ff.	John Locke: *Letters on Toleration*
1699	Gottfried Arnold: Kirchen- und Ketzergeschichte

Achtzehntes Jahrhundert

1644–1718	William Penn, Quäker, errichtet in Neuengland den Staat Pennsylvania, der auf einer demokratischen Verfassung und den Grundsätzen völliger Toleranz beruht

1719	Daniel Defoes *Robinson Crusoe*
1729	Johann Sebastian Bachs *Matthäuspassion*
1733	Polen: Ausschluss der Protestanten aus allen Staatsämtern
1748	La Mettrie, französischer Aufklärer: »Der Mensch eine Maschine«, materialistisches Credo
1751–1772	Diderot, d'Alembert und andere: 35-bändige *Enzyklopädie*; sie stellt das gesamte Wissen der Zeit im aufgeklärten Geist dar; Mitarbeiter: Voltaire, französischer Literat (1694–1778), Jean-Jacques Rousseau, Kulturkritiker (1712–1778)
1674–1778	Hermann Samuel Reimarus: *Schutzschrift für die vernünftigen Verehrer Gottes*; Religion ist angeboren, die Entstehung des Christentums basiert auf Betrug
1776	Unabhängigkeitserklärung der USA
1789	Französische Revolution; Erklärung der Menschenrechte; Zusammenbruch der französischen Kirche
1791	Religionsfreiheit in den USA
1792 ff.	Gründung der großen Missionsgesellschaften in England und auf dem Kontinent
1793	Immanuel Kant: »Religion innerhalb der Grenzen der bloßen Vernunft«
1795	Religionsfreiheit in Frankreich

Neunzehntes Jahrhundert

19./20. Jh.	Historisch-kritische Erforschung der Religionen und der Entstehungsgeschichte ihrer heiligen Schriften; die Bibel- und Geschichtswissenschaften des Protestantismus spielen dabei eine führende Rolle
1768–1834	Friedrich Ernst Daniel Schleiermacher, deutscher Theologe; Religion als grundlegendes Orientierungsbedürfnis
1770–1831	Georg Wilhelm Friedrich Hegel, deutscher Philosoph; Weltgeschichte als Evolution des Absoluten
1809	Ende des römischen Kirchenstaates
1818–1883	Karl Marx, deutscher Philosoph, Religionskritiker und Wirtschaftswissenschaftler; das internationale »Proletariat« als messianischer Hoffnungsträger
1828	Katholiken in England zu politischen Ämtern zugelassen
1844–1900	Friedrich Nietzsche, deutscher Philosoph; verkündet den »Tod Gottes« und die Überwindung des Nihilismus durch den »Übermenschen«
1848	Kommunistisches Manifest
1854	Der Vatikan verkündet die »Unbefleckte Empfängnis« Marias
1861–1865	Nordamerikanischer Bürgerkrieg; Abschaffung der Sklaverei

1864	Ein *Syllabus* des Vatikans verdammt 80 »Irrtümer der Moderne«
1869 ff.	Vatikanskonzil verkündet die Unfehlbarkeit des Papstes
1885 ff.	Evangelikale Bewegung in den USA: »Missionierung der Welt noch in dieser Generation«

Zwanzigstes Jahrhundert

20. Jh.	Christenverfolgungen in Armenien, Russland, China, Ägypten, Sudan, Pakistan, Indonesien, Nigeria
1856–1939	Sigmund Freud, österreichischer Jude; Vater der psychoanalytischen Medizin; Religionskritiker
1878–1965	Martin Buber, jüdischer Religionsphilosoph; Übersetzung der hebräischen Bibel ins Deutsche
1884–1976	Rudolf Bultmann, deutscher Bibelwissenschaftler; seit 1941 Entmythologisierung des *Neuen Testament*es
1886–1968	Karl Barth, Schweizer Theologe; Dialektische Theologie; wendet sich gegen die Vereinnahmung der Kirche durch Hitler; 1935 aus Deutschland vertrieben
1881–1955	Pierre Teilhard de Chardin, französischer Jesuit, Paläontologe und Religionsphilosoph
1905	Trennung von Kirche und Staat in Frankreich
1910 ff.	Ökumenische Bewegung
1917 ff.	Oktoberrevolution in Russland
1933–1945	Nationalsozialismus in Deutschland; Pogrome gegen Juden, ethnische Minderheiten und Andersdenkende in Deutschland und im besetzten Europa; die Kirchen sehen weg und schweigen
1947 ff.	Handschriftenfunde am Toten Meer; Texte der hebräischen Bibel und jüdische Literatur aus dem 3. Jahrhundert vor unserer Zeit bis ins 1. Jahrhundert nach unserer Zeit
1948	Proklamation des Staates Israel in Palästina; palästinensisch-israelischer Dauerkonflikt
1948	»Ökumenischer Weltkirchenrat«, gegründet in Amsterdam; Mitgliedschaft aller christlichen Kirchen, die katholische Kirche durch Beobachter vertreten; Antirassismusprogramme, konziliarer Prozess für Gerechtigkeit, Frieden und die Bewahrung der Schöpfung
1948	Erklärung der Menschenrechte durch die Vereinten Nationen
1949 ff.	Elektronische Kirchen in den USA; Einfluss auf Gesellschaft und Politik
1955	Busstreik von Montgomery; Martin Luther King (1929–1968), schwarzer Bürgerrechtler, kämpft um die Gleichstellung der Schwarzamerikaner
1962–1965	Zweites Vatikanisches Konzil; katholisches Reformkonzil unter der Ägide von Johannes XXIII.

1967	Paul VI. trifft den Patriarchen Athenagoras in Istanbul; Bemühungen um Aussöhnung zwischen westlicher und östlicher Kirche
1969	Neil Armstrong betritt den Mond: »Dies ist ein kleiner Schritt für einen Menschen, aber ein Riesensprung für die Menschheit.«
1975 ff.	Feministische Theologie
2001	Johannes Paul II. bittet in Athen die Christen der Ostkirchen um Vergebung

Die
Geschichte
des Islam
erzählt von Dilek Zaptcioglu
campus

Lutz van Dijk
erzählt
Die Geschichte
der Juden
campus